神华八轴交流电力机车乘务员操作手册

王飞宽　刘华伟　主编

中国铁道出版社

2018年·北　京

内容简介

本书共分八章，包括转换开关、按钮、塞门、机车检查、机车试验、操作方法、自动开关断开现象、应急故障处理等部分，能够满足机车乘务人员日常操作机车及处理故障的需求。

本书可作为神华八轴交流电力机车司乘、检修人员技术培训和提高素质教育的技术资料，也可供大专院校相关专业师生、有关业务部门及技术管理人员学习参考。

图书在版编目(CIP)数据

神华八轴交流电力机车乘务员操作手册/王飞宽，刘华伟主编．—北京：中国铁道出版社，2016.6（2018.3重印）

ISBN 978-7-113-21789-1

Ⅰ.①神… Ⅱ.①王… ②刘… Ⅲ.①交流电力机车—乘务人员—操作—技术手册 Ⅳ.①U264.2-62

中国版本图书馆CIP数据核字(2016)第101146号

书　　名：神华八轴交流电力机车乘务员操作手册
作　　者：王飞宽　刘华伟　主编

责任编辑：侯跃文　　**编辑部电话**：010-51873421　　**电子邮箱**：tdpress@126.com
封面设计：崔丽芳
责任校对：苗　丹
责任印制：陆　宁　高春晓

出版发行：中国铁道出版社(100054，北京市西城区右安门西街8号)
网　　址：http://www.tdpress.com
印　　刷：虎彩印艺股份有限公司
版　　次：2016年6月第1版　2018年3月第3次印刷
开　　本：787 mm×1 092 mm　1/16　印张：14.75　字数：344千
书　　号：ISBN 978-7-113-21789-1
定　　价：75.00元

编写委员会

主　　编：王飞宽　刘华伟

副 主 编：姚述贤　张必翔　付广增

编写人员：常建和　乔小平　吴利锋　刘　阳
王　健　李　博　张保强　徐志勇
薛嘉伟　程云岗　冯宇翔　范裕波
荣　超

前言

PREFACE

神华八轴交流电力机车是由株洲电力机车有限公司根据神华集团公司需要而研制、生产的具有自主知识产权的大功率、深度国产化交流传动电力机车，其在系统集成技术、交流传动技术、网络控制技术、重载制动技术等方面，均达到了世界先进水平，代表了世界铁路机车技术的发展方向。

神华八轴交流电力机车已经大规模投入到神朔铁路运输任务中。由于其技术含量高，投入使用时间短，培训资料极其匮乏，造成机车乘务员培训难度大、机车利用率低。为了使机车乘务员能够迅速掌握并运用神华八轴交流机车，在段领导的大力支持下，通过对前期运转情况的梳理，并进行大量的机车试验，最终，我们组织朱盖塔运用车间技术骨干编写了《神华八轴交流电力机车乘务员操作手册》。

本书主要从转换开关、按钮、塞门、机车检查、机车试验、操作方法、自动开关断开现象、应急故障处理八部分对神华八轴交流机车进行详细介绍，能够满足机车乘务员对神华八轴交流机车的各种操作及故障处理的需要。本书可作为神华八轴交流机车司乘、检修人员技术培训和提高素质教育的技术资料，也可供大专院校相关专业师生、有关业务部门及技术管理人员学习参考。

《神华八轴交流电力机车乘务员操作手册》一书由中国神华集团神朔铁路分公司组织编写。编写过程中得到了中车株洲电力机车有限公司、株洲中车时代电气股份有限公司、株洲中车电机股份有限公司等相关单位的大力支持和帮助，在此一并致谢。

由于时间仓促，水平有限，书中难免有不妥之处，敬请读者提出宝贵意见和建议，以便进一步修订完善。

编者

2015 年 12 月

目　　录

CONTENTS

第一章 转换开关

1. 受电弓模式转换开关

(1)设置位置

受电弓模式转换开关=21-S02设在司机台面板3上,如图1-1所示,每节机车设置一个。

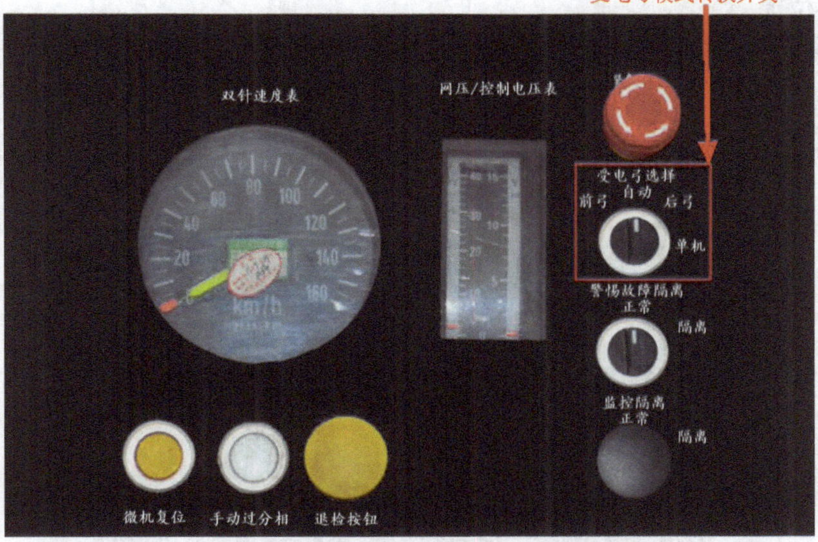

图1-1 受电弓模式转换开关设置位置

(2)作用位置

受电弓模式转换开关设有“前弓”、“自动”、“后弓”、“单机”四个作用位置,如图1-2所示。

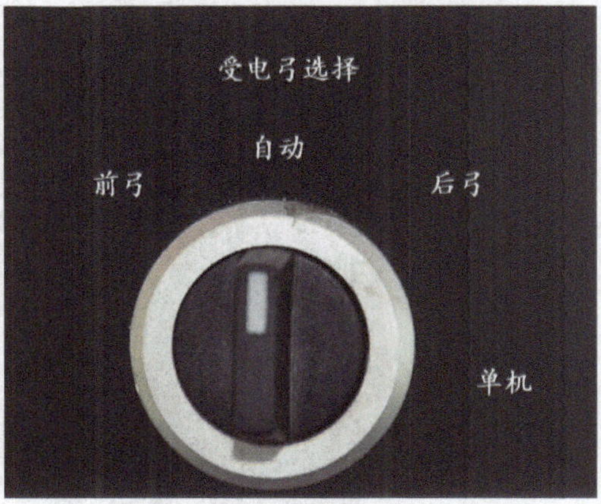

图1-2 受电弓模式转换开关作用位置

正常情况下,受电弓模式转换开关置“自动”位。在此位置进行升起受电弓操作,则非操纵节(后弓)受电弓升起,若非操纵节受电弓(后弓)故障时,则自动使操纵节受电弓(前弓)升起。

当非操纵节受电弓发生刮弓、接地等故障等不能再使用或因特殊情况需要切除非操纵节受电弓(后弓)时,则将操纵节受电弓模式转换开关置“前弓”位。此时,微机控制系统使非操纵节受电弓高压隔离开关处于断开状态,非操纵节受电弓被切除。

当操纵节受电弓发生刮弓、接地等故障等不能再使用或因特殊情况需要切除操纵节受电弓(前弓)时,则将操纵节受电弓模式转换开关置“后弓”位。此时,微机控制系统使操纵节受电弓高压隔离开关处于断开状态,操纵节受电弓被切除。

机车遇特殊情况需要升起双弓时,则将操纵节受电弓模式转换开关置“单机”位。在此位置进行升起受电弓操作，两节机车受电弓将同时升起，但两节机车的机车高压隔离开关均断开，两节机车车顶高压电路不再相连，每节机车受电弓仅供本节机车使用，两节机车的车顶高压电路相对独立，故对正常通过接触网电分相没有影响。

(3)注意事项

①进行受电弓模式转换开关转换时，必须在降下受电弓后进行，否则，转换无效。

②受电弓模式转换开关转换后，只有待车顶高压隔离开关重新配置完成后，受电弓才能升起。

③某一受电弓本身升弓故障需要换升另一受电弓时，在进行受电弓模式转换开关转换后，还应进行按压微机复位按钮复位操作，才能升起另一受电弓。

2. 机车重联转换开关

(1)设置位置

机车重联转换开关＝44-S01，大号机车设在司机台制动控制器左侧，如图 1-3 所示；小号机车设在司机台面板 3 上，如图 1-4 所示。机车重联转换开关每节机车设置一个。

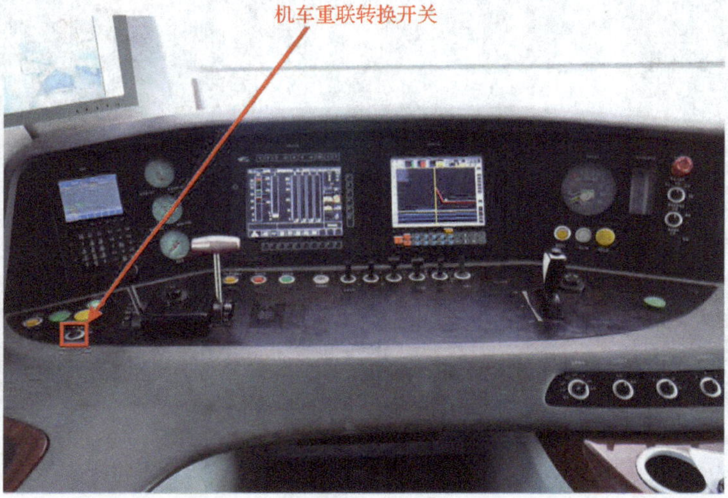

图 1-3　大号机车重联转换开关设置位置

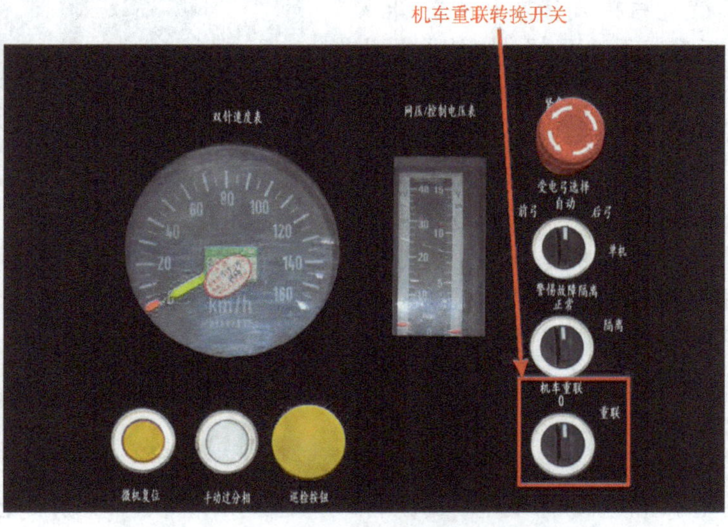

图 1-4　小号机车重联转换开关设置位置

(2)作用位置

机车重联转换开关设有“0”、“重联”两个作用位置,如图 1-5 所示。

单台机车牵引运行或多台机车重联运行但未进行无线重联编组时,机车重联转换开关置“0”位;多台机车需要无线重联编组运行,即需由主控机车(主车)操纵控制从控机车(从车)时,机车重联转换开关置“重联”位。

(3)注意事项

(1)无线重联的机车解编后,应及时将机车重联转换开关置“0”位,否则,会造成机车受电弓无法升起。

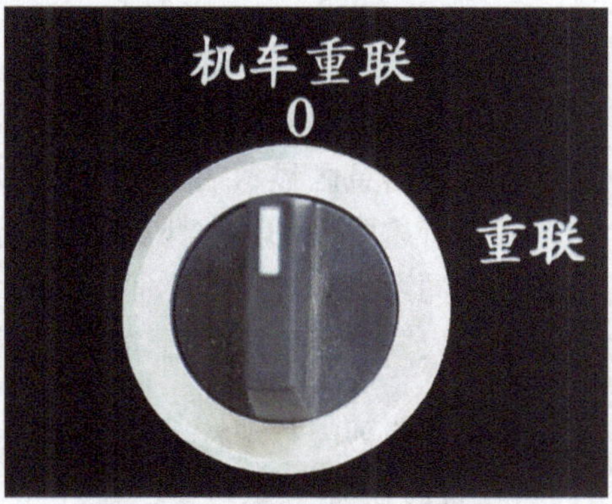

图 1-5　机车重联转换开关作用位置

(2)采用自动过分相方式通过接触网电分相时,若主断路器未正常断开,除发生“主断卡合”故障外,应尽量采取按压司机台“手动过分相”按钮的方法使主断路器断开。

3. 警惕故障隔离开关

(1)设置位置

警惕故障隔离开关=43-S06 设在司机操纵台面板 3 上,如图 1-6 所示,每节机车设置一个。

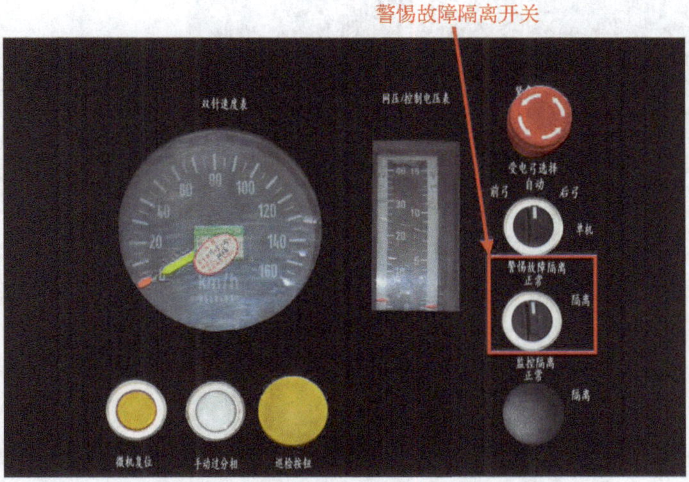

图 1-6　警惕故障隔离开关设置位置

(2)作用位置

警惕故障隔离开关设有“正常”、“隔离”两个作用位置,如图 1-7 所示。

正常情况下,警惕故障隔离开关置“正常”位,当机车换向手柄非“0”位、运行速度超过 3 km/h 后,司机则应按规定进行无人警惕装置解锁操作;当无人警惕装置故障无法使用时,可将操纵节警惕故障隔离开关置“隔离”位,以切除无人警惕装置维持运行。

(3)注意事项

图 1-7　警惕故障隔离开关作用位置

①操纵节警惕故障隔离开关置“正常”位,微机显

示屏无人警惕装置框显示标识。

②操纵节警惕故障隔离开关置“隔离”位，微机显示屏无人警惕装置框显示标识；微机显示屏故障信息区显示“警惕装置”。

③运行途中，不得随意隔离无人警惕装置。无人警惕装置故障需要将其隔离时，必须征得行管人员同意。

④无人警惕装置隔离后，主控、从控机车间应加强联控，以确保行车安全。

4. 观察窗加热转换开关

(1)设置位置

观察窗加热转换开关＝63-S02设在机械间低压电器柜上，如图1-8所示。

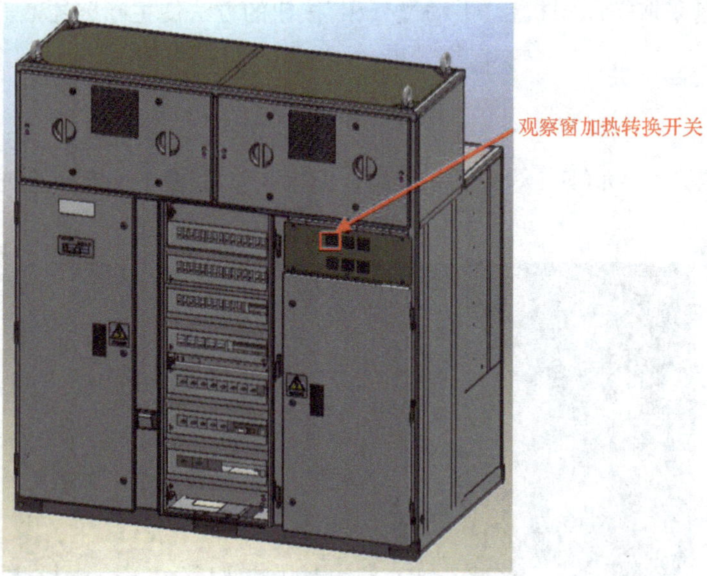

图1-8 观察窗加热转换开关设置位置

(2)作用位置

观察窗加热转换开关设有“关”、“开”两个作用位置如图1-9所示。

正常情况下，观察窗加热转换开关置“关”位；运行途中，若遇雪、霜等附着在观察窗玻璃上，影响弓网(车顶)摄像机的摄像效果时，则将观察窗加热转换开关置“开”位，使观察窗加热装置投入工作，以消融附着在车顶观察窗上的雪、霜。

(3)注意事项

正常情况下，不得随意将观察窗加热转换开关置“开”位。

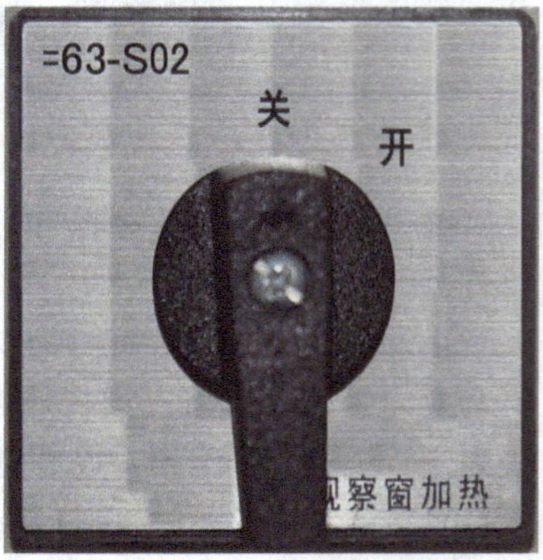

图1-9 观察窗加热转换开关作用位置

5. 牵引电机 1/2 隔离开关

(1)设置位置

牵引电机 1/2 隔离开关=22-S11 设在低压电器柜正面,如图 1-10 所示,每节机车设置一个。

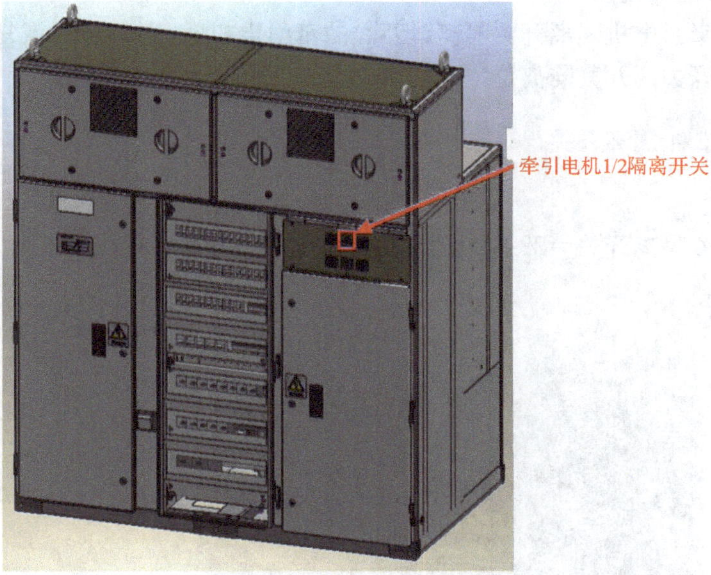

图 1-10 牵引电机 1/2 隔离开关设置位置

(2)作用位置

牵引电机 1/2 隔离开关设有“隔离”、“正常”、“电机 1”、“电机 2”四个作用位置,如图 1-11 所示。

正常情况下,牵引电机 1/2 隔离开关置“正常”位,牵引电机 1、2 均正常投入工作。

运行过程中,若牵引电机 1 发生故障无法使用需要人为将其切除或因特殊原因需要人为将牵引电机 1 切除时,则将牵引电机 1/2 隔离开关置“电机 1”位。

运行过程中,若牵引电机 2 发生故障无法使用需要人为将其切除或因特殊原因需要人为将牵引电机 2 切除时,则将牵引电机 1/2 隔离开关置“电机 2”位。

运行过程中,若牵引电机 1、牵引电机 2 发生故障无法使用需要人为将其切除或因特殊原因需要人为将牵引电机 1、牵引电机 2 全部切除时,则将牵引电机 1/2 隔离开关置“隔离”位。

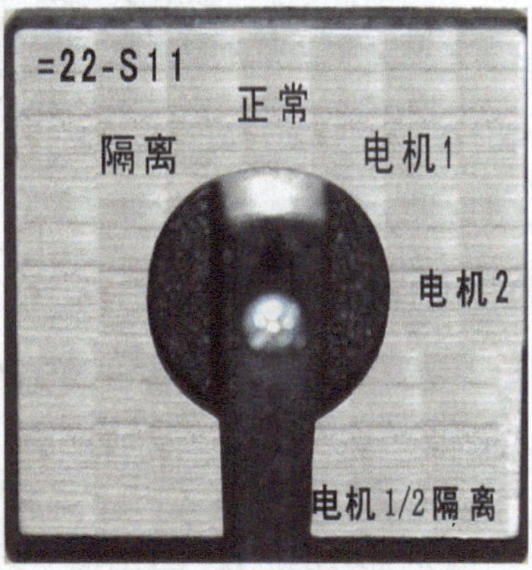

图 1-11 牵引电机 1/2 隔离开关作用位置

对牵引电机 1 来说,牵引电机 1/2 隔离开关的“隔离”、“电机 1”位均为其隔离位;对牵引电机 2 来说,牵引电机 1/2 隔离开关的“隔离”、“电机 2”位均为其隔离位。

(3)注意事项

①进行牵引电机隔离开关转换时,应在调速手柄在“0”位时进行。

②牵引电机1/2隔离开关置“电机1”位后，微机显示屏故障信息区显示“牵引电机”、“当前故障”界面提示“牵引电机1隔离”；牵引电机1/2隔离开关置“电机2”位后，微机显示屏故障信息区显示“牵引电机”、“当前故障”界面提示“牵引电机2隔离”；牵引电机1/2隔离开关置“隔离”位后，微机显示屏故障信息区显示“牵引电机”、“当前故障”界面提示“牵引电机1隔离”、“牵引电机2隔离”。

③恢复通过牵引电机隔离开关隔离（切除）的牵引电机时，则需将要恢复的牵引电机对应的牵引电机隔离开关离开其隔离位。

6. 牵引电机3/4隔离开关

（1）设置位置

牵引电机3/4隔离开关＝22-S12设置在低压电器柜正面，如图1-12所示，每节机车设置一个。

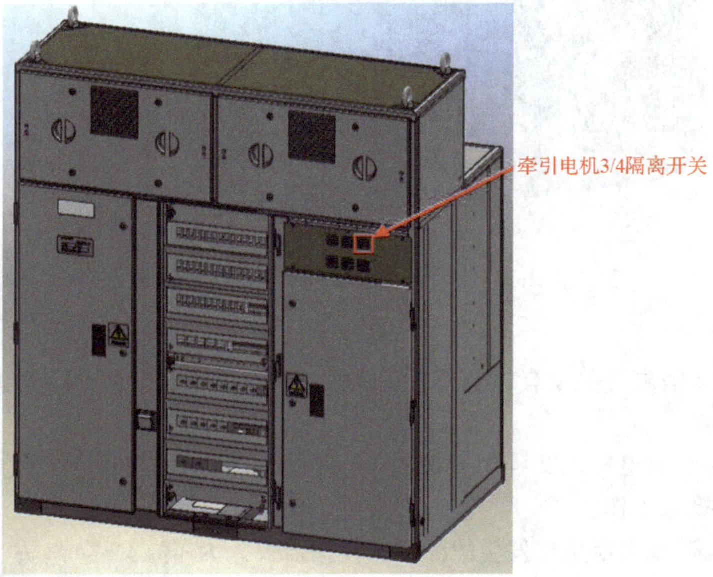

图1-12　牵引电机3/4隔离开关设置位置

（2）作用位置

牵引电机3/4隔离开关设有“隔离”、“正常”、“电机3”、“电机4”四个作用位置，如图1-13所示。

正常情况下，牵引电机3/4隔离开关置“正常”位，牵引电机3、4均正常投入工作。

运行途中，若牵引电机3发生故障无法使用需要人为将其切除或因特殊原因需要人为将牵引电机3切除时，则将牵引电机3/4隔离开关置“电机3”位。

运行途中，若牵引电机4发生故障无法使用需要人为将其切除或因特殊原因需要人为将牵引电机4切除时，则将牵引电机3/4隔离开关置“电机4”位。

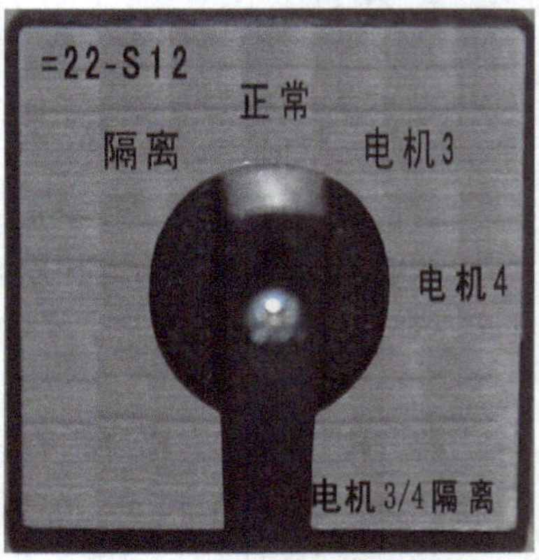

图1-13　牵引电机3/4隔离开关作用位置

运行过程中，若牵引电机 3、牵引电机 4 发生故障无法使用需要人为将其切除或因特殊原因需要人为将牵引电机 3、牵引电机 4 全部切除时，则将牵引电机 3/4 隔离开关置“隔离”位。

对牵引电机 3 来说，牵引电机 3/4 隔离开关的“隔离”、“电机 3”位均为其隔离位；对牵引电机 4 来说，牵引电机 3/4 隔离开关的“隔离”、“电机 4”位均为其隔离位。

(3)注意事项

①进行牵引电机隔离开关转换时，应在调速手柄在“0”位时进行。

②牵引电机 3/4 隔离开关置“电机 3”位后，微机显示屏故障信息区显示“牵引电机”、“当前故障”界面提示“牵引电机 3 隔离”；牵引电机 3/4 隔离开关置“电机 4”位后，微机显示屏故障信息区显示“牵引电机”、“当前故障”界面提示“牵引电机 4 隔离”；牵引电机 3/4 隔离开关置“隔离”位后，微机显示屏故障信息区显示“牵引电机”、“当前故障”界面提示“牵引电机 3 隔离”、“牵引电机 4 隔离”。

③恢复通过牵引电机隔离开关隔离(切除)的牵引电机时，则需将要恢复的牵引电机对应的牵引电机隔离开关离开其隔离位。

7. 监控转换开关

(1)设置位置

监控转换开关＝43-S04 设在 A 节机车低压电器柜上，如图 1-14 所示，每台机车设置一个。

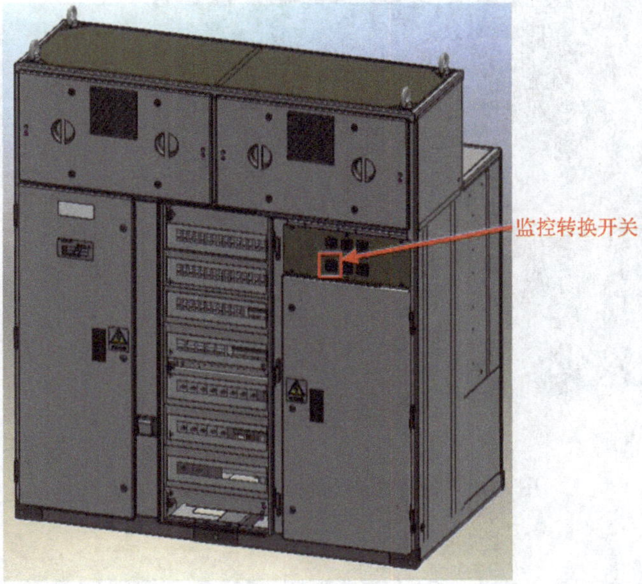

图 1-14　监控转换开关设置位置

(2)作用位置

监控转换开关设有“A 节”、“0”、“B 节”三个作用位置，如图 1-15 所示。

在 A 节操纵时，监控转换开关置“A 节”位；在 B 节操纵时，监控转换开关置“B 节”位；隔离或关闭列车运行监控记录装置时，监控转换开关置“0”位。

(3)注意事项

①加设监控转换开关后，在天窗点进行防止蓄电池亏电操作时，A、B两节均采用断开控制电源柜“微机电源”自动开关的方法。若切除A节机车时，不能再采取断开控制电源柜“蓄电池”自动开关的方法。

②正常情况下，监控转换开关置“正常”位；当列车运行监控记录装置故障无法使用必须关机时，应严格执行非正常行车办法中监控关机的相关规定，将监控转换开关置“0”位、以切除列车运行监控记录装置维持运行。

图1-15 监控转换开关作用位置

8. 行灯插座电源转换开关

(1)设置位置

行灯插座电源转换开=32-S05设在机械间低压电器柜上，如图1-16所示，每节机车设置一个。

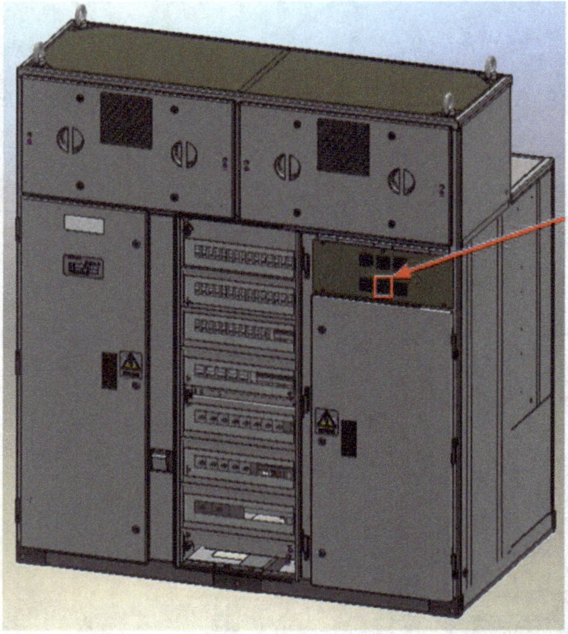

图1-16 行灯插座电源转换开关设置位置

(2)作用位置

行灯插座电源转换开关设有“外24 V”、“内110 V”两个作用位置，如图1-17所示。

若检查机车外部，使用24 V的照明灯具时，则将行灯插座电源转换开关置“外24 V”位；若检查机车内部，使用110 V的照明灯具时，则将行灯插座电源转换开关置“内110 V”位。

图 1-17 行灯插座电源转换开作用位置

(3)注意事项

行灯插座电源转换开关置“外 24 V”时,行灯一定要插在机车外部行灯插座上;行灯插座电源转换开关置“内 110 V”时,行灯一定要插在机车内部行灯插座上。

9. 机车模式选择开关

(1)设置位置

机车模式选择开关=21-S12 设在低压电器柜正面,如图 1-18 所示,每节机车设置一个。

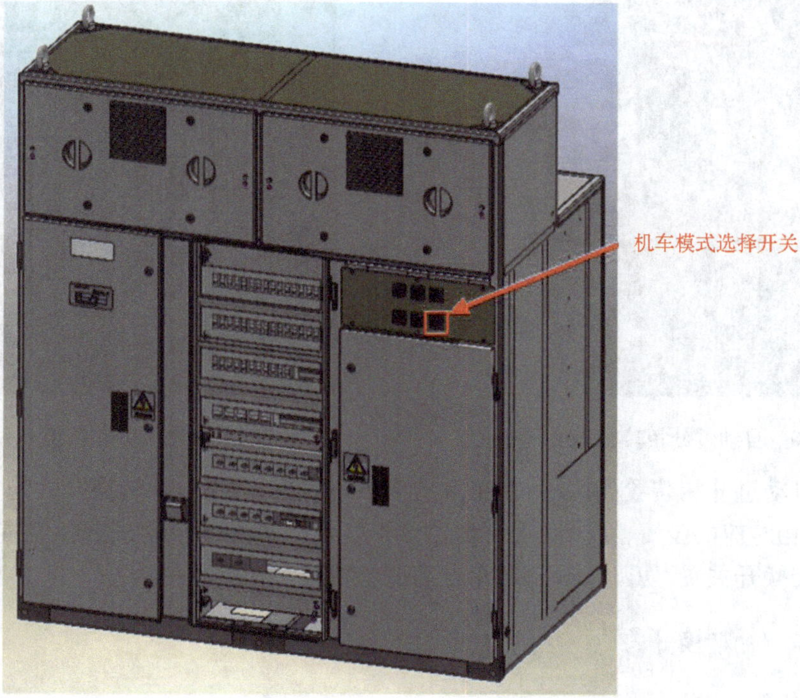

图 1-18 机车模式选择开关设置位置

(2)作用位置

机车模式选择开关设有"正常"、"辅机测试"两个作用位置，如图 1-19 所示。

正常情况下，机车模式选择开关置"正常"位；当机车使用库内(地面)三相电源进行辅机测试时，才将机车模式选择开关置"辅机测试"位。

(3)注意事项

机车模式选择开关置"辅机测试"位，微机显示屏制动信息区提示"存在外部供电或不在正常模式"。

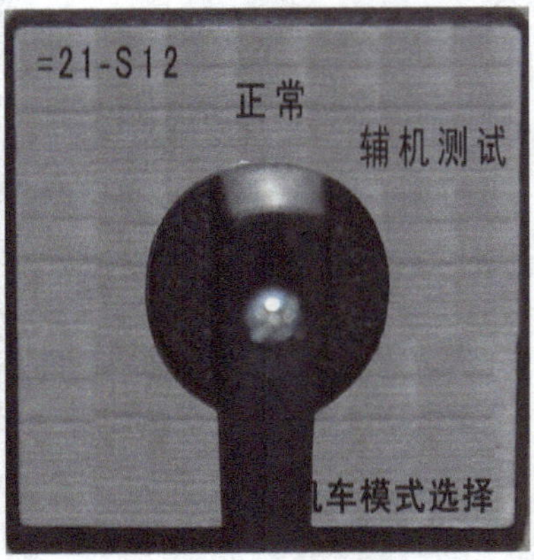

图 1-19　机车模式选择开关作用位置

10. 自动过分相转换开关

(1)设置位置

自动过分相转换开关(仅在 7095 号以前机车设有)设在信号柜内自动过分相控制器上，如图 1-20 所示，每节机车设置一个。

(2)作用位置

自动过分相转换开关设有"切除"、"上行"、"下行"三个作用位置，如图 1-21 所示。

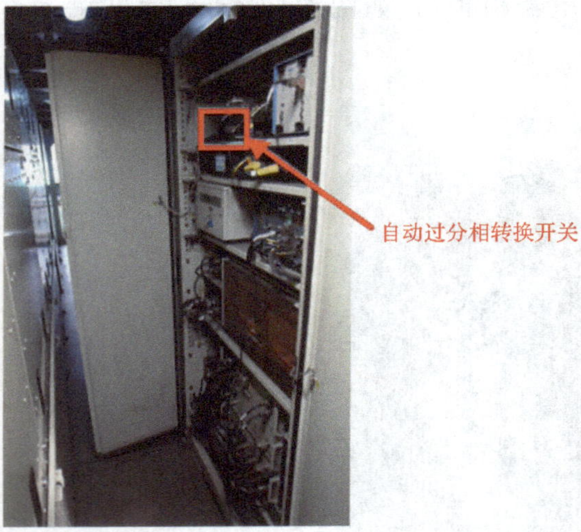

图 1-20　自动过分相转换开关设置位置

图 1-21　自动过分相转换开关作用位置

已启用自动过分相装置的区段，在正常情况下，机车自动过分相转换开关均置与机车运行上、下行方向相对应的位置；在未启用自动过分相装置的区段或自动过分相装置故障时，则将自动过分相转换开关置"切除"位，以切除自动过分相装置维持运行。

11. 监控本/补转换开关

(1)设置位置

监控本/补转换开关设在信号柜内监控本/补切换装置上，如图 1-22 所示，每节机车设置一个。

(2)作用位置

监控本/补转换开关设有“本务”、“补机”两个作用位置,如图 1-23 所示。

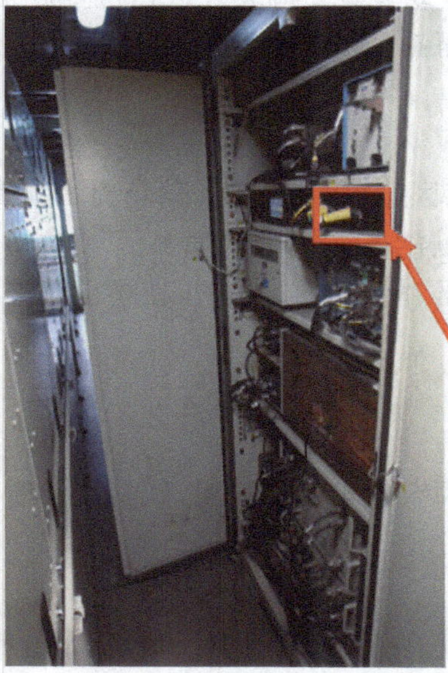

图 1-22 监控本/补转换开关设置位置

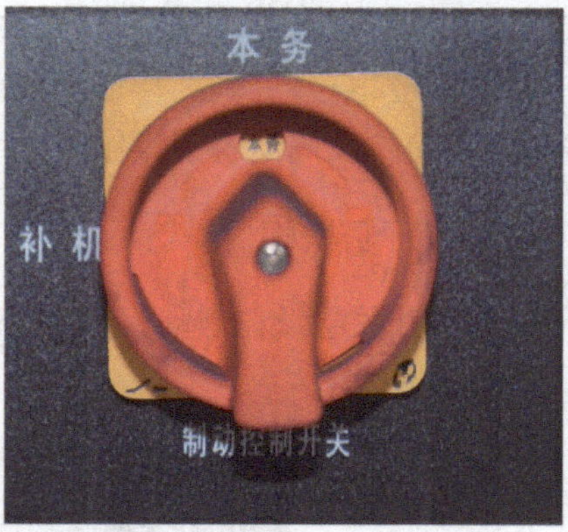

图 1-23 监控本/补转换开关作用位置

监控本/补转换开关所置的位置与重联阀 93 的本/补转换阀所置的位置相同(即:若该节机车重联阀 93 本/补转换阀置“本机”位,则将该节监控本/补转换开关也置“本务”位;若该节重联阀 93 本/补转换阀置“补机”位,则将该节监控本/补转换开关也置“补机”位)。

(3)注意事项

因神朔机务段列车运行监控记录装置“本机”、“补机”设置均在进行列车运行监控记录装置设置时一并设置,故现在所有神华八轴交流电力机车监控本/补转换开关均未投入使用,现均将其置“本务”位。

12. 高压接地开关

(1)设置位置

高压接地开关=11-Q02 安装在机车车顶,邻近主断路器,如图 1-24 所示,每节机车设置一个。

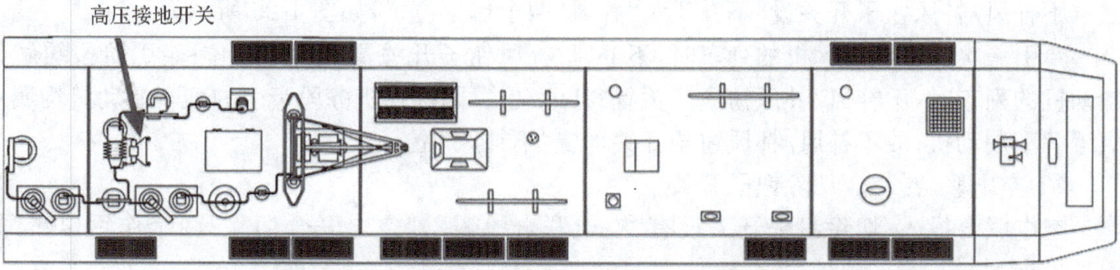

图 1-24 高压接地开关设置位置

(2)作用位置

高压接地开关设有“运行”、“接地”两个作用位置。正常运行时,高压接地开关置“运行”位;当需要打开车顶人孔天窗或对牵引变流器及车载牵车变流装置进行检查修理时,才将高压接地开关置“接地”位,使主断路器两侧高压电路可靠接地,以保证机车及工作人员的安全。

(3)注意事项

扳动安全联锁箱操作手柄后,微机显示屏故障信息区显示“受电弓”、信息提示区提示“自动模式下本车受电弓隔离,自动选择后车弓”;微机显示屏“当前故障”界面提示“受电弓气路隔离塞门关闭”、“受电弓隔离”。待安全联锁箱操作手柄恢复到“ON”位后,在司机室进行按压微机复位按钮复位及隔离解锁操作,故障即可消除。

13. BCU 钮子开关组

BCU 钮子开关组设在制动柜上,如图 1-25 所示,每节机车设置一组,其由六个钮子开关组成(两个暂未使用)。

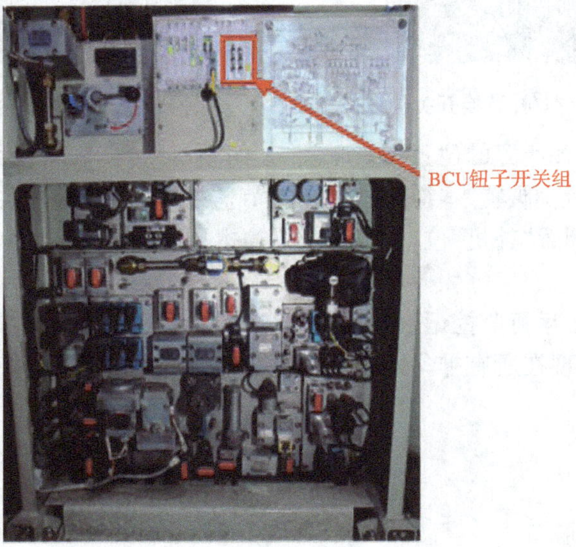

图 1-25　BCU 钮子开关组设置位置

(1)不补风/补风钮子开关

不补风/补风钮子开关设“不补风”、“补风”两个作用位置,如图 1-26 所示。

牵引一次缓解型制动机的列车时,不补风/补风钮子开关置“不补风”位;牵引阶段缓解型制动机的列车时,不补风/补风钮子开关置“补风”位。因神朔机务段牵引的列车制动机均属一次缓解型制动机,故不补风/补风钮子开关均置“不补风”位。

(2)空电联合投入/切除钮子开关

空电联合投入/切除钮子开关设有“空电联合投入”、“空电联合切除”两个作用位置,如图 1-27所示。

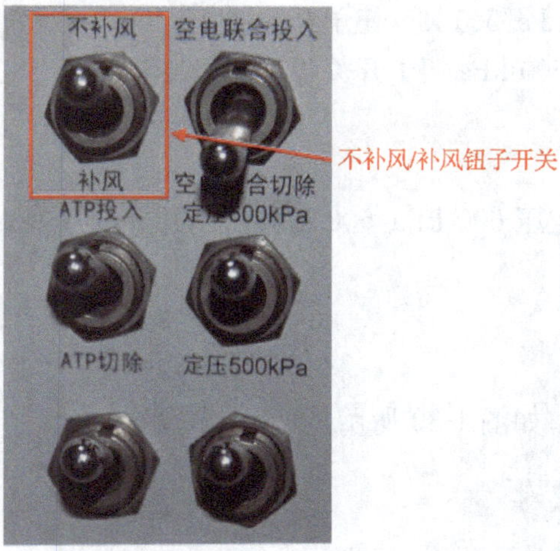

图 1-26 不补风/补风钮子开关作用位置

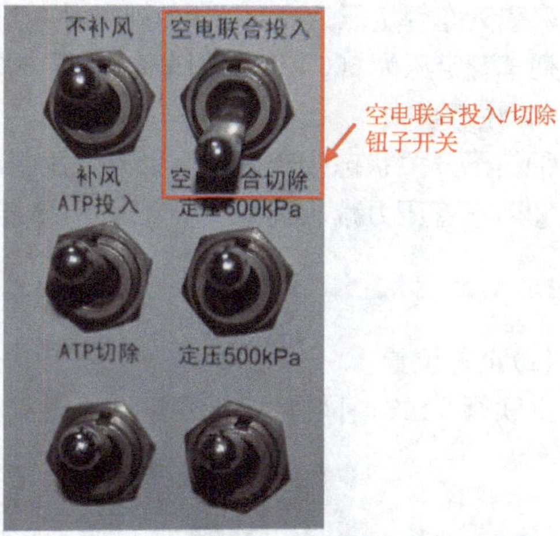

图 1-27 空电联合投入/切除钮子开关作用位置

需要空电联合制动投入使用时，将空电联合投入/切除钮子开关置“空电联合投入”位；不需要空电联合制动投入使用时，将空电联合投入/切除钮子开关置“空电联合切除”位。神朔机务段神华八轴交流机车现均未启用空电联合制动，故空电联合投入/切除钮子开关现均置“空电联合切除”位。

(3)ATP 投入/切除钮子开关

ATP 投入/切除钮子开关设“ATP 投入”、“ATP 切除”两个作用位置，如图 1-28 所示。

正常情况下，需将列车运行监控记录装置发出的制动信号送入制动系统并由其执行时，ATP 投入/切除钮子开关置“ATP 投入”位；牵引特殊列车等原因，需要制动系统不再执行列车运行监控记录装置发出的制动信号或列车运行监控记录装置故障时，ATP 投入/切除钮子开关置“ATP 切除”位。

(4)定压 600 kPa/500 kPa 钮子开关

定压 600 kPa/500 kPa 钮子开关设“定压 600 kPa”、“定压 500 kPa”两个作用位置，如图 1-29所示。

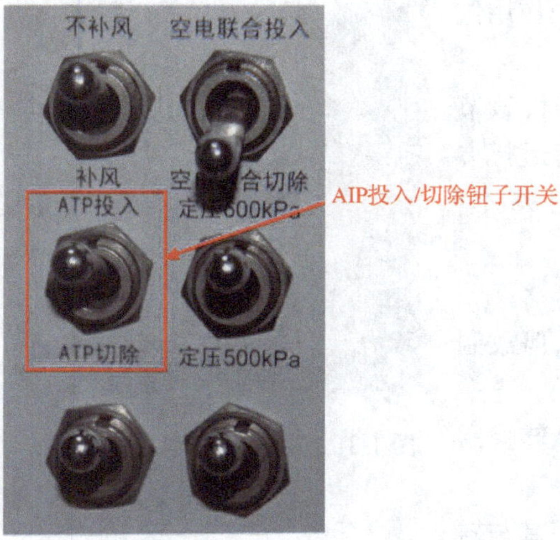

图 1-28 ATP 投入/切除钮子开关作用位置

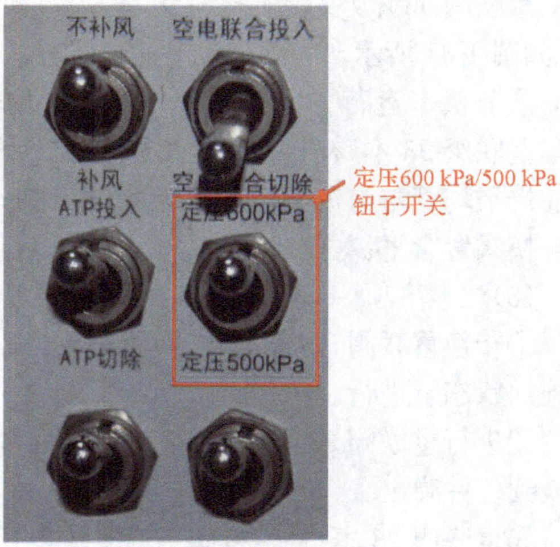

图 1-29 定压 600 kPa/500 kPa 钮子开关作用位置

牵引列车管定压为 600 kPa 的列车时，定压 600 kPa/500 kPa 钮子开关置“定压 600 kPa”位；牵引列车管定压为 500 kPa 的列车时，定压 600 kPa/500 kPa 钮子开关置“定压500 kPa”位。

(5)注意事项

①钮子开关状态改变可能会引起惩罚制动。

②列车管压力减压到 260 kPa 以下，才能进行定压 600 kPa/500 kPa 钮子开关的转换。

14. 重联阀 93 本/补转换阀

(1)设置位置

重联阀 93 本/补转换阀设在制动柜内重联阀上，如图 1-30 所示，每节机车设置一个。

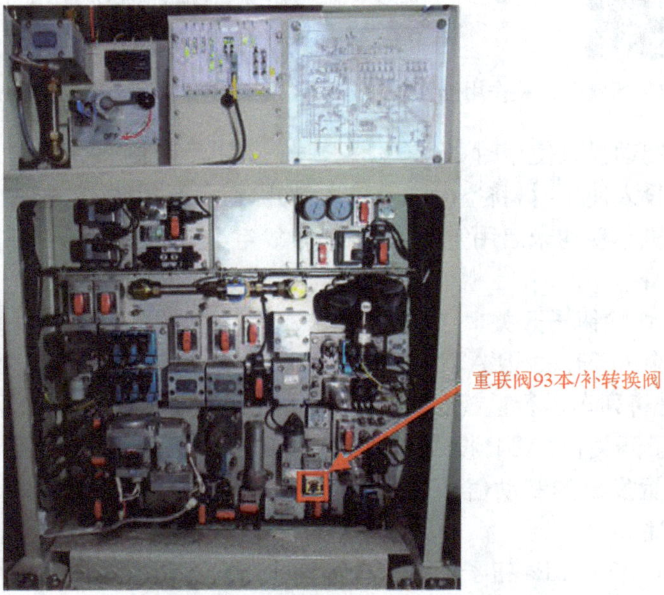

图 1-30　重联阀 93 本/补转换阀设置位置

(2)作用位置

重联阀 93 本/补转换阀设有“本机”、“补机”两个作用位置，如图 1-31 所示。

该节机车运行方向前端未与前车平均管连接时，该节机车重联阀 93 本/补转换阀置“本机”位；该节机车运行方向前端平均管与前车平均管连接时，该节机车重联阀 93 本/补转换阀置“补机”位。

图 1-31　重联阀 93 本/补转换阀作用位置

(3)注意事项

①转换重联阀 93 本/补转换阀时，必须在停车、停放制动施加状态下进行。

②进行重联阀 93 本/补转换阀转换后，切记确认转换阀转换到位并弹出。

③重联阀 93 本/补转换阀不属于转换开关，但因其与转换开关一样频繁使用，故也将其放在此章进行介绍。

15. 正常/后备制动转换阀

(1)设置位置

正常/后备制动转换阀153设在制动柜列车/均衡模块上,如图1-32所示,每节机车设置一个。

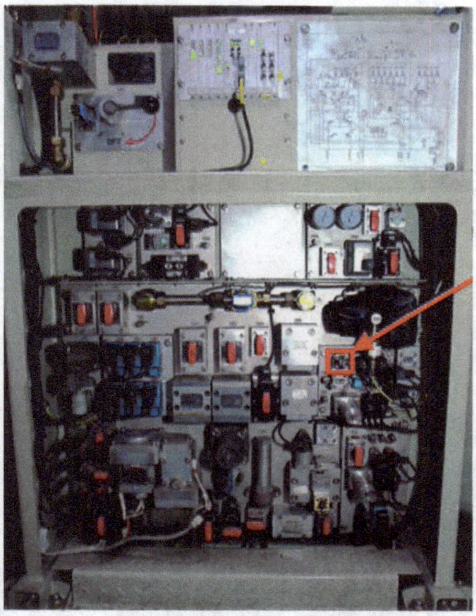

图1-32　正常/后备制动转换阀设置位置

(2)作用位置

正常/后备制动转换阀设有“正常”、“空气”两个作用位置,如图1-33所示。

图1-33　正常/后备制动转换阀作用位置

机车空气制动系统在正常制动状态(使用大闸手柄控制列车制动、保压、缓解)时,正常/后备制动转换阀153置“正常”位;机车空气制动系统在后备制动状态(使用后备制动阀手柄控制列车制动、保压、缓解)时,正常/后备制动转换阀153置“空气”位。

(3)注意事项

①在坡道上进行正常制动/后备制动转换时,应在全列停妥,列车保持制动、机车停放制动施加的状态下进行。

②因机车空气制动系统在后备制动状态时,中立、遮断电空阀无法得电,故运行途中,若在后备制动状态对列车进行空气制动时,应采取“短波浪”制动方式。列车长时间停留时,在停车后应施行紧急制动,以防止车辆自然缓解。

③某节机车在后备制动状态处于重联位置时,必须关闭该节机车的中继阀列车管塞门115。

④正常/后备制动转换阀不属于转换开关,但因其与转换开关一样频繁使用,故也将其放在此章进行介绍。

第二章 按 钮

1. 单缓按钮

(1)设置位置

单缓按钮=28-S03设在司机室主操纵台面板上，在制动控制器左侧，如图2-1所示，其为自复式、带灯按钮。每节机车设置一个。

图2-1 单缓按钮设置位置

(2)使用时机

使用后备制动阀手柄对列车进行减压制动后，需要单独缓解机车制动或多台机车重联运行且平均管相互连接，其尾部机车需要协助本务机车缓解机车制动时。

(3)操作方法

点击单缓按钮，待机车制动缸压力缓解到需求后，松开即可。

(4)注意事项

①使用后备制动阀制动后，单缓机车制动时，阶段缓解不易掌握，故应注意控制点击单缓按钮的时间。

②机车电钥匙置“合”位，点击单缓按钮才能有效。

2. 高音风笛按钮

(1)设置位置

在司机室主操纵台面板上设置两个主台高音风笛按钮=74-S02、=74-S03，如图2-2所示；在司机室副操纵台面板上设置一个副台高音风笛按钮＝74-S04，如图 2-3 所示，其均为自复式按钮。

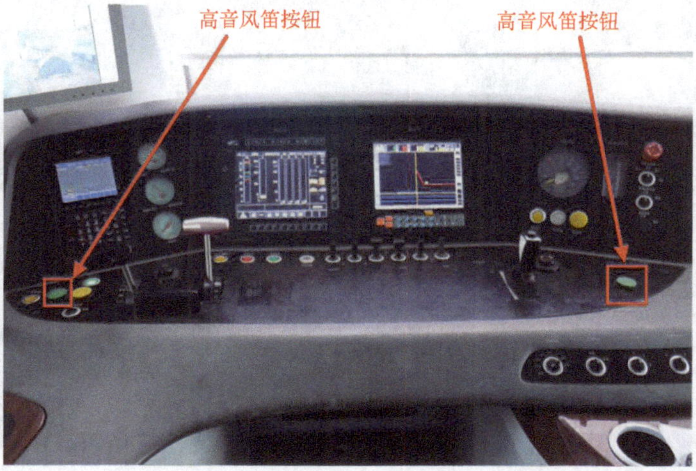

图 2-2 主操纵台高音风笛按钮设置位置

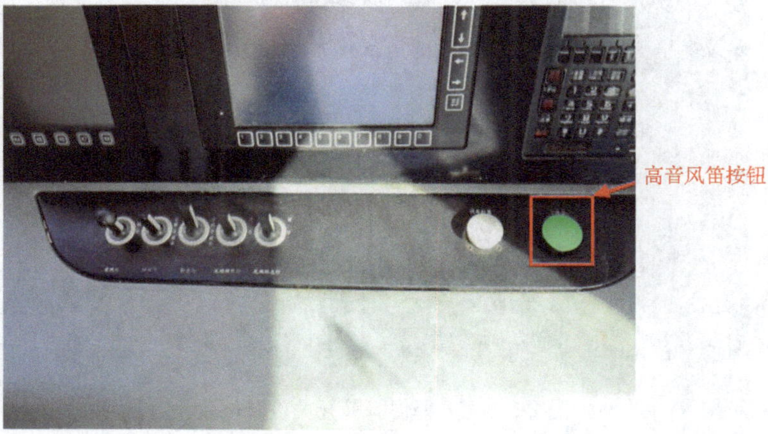

图 2-3 副操纵台高音风笛按钮设置位置

(2)使用时机

①机车乘务员需与其他有关行车人员联系工作时；

②需发出警报提醒路内外人员注意时；

③通知有关事项时；

④解锁无人警惕装置时。

(3)注意事项

鸣笛时长声为 3 s，短声为 1 s，鸣笛间隔为 1 s。重复鸣示时，须间隔 5 s 以上。

3. 无人警惕按钮、无人警惕脚踏开关

(1)设置位置

无人警惕按钮＝43-S03 设在司机主操纵台面板上，制动控制器左侧，如图 2-4 所示，其为

自复式按钮，每节机车设置一个；无人警惕脚踏开关＝43-S05设在司机操纵台下方，为脚踏开关，如图2-5所示，每节机车设置一个。

图2-4　无人警惕按钮设置位置

图2-5　无人警惕脚踏开关设置位置

(2)使用时机

当机车换向手柄离开“0”位，速度大于或等于3 km/h，且机车未实施紧急制动的情况下：

①与前次进行解锁操作间隔时间未超过180(120)s；

②与前次进行解锁操作间隔时间已超过180(120)s，无人警惕装置已进入报警状态，语音报警未超过10(20)s。

进行无人警惕装置解锁操作后，无人警惕装置即解除正在实施的监视状态，而使无人警惕装置重新进入下一个监视状态。

(3)无人警惕装置保护动作

当机车速度大于或等于3 km/h，机车无人警惕装置进入监视状态，在180(120)s内，司机应进行一次无人警惕装置解锁操作，使无人警惕装置解除正在进行的监视状态，而重新进入下一个监视状态。若在180(120)s内司机未进行无人警惕装置解锁操作，无人警惕装置即进入报警状态[语音提示“无人警惕”，微机显示屏显示黄底色、红色“警惕”，并进行20(10)s倒计时，在报警状态，若司机仍未进行无人警惕装置解锁操作，待倒计时结束，则无人警惕装置保护动作，实施惩罚制动。

(4)按压无人警惕按钮或踏下无人警惕脚踏开关的持续时间

大于 1 s 而小于 10 s。

(5)设置警惕装置目的

①提醒司机集中精力开车，防止意外情况发生，确保行车安全；

②当值乘的机车乘务员突发疾病时，能够确保列车安全停车。

(6)警惕装置动作后的恢复条件

停车后解锁惩罚制动，警惕装置即恢复至正常状态。

4. 列车管泄漏检查按钮

设置位置

列车管泄漏检查按钮＝28-S04 设在司机室主操纵台面板上，如图 2-6 所示，其为自复式按钮，每节机车设置一个。此按钮暂未投入使用。

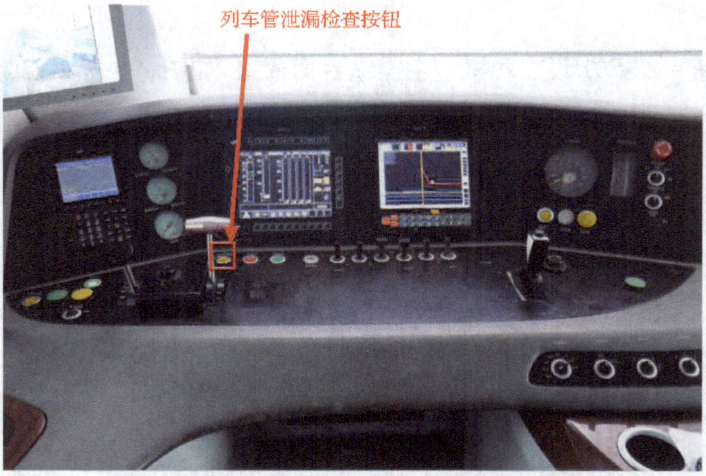

图 2-6 列车管泄漏检查按钮设置位置

5. 停放施加按钮

(1)设置位置

停放施加按钮＝28-S02 设在司机室主操纵台面板上，如图 2-7 所示，其为自复式、带灯按钮，每节机车设置一个。

(2)使用时机

在机车停放制动装置电路供电正常，需要进行停放制动施加时。

(3)操作方法

按压“停放施加”按钮，待机车实施停放制动(停放施加按钮灯亮)后，松开即可。

(4)注意事项

当机车制动缸风压超过 400 kPa 时，就应考虑其对停放制动装置的影响。

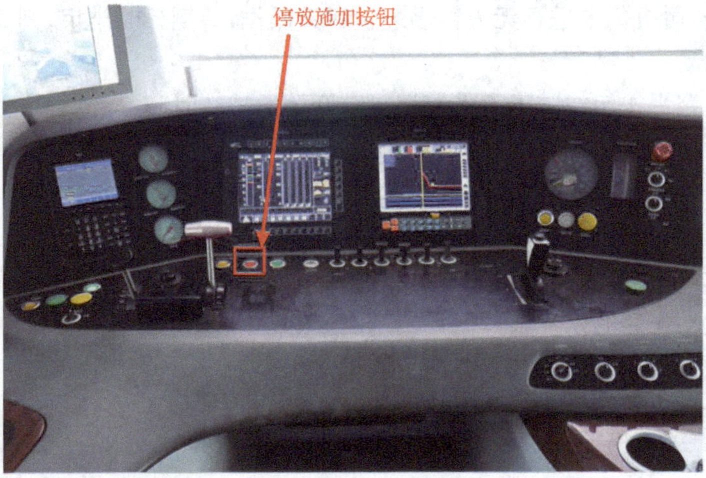

图 2-7　停放施加按钮设置位置

6. 停放缓解按钮

(1)设置位置

停放缓解按钮=28-S01 设在司机室主操纵台面板上，如图 2-8 所示，其为自复式按钮，每节机车设置一个。

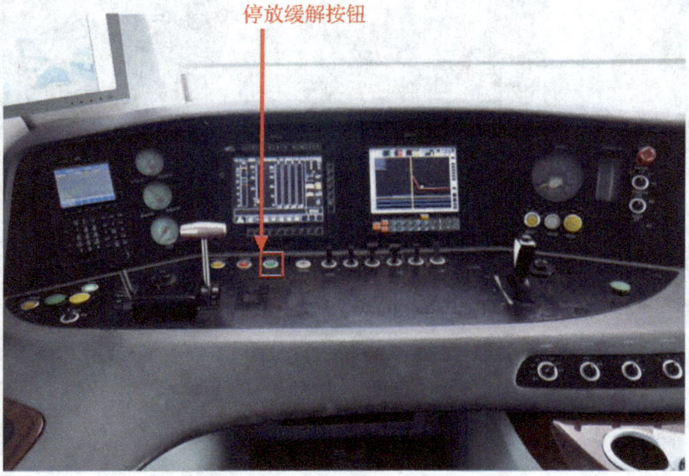

图 2-8　停放缓解按钮设置位置

(2)使用时机

在机车停放制动装置电路供电正常，停放风缸有足够风压(超过 500 kPa)的情况下，需对已实施停放制动的机车进行停放缓解时。

(3)操作方法

①对关闭停放制动塞门来实施停放制动的机车，在进行停放制动装置缓解前，应先开放停放制动塞门 177。

②按压“停放缓解”按钮，待机车实施停放缓解后，松开即可。

7. 隔离解锁按钮

(1)设置位置

隔离解锁按钮设置在微机显示屏主界面上，为软键开关，如图 2-9 所示。

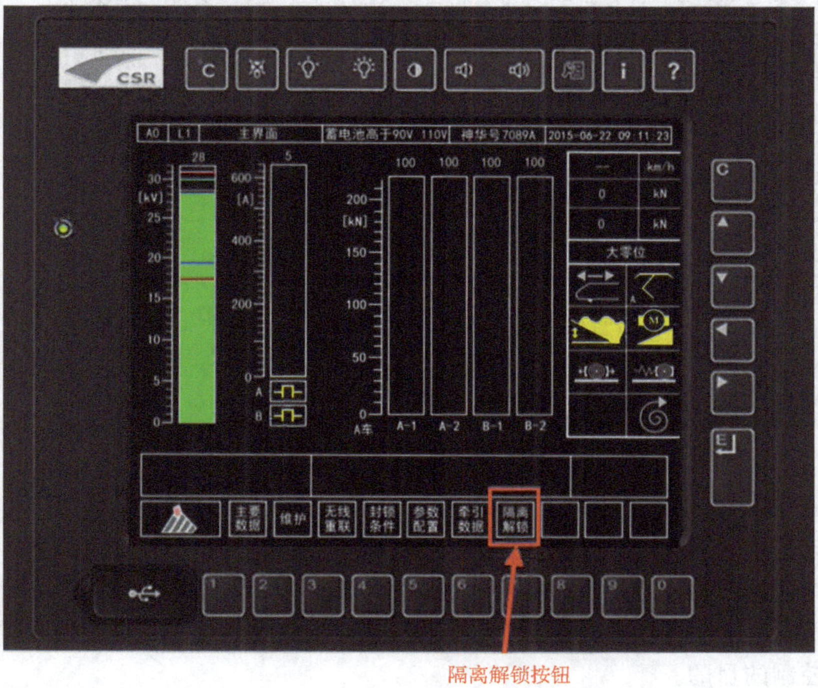

图 2-9　隔离解锁按钮设置位置

(2)作用

对被微机控制系统隔离(锁定)的设备进行解锁。

(3)使用时机

当故障消除，需要使被微机控制系统隔离的设备重新投入工作时。

(4)使用方法

在主断路器断开、调速手柄在“0”位的情况下，按压“隔离解锁”按钮一次。

8. 定速按钮

(1)设置位置

定速按钮为软键开关，设置在微机显示屏上(机车调速手柄置牵引区且速度超过 5 km/h 时“定速”按钮弹出)，如图 2-10 所示。

(2)使用时机

①当换向手柄在“向前”位、调速手柄在牵引区、机车速度超过 5 km/h 且机车未实施空气制动、未发生牵引封锁，而需要维持机车在当前速度(目标速度)运行时，则按压“定速”按钮一次。

②需要解除定速控制时。

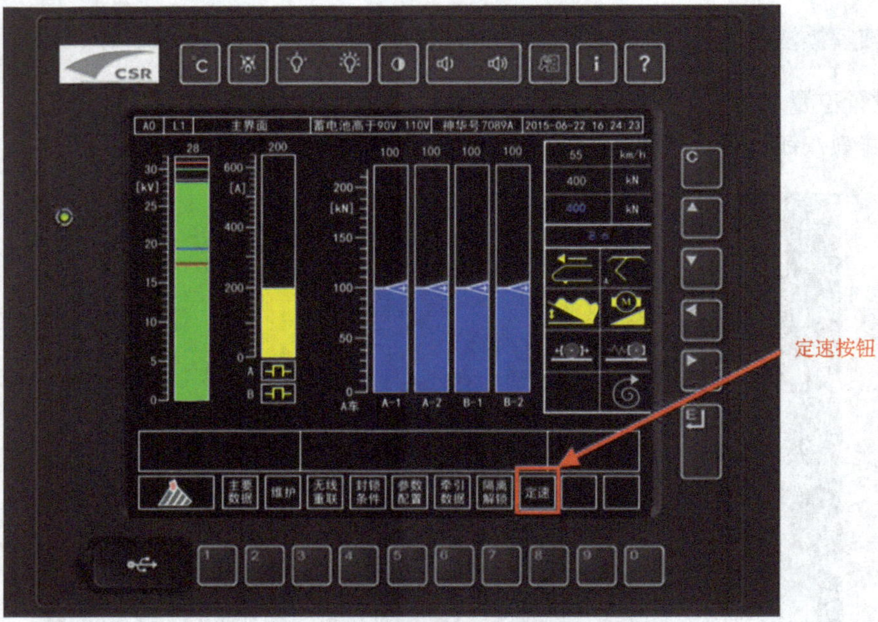

图 2-10　定速按钮设置位置

(3)作用过程

①进入定速控制时，按压“定速”按钮后，机车即进入定速控制状态，微机控制系统即以机车当前的运行速度作为期望定速的目标速度，随时根据机车运行速度与目标速度间的变化，自动进行牵引及再生制动的快速转换，使机车运行速度始终在目标速度±2 km/h 范围内变化，以达到定速控制的目的。

②满足解除定速控制条件后，机车即退出定速控制状态，微机控制系统则根据调速手柄位置控制机车输出牵引力的大小。

(4)解除定速控制的条件

①按压“定速”按钮一次；

②调速手柄离开“牵引区”；

③进行空气制动；

④发生等级故障。

9. 连挂按钮

(1)设置位置

连挂按钮设置在微机显示屏主界面上，为软键开关。当机车处在停车状态、换向手柄“向前”位，“连挂”按钮弹出，如图 2-11 所示；机车速度超过 4 km/h，“联挂”按钮消失。

(2)使用时机

机车处于停车状态、换向手柄“向前”位。

①准备以不超过 3 km/h 速度(可在 1～3 km/h 间设定)进行联挂时；

②进入或通过地沟等情况，需要以不超过 3 km/h 速度运行时。

(3)作用过程

在机车处于停车状态、换向手柄“向前”位、调速手柄“0”位的情况下，准备以不超过 3 km/h

速度联挂或运行时，按压“联挂”按钮一次，机车微机控制系统即激活联挂控制功能（微机显示屏制动信息区提示“联挂模式” ），如图 2-12 所示，司机将调速手柄置“牵引”区，微机控制系统控制机车以不超过 3 km/h 速度运行。待机车联挂妥当或结束不超过 3 km/h 速度运行后，只要换向手柄离开“向前”位，联挂控制功能即自动解除（微机显示屏制动信息区“联挂模式”提示及“联挂”按钮消失）。

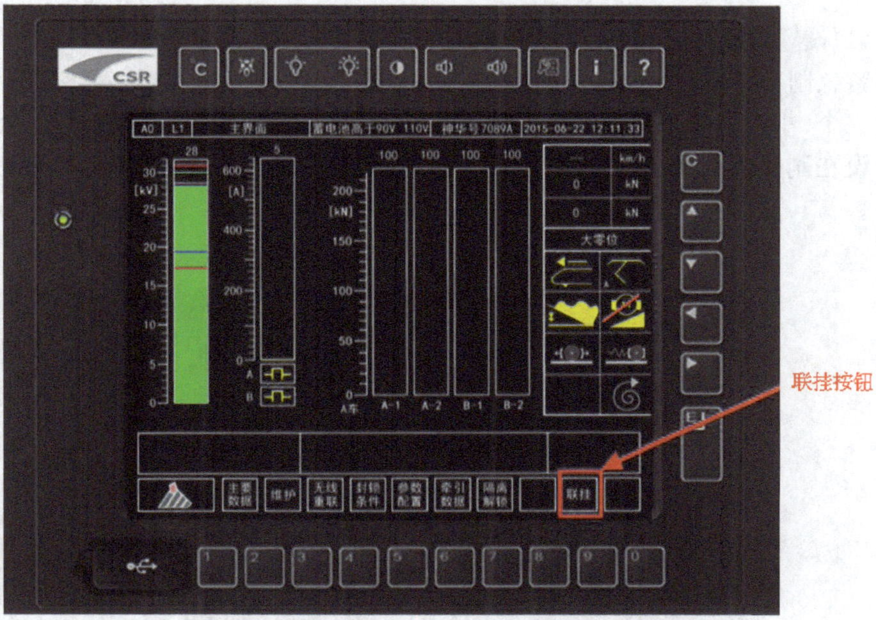

图 2-11 联挂按钮设置位置

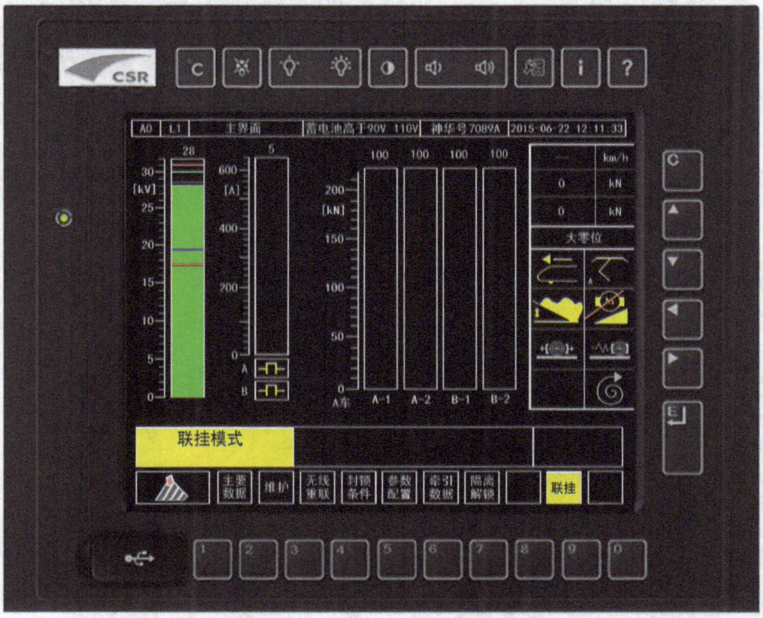

图 2-12 微机显示屏制动信息区提示联挂模式

(4)注意事项

在联挂模式下，司机仍可利用调速手柄来调节机车牵引力的大小(在 0～32 kN 间变化)。在平道或下坡道线路上进行联挂或运行时，机车牵引力的设定值应小一点；在上坡道线路上进行联挂或运行时，机车牵引力的设定值应大一点。

10. 紧急制动按钮

(1)设置位置

紧急制动按钮＝43-S10，大号机车设在司机室面板 3 上，如图 2-13 所示，每一个司机室设置一个；小号机车每一司机室设置两个，一个设在司机操纵台面板 3 上，代号＝43-S10；另一个设在副操纵台面板上，代号＝43-S11，如图 2-14 所示。紧急制动按钮均为非自复式按钮。

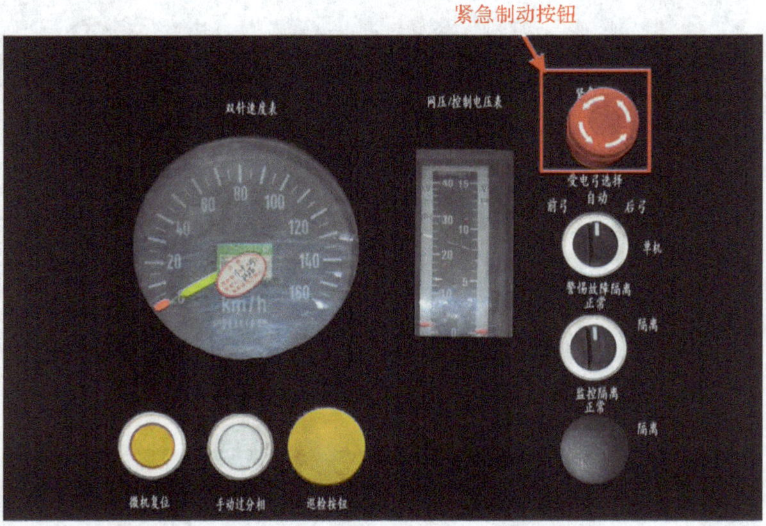

图 2-13　大号机车紧急制动按钮设置位置

图 2-14　小号机车紧急制动按钮设置位置

(2)使用时机

运行途中遇下列情况,机车乘务员应立即按下紧急按钮:

①运行途中遇危及行车、人身安全等情况需要紧急停车并断开主断路器时;

②机车运行到接触网电分相前,遇微机控制系统故障,人为无法使机车停止牵引、断开主断路器、降下受电弓时;

③运行途中需要立即紧急停车、降下受电弓时;

④学习司机发现危及行车、人身安全情况,需要紧急停车、断开主断路器、降下受电弓,但来不及通知司机时。

(3)按下紧急制动按钮后的解锁操作

①按下“紧急制动”按钮后,立即将大闸手柄置“紧急”位。

②待列车停车、受电弓降下后,逆时针旋转“紧急制动”按钮,其就会自动弹出而恢复。

③待紧急停车原因处理完毕,需要恢复运行时,再将大闸手柄置“重联”位 2 s 以上,解锁紧急制动。

(4)注意事项

①按下“紧急制动”按钮,列车产生紧急制动,主断路器断开,受电弓降下。微机显示屏故障信息区显示“制动系统”;微机显示屏“当前故障”界面提示“B 类,代码 1153,大闸紧急制动施加;B 类,代码 1152,CCU 紧急制动施加;B 类,代码 1151,804 紧急制动施加;C 类,代码 1124,紧急按钮动作”。

②万吨列车除非特殊情况,不得随意按下“紧急制动”按钮。

③单机试验“紧急制动”按钮的作用时,必须待受电弓降下后,才能进行紧急制动按钮恢复操作。

11. 微机复位按钮

(1)设置位置

微机复位按钮=21-S08 设在司机操纵台面板 3 上,如图 2-15 所示,其为自复式按钮,每节机车设置一个。

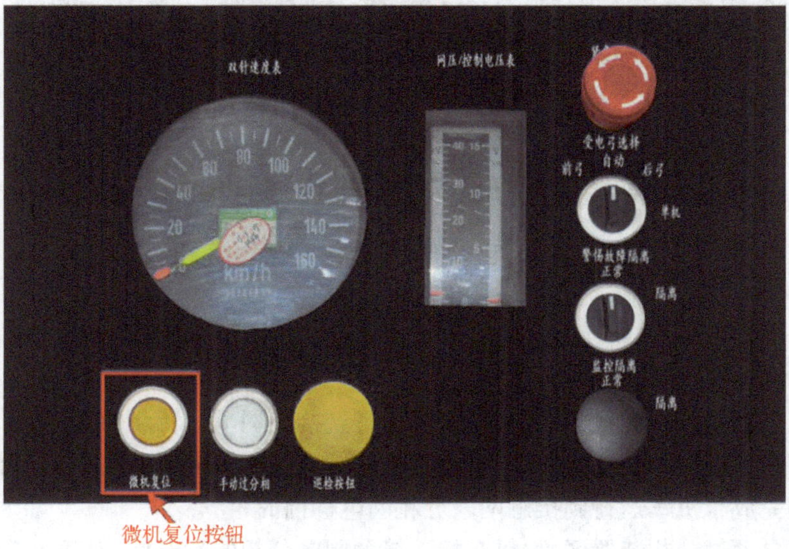

图 2-15 微机复位按钮设置位置

(2)微机复位按钮的作用

①消除故障；

②隔离故障设备。

(3)微机复位按钮的使用时机、方法及注意事项

①使用时机

运行途中，遇机车出现故障(机械故障除外)，需要使其恢复正常或需将故障设备隔离后维持运行时。

②方法

司机调速手柄在“0”位，按压“微机复位”按钮一次；若故障一直存在需要隔离故障设备时，则连续按压“微机复位”三次。

③注意事项

a. 按压“微机复位”按钮的时间应大于 1 s。

b. 连续按压时其间隔时间应大于 2 s。

12. 手动过分相按钮

(1)设置位置

手动过分相按钮＝21-S04 设置在司机操纵台面板 3 上，如图 2-16 所示，其为自复式按钮。

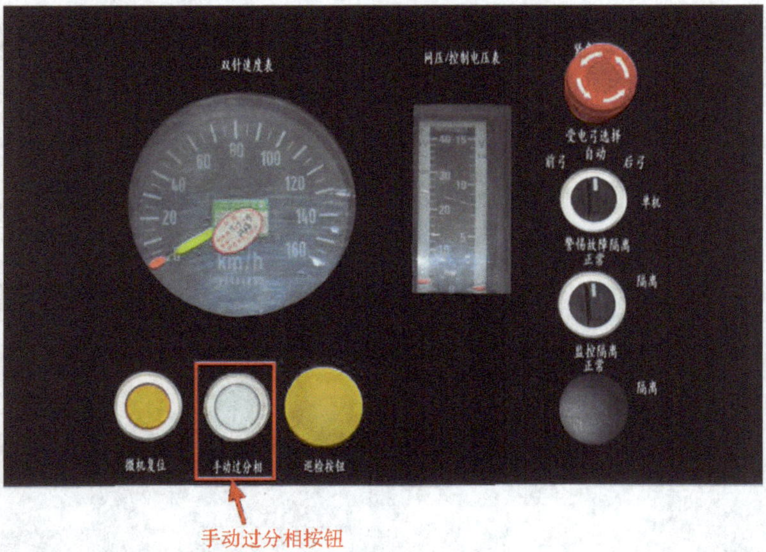

图 2-16　手动过分相按钮设置位置

(2)使用时机

①未启用自动过分相装置的区段，当机车运行到接触网电分相前的适当地点时；

②已启用自动过分相装置区段，当自动过分相装置故障，微机显示屏信息提示区提示“过分相必须手动完成”，机车运行到接触网电分相断电标前时；

③已启用自动过分相装置区段，机车接近接触网电分相的断电标，但微机控制系统无法使

主断路器断开时；

④运行途中遇主断路器扳键开关故障无法使主断路器断开时。

(3)操作方法

确认调速手柄回“0”位后，按压“手动过分相”按钮一次。

(4)作用过程

司机按压“手动过分相”按钮后，半自动过分相程序启动，微机显示屏提示区提示“过分相手动启动”，微机控制系统立即使主变流器停止工作、断开主断路器，微机显示屏信息提示区提示“过分相主断路器断开”。当机车通过了接触网电分相，接触网电压恢复正常并延迟一定时间后，微机控制系统使主断路器闭合，微机显示屏提示区提示“过分相成功通过”。

(5)注意事项

已启用自动过分相装置的区段，当主断路器不能正常断开时，应优先采用按压“手动过分相”按钮的方法，使主断路器断开。

13. 巡检按钮

(1)设置位置

巡检按钮＝43-S01 设置在司机操纵台面板 3 上，如图 2-17 所示，其为自复式按钮，每节机车设置一个。

图 2-17 巡检按钮设置位置

(2)使用时机

走廊巡视行进到非操纵节司机室时，按压非操纵节“巡检按钮”一次。

14. 布赫继电器检查、复位按钮

(1)设置位置

布赫继电器设置在牵引变流器柜与冷却塔间的牵引变压器油循环通路上，如图 2-18 所

示，布赫继电器检查、复位按钮设置在布赫继电器上，每节机车设置一个。

(2)使用时机及方法

①运行途中遇某节机车布赫继电器动作，该节机车主断路器断开后，确认从布赫继电器检查口排出的是液体的变压器油，无气体排出，说明是布赫继电器误动作，此时，应取下布赫继电器检查、复位按钮防护帽，逆时针旋转检查、复位按钮进行布赫继电器复位，再在司机室进行按压微机复位按钮复位操作。

②检修人员需要对布赫继电器进行检测时，按压布赫继电器检查、复位按钮，布赫继电器保护动作，微机显示屏故障信息区显示“主变压器”、当前故障界面提示“布赫继电器保护”，然后逆时针旋转布赫继电器检查、复位按钮至转不动时松开，再在司机室进行按压微机复位按钮复位操作后，故障信息随即消失。

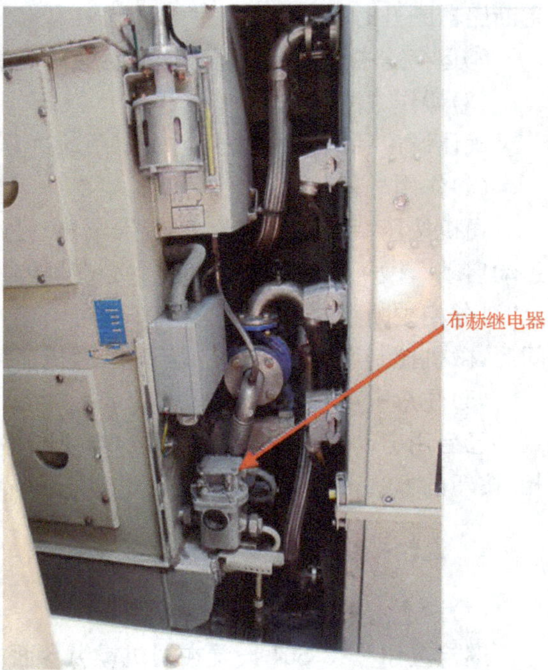

图 2-18 布赫继电器设置位置

15. 空气干燥器储气罐(风缸)电动排水阀测试按钮

(1)设置位置

空气干燥器储气罐(风缸)电动排水阀测试按钮 TEST 设置在机械间空气干燥器储气罐(风缸)电动排水阀上，如图 2-19 所示，每节机车设置一个。

(2)使用时机

当空气干燥器储气罐(风缸)电动排水阀进入工作状态，需要测试电动排水阀工作是否正常时使用。

(3)测试方法

当空气干燥器储气罐(风缸)电动排水阀进入工作状态(指示灯亮)，在 OFF 灯亮时，按压空气干燥器储气罐(风缸)电动排水阀测试按钮 TEST 后，OFF 灯灭，ON 灯亮，电动排水阀动作，数秒后，ON 灯灭，OFF 灯亮。

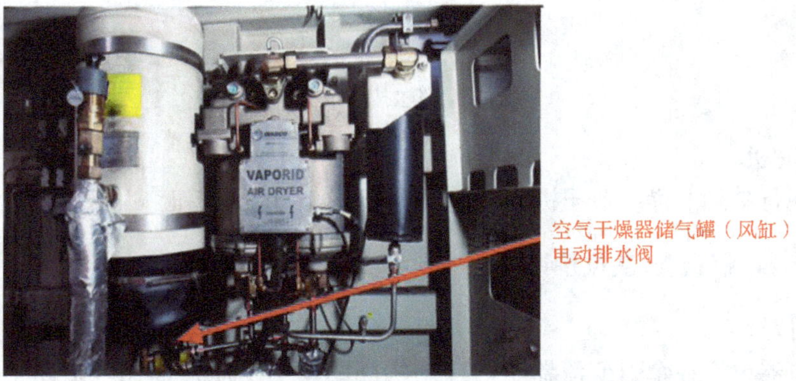

(a) 空气干燥器储气罐(风缸)电动排水阀设置位置

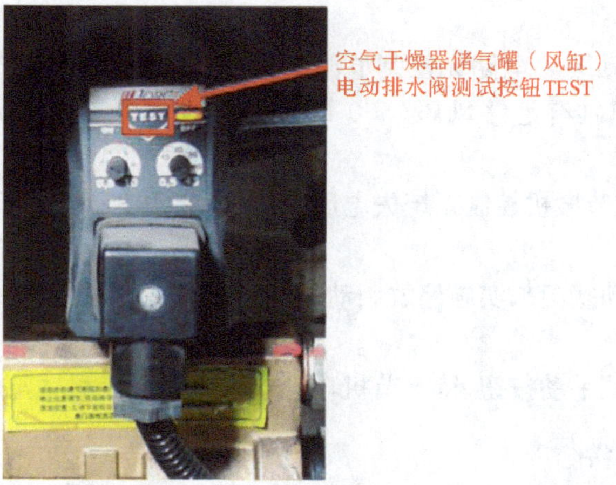

（b）空气干燥器储气罐(风缸)电动排水阀测试按钮 TEST 设置位置

图 2-19　空气干燥器储气罐(风缸)电动排水阀

(4)注意事项

由于神朔机务段配属的神华八轴交流机车的空气干燥器分为两种不同型号，故其干燥器储气罐(风缸)电动排水阀进入工作状态的时机不同。空气干燥器风缸上标注为“干燥器储气罐”的空气干燥器，其电动排水阀在闭合“蓄电池”自动开关后即进入工作状态；而空气干燥器风缸上标注为“干燥器风缸”的空气干燥器，其电动排水阀在主压缩机工作时才进入工作状态。

16. 停放缓解手动按钮

(1)设置位置

停放缓解手动按钮设在制动柜停放制动双脉冲电磁阀上(左侧、墨绿色)，如图 2-20 所示，每节机车设置一个。

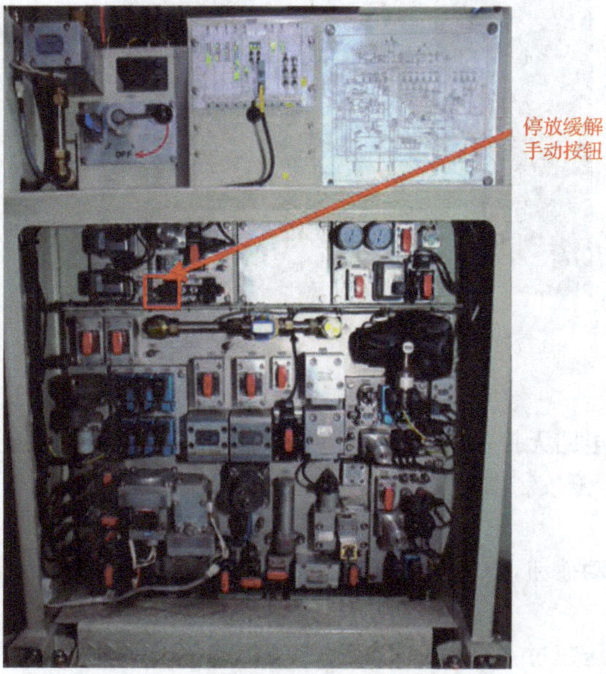

图 2-20　停放缓解手动按钮设置位置

(2)使用时机

①在机车停放制动装置电路无控制电源、司机室停放缓解按钮故障或停放制动双脉冲电磁阀故障,但停放风缸有足够风压(500 kPa 以上)的情况下,需要进行停放制动装置缓解时;

②有动力运行,该节微机控制系统失电后,确保该节停放制动处于缓解状态时。

(3)操作方法

①对关闭停放制动塞门来实施停放制动的机车,在进行停放制动装置缓解前,应先开放停放制动塞门 177;

②按压“停放缓解”手动按钮,待该节机车停放制动装置缓解后,松开即可。

17. 停放施加手动按钮

(1)设置位置

停放施加手动按钮设在制动柜停放制动双脉冲电磁阀上(右侧、红色),如图 2-21 所示,每节机车设置一个。

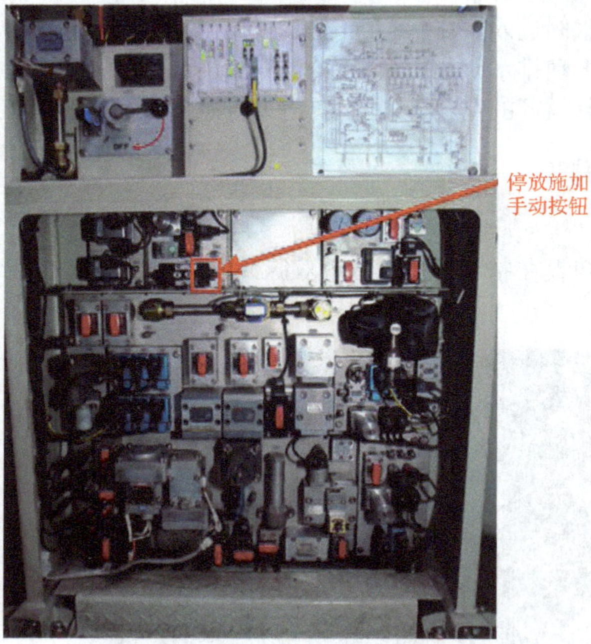

图 2-21 停放施加手动按钮设置位置

(2)使用时机

在机车停放制动电路无控制电源、司机台停放施加按钮故障或停放制动双脉冲电磁阀故障的情况下,需要进行停放制动施加时。

(3)操作方法

按压停放制动手动按钮,待该节机车实施停放制动后,松开即可。

(4)注意事项

当机车制动缸风压超过 400 kPa 时,就应考虑其对停放制动装置的影响。

18. 高压报警器按钮(键)

(1)设置位置

高压报警器按钮(键)设置在机械间高压报警器上,如图 2-22 所示。

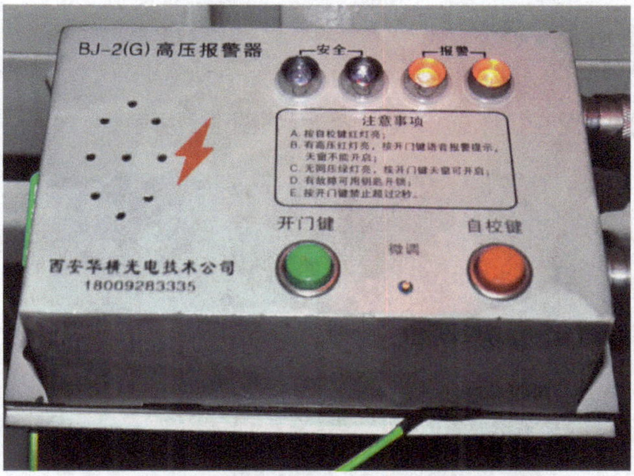

图 2-22 高压报警器按钮(键)设置位置

(2)操作方法

①开门键

机车上部接触网有高压电时,报警器主机面板上报警红灯亮,按压“开门键”,语音提示“有高压危险,禁止攀登”,电控锁保持锁闭状态,禁止打开车顶人孔天窗登顶作业。

机车上部接触网无高压电时,报警器主机面板上安全绿灯亮,按压“开门键”,电控锁打开,此时,可打开车顶人孔天窗登上车顶进行作业。

②自校键

自动校正功能,当机车车顶接触网无高压电时,报警器主机面板上安全绿灯亮,按压“自校键”,报警红灯亮,语音提示“有高压危险,禁止攀登”,随后自动切换成安全绿灯。

第三章　塞　　门

1. 前端列车管塞门

前端列车管塞门 61 设在机车前端列车管上，如图 3-1 所示。

图 3-1　机车前端塞门设置

正常情况下，前端列车管塞门 61 一直处于关闭状态；当机车与前部机车进行重联连接后或机车与前部车辆连接后，才使该塞门处于开放状态。

2. 前端总风联管塞门

前端总风联管塞门 79 设在机车前端总风联管上，如图 3-1 所示。

正常情况下，前端总风联管塞门 79 塞门一直处于关闭状态；当机车与前部装有总风联管的机车进行重联连接后，才使该塞门处于开放状态。

3. 前端平均管塞门

前端平均管塞门（司机侧 67、学习司机侧 73）设在机车前端平均管上，如图 3-1 所示。

正常情况下，前端平均管塞门（司机侧 67、学习司机侧 73）一直处于关闭状态；当机车与前部装有平均管的机车进行重联连接后，才使该塞门处于开放状态。

4. 列车管防撞塞门

列车管防撞塞门 63 设在机车排障器内侧列车管上，如图 3-2 所示。

正常情况下，列车管防撞塞门 63 处于开放状态；当前端列车管塞门撞坏或关闭不严时，才使该塞门处于关闭状态。

5. 总风联管防撞塞门

总风联管防撞塞门 81 设在机车排障器内侧总风联管上，如图 3-3 所示。

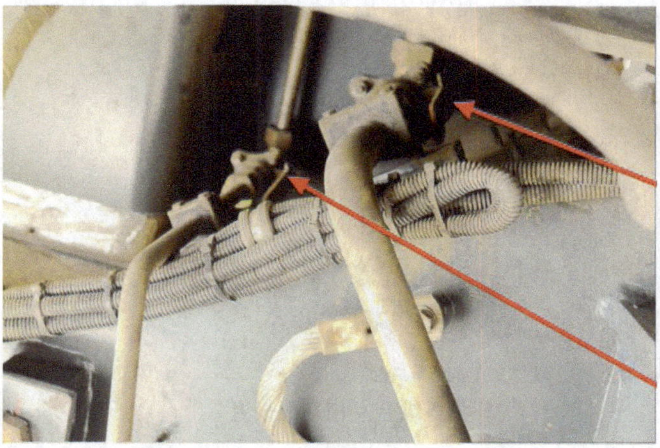

图 3-2 司机侧防撞塞门设置

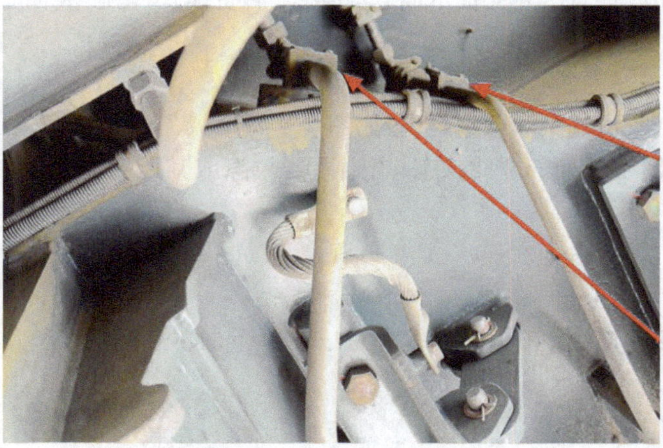

图 3-3 学习司机侧防撞塞门设置

正常情况下，总风联管防撞塞门 81 处于开放状态；当前端总风联管塞门撞坏或关闭不严时，才使该塞门处于关闭状态。

6. 平均管防撞塞门

平均管防撞塞门(司机侧 69、学习司机侧 75)设在机车排障器内侧平均管上(司机侧平均管防撞塞门 69 设置位置如图 3-2 所示，学习司机侧平均管防撞塞门 75 设置位置如图 3-3 所示)。

正常情况下，平均管防撞塞门(司机侧 69、学习司机侧 75)处于开放状态；当前端平均管塞门撞坏或关闭不严时，才使其对应的防撞塞门处于关闭状态。

7. 后备制动塞门

后备制动塞门 129 设在机车司机操纵台左柜内，如图 3-4 所示。

正常情况下，后备制动塞门 129 处于关闭状态；当大闸不能控制均衡风缸风压变化，需将空气制动系统转为“后备制动”模式时，才使该塞门处于开放状态。

图 3-4　司机操纵台左柜塞门设置

后备制动塞门 129 置开放位，制动显示屏显（提）示：

（1）制动显示屏显示“制动机后备模式，请断开 BCU 电源＝28-F01”。

（2）制动显示屏“事件/故障记录”界面提示“制动机处于后备模式，请确认后备塞门位置”。

8. 刮雨器塞门

刮雨器塞门 125 设在机车司机操纵台左柜内，如图 3-4 所示。

正常情况下，刮雨器塞门 125 处于开放状态；当刮雨器故障或其风路漏风时，才使该塞门处于关闭状态。

9. 列车管放风塞门

列车管放风塞门（车长阀）121 设在司机室后墙上，如图 3-5 所示。

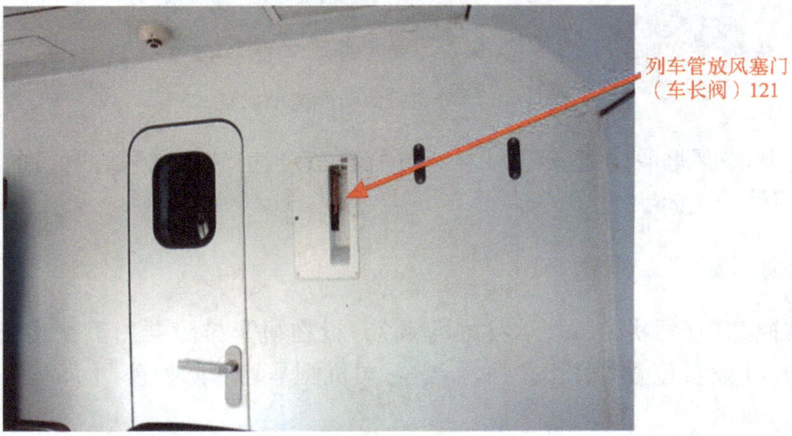

图 3-5　列车管放风塞门（车长阀）121 设置位置

正常情况下，列车管放风塞门（车长阀）121 处于关闭状态；当需要在司机室迅速排出列车管风压，实施紧急制动时才使该塞门处于开放状态。

10. 高音喇叭塞门

高音喇叭塞门 136 设在机械间学习司机侧车体侧墙喇叭与前撒砂模块上，如图 3-6 所示。

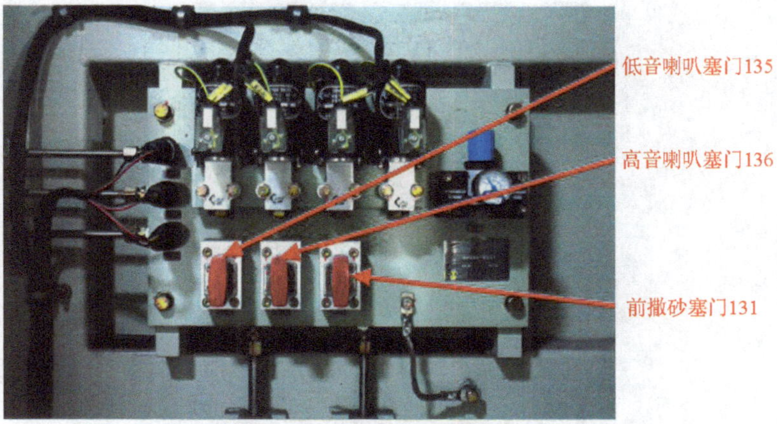

图 3-6 喇叭与前撒砂模块塞门设置

正常情况下，高音喇叭塞门 136 处于开放状态；当高音喇叭风路漏风或高音喇叭长鸣不止时，才使该塞门处于关闭状态。

11. 低音喇叭塞门

低音喇叭塞门 135 设在机械间学习司机侧车体侧墙喇叭与前撒砂模块上，如图 3-6 所示。

正常情况下，低音喇叭塞门 135 处于开放状态；当低音喇叭风路漏风或低音喇叭长鸣不止时，才使该塞门处于关闭状态。

12. 前撒砂塞门

前撒砂塞门 131 设在机械间学习司机侧车体侧墙喇叭与前撒砂模块上，如图 3-6 所示。

正常情况下，前撒砂塞门 131 处于开放状态；当前撒砂装置故障需要将其切除时，才使该塞门处于关闭状态。

13. 后撒砂塞门

后撒砂塞门 132 在 7095 号以前机车设在制动柜的后撒砂模块上，如图 3-7(a)所示；在 7096 号以后机车设在轮喷与后撒砂模块上，如图 3-7(b)所示。

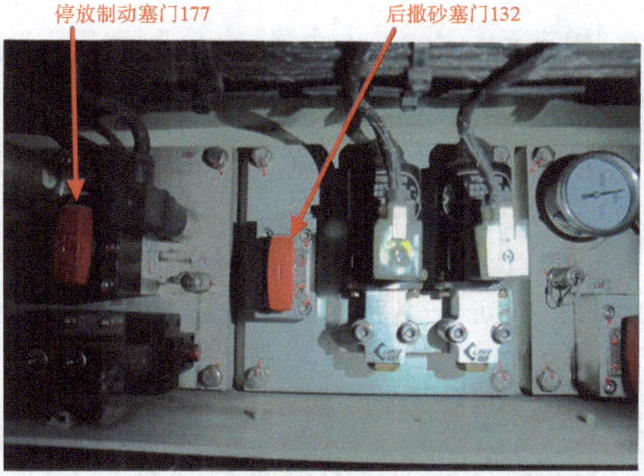

图 3-7(a) 后撒砂塞门 132 在 7095 号以前机车上的设置位置

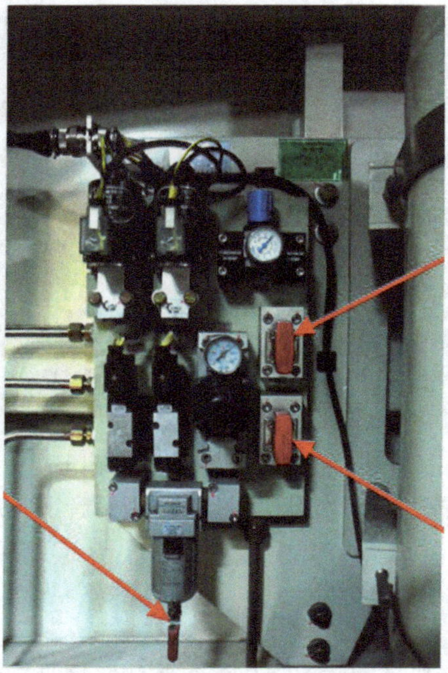

图 3-7(b) 轮喷与后撒砂模块塞门设置

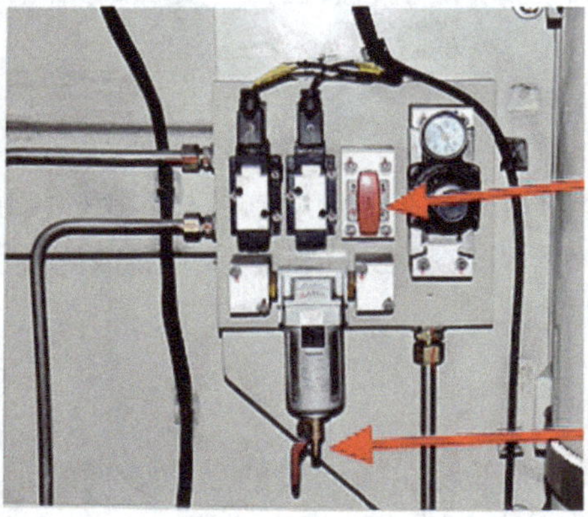

图 3-8 7095 号以前机车轮喷模块塞门设置

正常情况下，该塞门处于开放状态；当后撒砂装置故障需要将其切除时，才使该塞门处于关闭状态。

14. 轮喷塞门

轮喷塞门 171，7095 号以前机车设在机械间学习司机侧车体侧墙的轮喷模块上，如图 3-8 所示；7096 号以后机车设在机械间学习司机侧车体侧墙的轮喷与后撒砂模块上，如图 3-7(b)所示。

正常情况下，轮喷塞门 171 处于开放状态；当轮喷装置故障或需要切除轮喷装置时，才使该塞门处于关闭状态。

15. 轮喷总风滤清器排污小塞门

轮喷总风滤清器排污小塞门 7095 号以前机车设在轮喷模块总风滤清器下部，如图 3-8 所示；7096 号以后机车设在轮喷与后撒砂模块总风滤清器下部，如图 3-7(b)所示。

正常情况下，轮喷总风滤清器排污小塞门处于关闭状态（塞门手柄与管道平行）；当需要排放轮喷总风滤清器污物时，才使该塞门处于开放状态（塞门手柄与管道垂直）。

16. 微油过滤器排污塞门

微油过滤器排污塞门设在空气干燥器与总风缸间的微油过滤器下部，如图 3-9 所示。

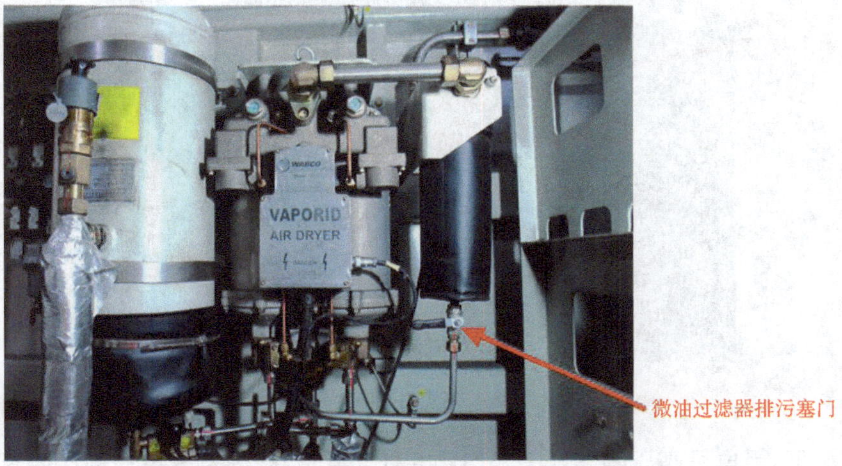

图 3-9　微油过滤器排污塞门设置位置

正常情况下，微油过滤器排污塞门处于关闭状态；日常需要排放微油过滤器污物时，才使该塞门处于开放状态。

17. 总风缸进风塞门

总风缸进风塞门 111 设在空气干燥器与总风缸之间的总风管道上，如图 3-10 所示。

图 3-10　总风缸进风塞门 111 设置位置

正常情况下，总风缸进风塞门 111 处于开放状态；当空气干燥器排风不止时，才使该塞门处于关闭状态。

正常情况下，若将总风缸进风塞门 111 关闭，只要该节主压缩机启动且空气干燥器正常工作后，高压安全阀即喷气（注意：主压缩机开始工作时，空气干燥器需一段时间才能正常工作）。

18. 受电弓高压隔离开关塞门

受电弓高压隔离开关塞门 146 设在机械间制动柜上方顶盖的受电弓高压隔离开关风路上，如图 3-11 所示。

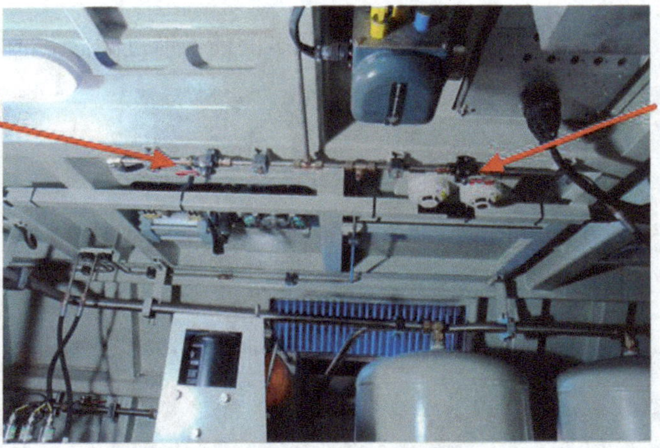

图 3-11 高压隔离开关塞门设置位置

正常情况下，受电弓高压隔离开关塞门 146 处于开放状态；当受电弓高压隔离开关故障或需要切除受电弓高压隔离开关时，才使该塞门处于关闭状态。

受电弓高压隔离开关塞门 146 设在主断路器塞门 145 之后，若主断路器塞门 145 关闭，则受电弓高压隔离开关也无法进行转换。

19. 机车高压隔离开关塞门

机车高压隔离开关塞门 147 设在机械间总风缸上方顶盖的机车高压隔离开关风路上，如图 3-11 所示。

正常情况下，机车高压隔离开关塞门 147 处于开放状态；当机车高压隔离开关故障或需要切除机车高压隔离开关时，才使该塞门处于关闭状态。

机车高压隔离开关塞门 147 设在主断路器塞门 145 之后，若主断路器塞门 145 关闭，则机车高压隔离开关也无法进行转换。

20. 总风缸连接塞门

总风缸连接塞门 112 设在两总风缸间的连接管道上，如图 3-12 所示。

图 3-12 总风缸连接塞门 112 设置位置

正常情况下，总风缸连接塞门 112 处于开放状态；无动力回送时，才使该塞门处于关闭状态，以切除第一总风缸，缩短由列车管向总风缸的充风时间。机车较长时间停放时，也可将总风缸连接塞门 112 关闭，储存第一总风缸风压，以便于升起受电弓操作。

若在正常运行时，总风缸连接塞门 112 处于关闭状态，在该节主压缩机工作一段时间，总风缸风压还未达到 900 kPa 时，高压安全阀即会喷气。

21. 第一总风缸排水塞门

第一总风缸排水塞门 164 设在第一总风缸下部排水管道上，如图 3-13 所示。

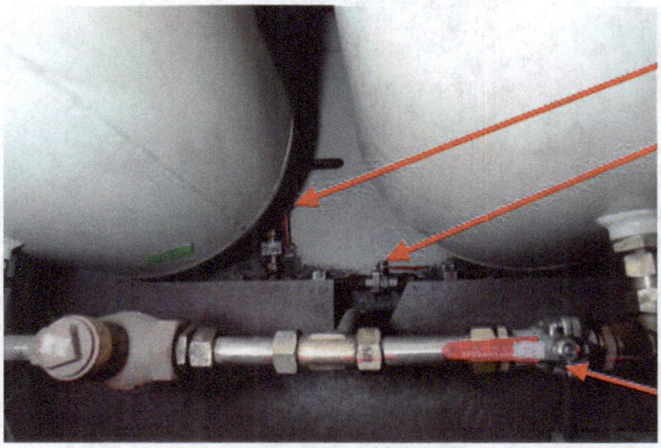

图 3-13　总风缸排水塞门设置

正常情况下，第一总风缸排水塞门 164 处于关闭状态(塞门手柄与管道平行)；需要排放第一总风缸积水或需要降低总风缸风压时，才使该塞门处于开放状态(塞门手柄与管道垂直)。

22. 第二总风缸排水塞门

第二总风缸排水塞门 163 设在第二总风缸下部排水管道上，如图 3-13 所示。

正常情况下，第二总风缸排水塞门 163 处于关闭状态(塞门手柄与管道平行)；需要排放第二总风缸积水或需要降低总风缸风压时，才使该塞门处于开放状态(塞门手柄与管道垂直)。

23. 停放风缸排水塞门

停放风缸排水塞门 169 设在制动柜右侧停放风缸排水管道上，如图 3-14 所示。

正常情况下，停放风缸排水塞门 169 处于关闭状态；当需要排放停放风缸积水时，才使该塞门处于开放状态。

24. 控制风缸排水塞门

控制风缸排水塞门 168 设在制动柜右侧控制风缸排水管道上，如图 3-14 所示。

正常情况下，控制风缸排水塞门 168 处于关闭状态；当需要排放停放风缸积水或需要降低控制风缸风压时，才使该塞门处于开放状态。

图 3-14　制动柜右侧排水塞门设置

25. 制动柜总风塞门

制动柜总风塞门 113 设在制动柜左上角，如图 3-15 所示。

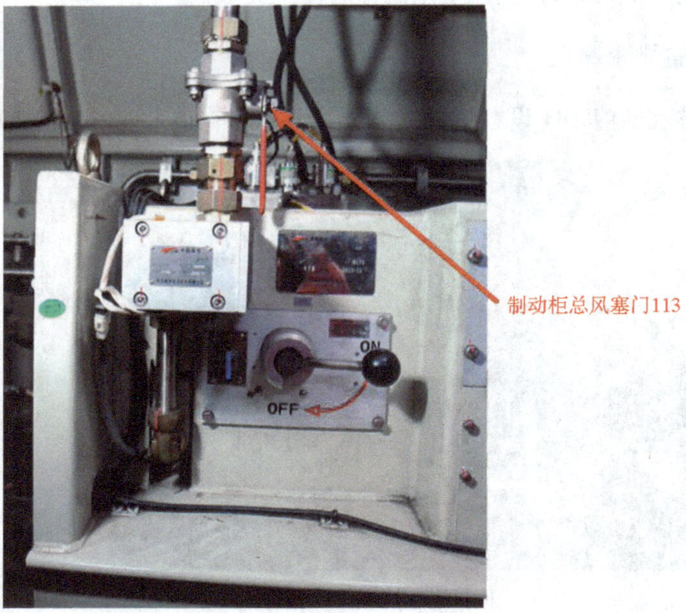

图 3-15　制动柜总风塞门 113 设置位置

正常情况下，制动柜总风塞门 113 处于开放状态；当机车需要较长时间停留或需要切断制动柜总风风源时，才使该塞门处于关闭状态。

26. 受电弓塞门

受电弓塞门(带排风)143 设在制动柜的安全联锁箱上，如图 3-16 所示。

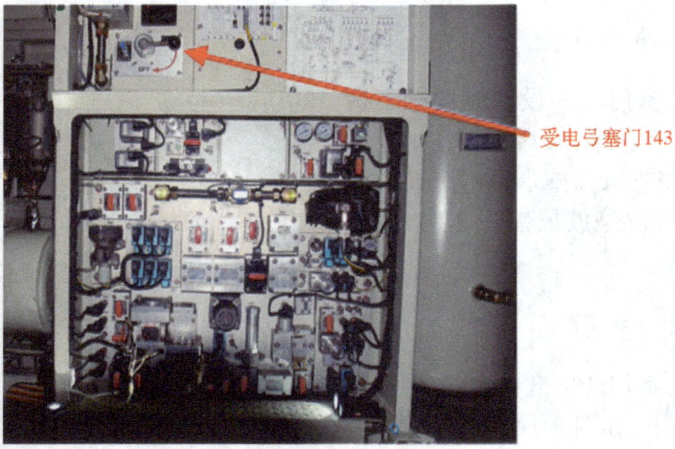

图 3-16　受电弓塞门 143 设置位置

正常情况下，受电弓塞门 143 处于开放状态(操作手柄在 ON 位)，当禁止机车升起受电弓或需要进行高压接地开关操作时，才使该塞门处于关闭状态(操作手柄在 OFF 位)。

受电弓塞门 143 处于关闭状态(操作手柄在 OFF 位)，微机显示屏显(提)示：

(1)微机显示屏故障信息区显示“受电弓”。

(2)微机显示屏信息显示区提示“自动模式下本车受电弓隔离，自动选择后车弓”。

(3)进入“当前故障”界面，提示“受电弓隔离塞门关闭”、“受电弓隔离”。

注意：关闭受电弓塞门 143 后，微机显示屏故障信息区显示“受电弓”、信息提示区提示“自动模式下本车受电弓隔离，自动选择后车弓”；微机显示屏“当前故障”界面提示“受电弓气路隔离塞门关闭”、“受电弓隔离”。开放受电弓塞门 143 后，只有在司机室进行按压微机复位按钮复位及隔离解锁操作，故障才能消除。

27. 停放制动塞门

停放制动塞门 177(带排风)设在制动柜的停放制动模块上，如图 3-17 所示。

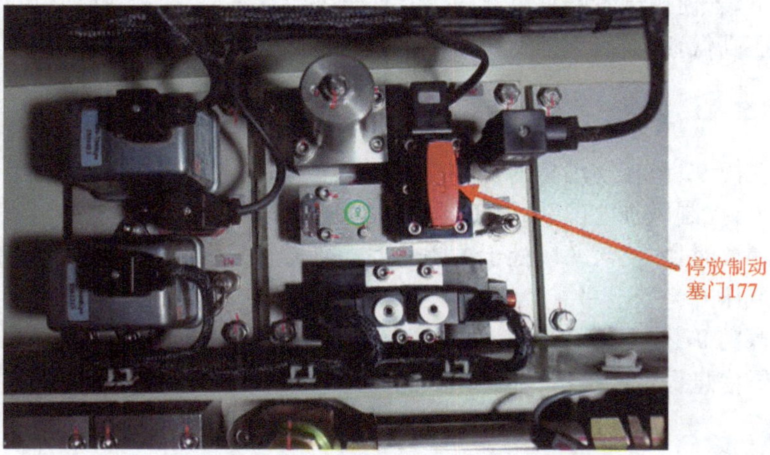

图 3-17　停放制动塞门 177 设置位置

正常情况下，停放制动塞门 177 处于开放状态；当需要休眠停放制动装置或在机械间需要施加停放制动时，才使该塞门处于关闭状态。

停放制动塞门 177 处于关闭状态，停放制动指示器一直显示制动状态。

停放制动塞门 177 处于关闭状态，微机显示屏、制动显示屏显(提)示：

(1)微机显示屏显示红底白字“停放制动隔离塞门关闭，请机械缓解停放制动，并请按‘E’键确认”。

(2)微机显示屏主界面、“机车配置”界面提示机车停放制动施加。

(3)制动显示屏显示“故障 B8”。

(4)制动显示屏“事件/故障记录”界面提示“故障 B08：停放塞门 177 切除”。

28. 控制管路总风塞门

控制管路总风塞门 140 设在制动柜的升弓控制模块上，如图 3-18 所示。

正常情况下，控制管路总风塞门 140 处于开放状态；当辅助压缩机泵风时为了防止控制管路风压向总风缸逆流、缩短辅助压缩机泵风时间时，才使该塞门处于关闭状态。

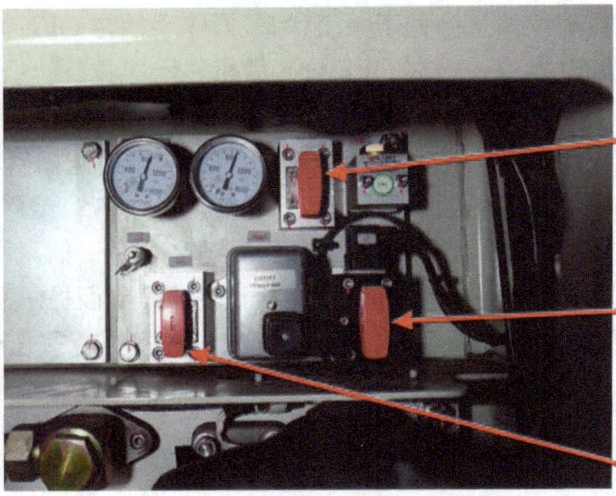

图 3-18 升弓控制模块塞门设置

正常情况下，若使控制管路总风塞门 140 处于关闭状态，只要控制管路风压低于480 kPa，无论总风缸风压高低，都会出现辅助压缩机泵风的现象。

29. 控制风缸塞门

控制风缸塞门 97 设在制动柜的升弓控制模块上，如图 3-18 所示。

正常情况下，控制风缸塞门 97 处于开放状态；当机车需要降下受电弓，且长时间停留或需要将控制风缸隔离时，才使该塞门处于关闭状态。待再升起受电弓时，开放控制风缸塞门 97，利用控制风缸风压升起受电弓。

控制风缸塞门 97 处于关闭状态，微机显示屏提示：

微机显示屏信息提示区提示“辅助风缸隔离塞门关闭”。

30. 主断路器塞门

主断路器塞门 145 设在制动柜的升弓控制模块上，如图 3-18 所示。

正常情况下，主断路器塞门 145 处于开放状态；当需要切断主断路器风路时，才使该塞门处于关闭状态。

主断路器塞门 145 关闭后，高压隔离开关风路也被切断，受电弓无法升起。

31. 中继阀总风塞门

中继阀总风塞门 114 设在制动柜的列车/均衡控制模块上，如图 3-19 所示。

正常情况下，中继阀总风塞门 114 处于开放状态；若使中继阀总风塞门 114 处于关闭状态，在大闸缓解列车制动时，均衡风缸充风正常，但列车管不充风。

32. 紧急阀列车管塞门

紧急阀列车管塞门 116 设在制动柜列车/均衡控制模块上，如图 3-19 所示。

正常情况下，紧急阀列车管塞门 116 处于开放状态；若使紧急阀列车管塞门 116 处于关闭状态，当列车发生分离、断钩等列车管风压迅速降低时该节紧急阀失去保护作用，但另一节机车仍能起到由“风”信号(列车管风压迅速降低)引起的紧急制动保护作用。

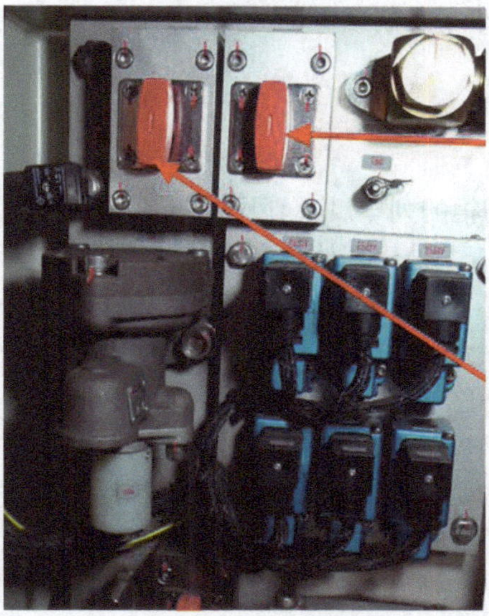

图 3-19 中继阀总风塞门 114、紧急阀列车管塞门 116 设置位置

33. 紧急制动电动放风阀 94 列车管塞门

紧急制动电动放风阀 94 列车管塞门 117 设在制动柜列车/均衡控制模块上，如图 3-20 所示。

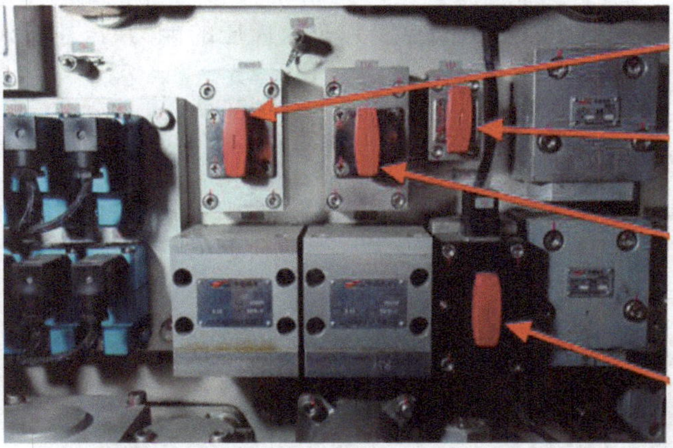

图 3-20 紧急制动电动放风阀 98 附近塞门设置

正常情况下，紧急制动电动放风阀 94 列车管塞门 117 处于开放状态；若使紧急制动电动放风阀 94 列车管塞门 117 处于关闭状态，该节紧急制动电动放风阀 94 失去保护作用，但该节紧急制动电动放风阀 98 及另一节机车紧急制动电动放风阀 94、98 仍能起到由“电”信号(804 导线有电)引起的紧急制动保护作用。

34. 紧急制动电动放风阀 98 列车管塞门

紧急制动电动放风阀 98 列车管塞门 118 设在制动柜列车/均衡控制模块上，如图 3-20 所示。

正常情况下，紧急制动电动放风阀 98 列车管塞门 118 处于开放状态；若使紧急制动电动放风阀 98 列车管塞门 118 处于关闭状态，该节紧急制动电动放风阀 98 失去保护作用，但该节紧急制动电动放风阀 94 及另一节机车紧急制动电动放风阀 94、98 仍能起到由“电”信号(804 导线有电)引起的紧急制动保护作用。

35. 电空制动总风塞门

电空制动总风塞门 157 设在制动柜的列车/均衡风缸控制模块上,如图 3-20 所示。

正常情况下,电空制动总风塞门 157 处于开放状态;若使电空制动总风塞门 157 处于关闭状态,大闸手柄置“运转”位,均衡风缸不增压,列车管不充风缓解;当均衡风缸有压力时,大闸手柄置“制动”位,均衡风缸减压正常;大闸手柄置“过充”位,均衡风缸、列车管减压。

神朔机务段规定:万吨列车遇天窗点在非万吨站停妥,确认不再运行等候天窗时,主车司机需将小闸手柄置“制动”位,并在列车管实施最大减压量后,安排学习司机关闭操纵节电空制动总风塞门 157,上行万吨列车需同时通知从二机车司机关闭操纵节电空制动总风塞门 157;天窗点毕,主车升起受电弓、闭合主断路器,待总风缸压力达到 900 kPa 以后,安排学习司机开放电空制动总风塞门 157,同时通知从二机车(上行)司机开放电空制动总风塞门 157。

36. 中继阀列车管塞门

中继阀列车管塞门 115 设在制动柜的列车/均衡控制模块上,如图 3-20 所示。

正常情况下,中继阀列车管塞门 115 处于开放状态;若使中继阀列车管塞门 115 处于关闭状态,大闸缓解充风时,均衡风缸升压正常,但列车管不充风缓解;大闸制动时,均衡风缸减压正常,但列车管不减压。

无动力回送或运行中遇特殊情况需要切除中继阀控制列车管风压的能力时,才使该塞门处于关闭状态。

中继阀列车管塞门 115 处于关闭状态,制动显示屏显(提)示:

(1)制动显示屏显示“故障 A6”。

(2)制动显示屏“事件/故障记录”界面显提示“故障 A06:电联锁塞门 115 关闭”。

37. 分配阀总风塞门

分配阀总风塞门 123 设在制动柜的制动缸控制模块上,如图 3-21 所示。

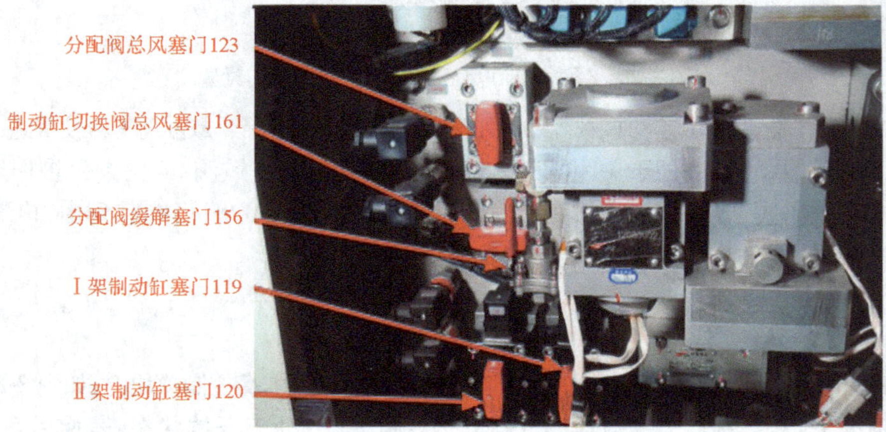

图 3-21　分配阀缓解塞门 156 附近塞门设置

正常情况下，分配阀总风塞门 123 处于开放状态；若使分配阀总风塞门 123 处于关闭状态，小闸制动时该节机车制动缸不上闸；大闸施行常用减压时，机车制动缸不上闸；大闸施行紧急制动，机车制动缸上闸慢，且最高风压只能达到 300 kPa 左右。

38. 制动缸切换阀总风塞门

制动缸切换阀总风塞门 161 设在制动柜的制动缸控制模块上，如图 3-21 所示。

正常情况下，制动缸切换阀总风塞门 161 处于开放状态；若使制动缸切换阀总风塞门 161 处于关闭状态，空电联合制动性能就不能完全实现。

神朔机务段神华八轴交流电力机车现阶段均未启用空电联合制动，故制动缸切换阀总风塞门 161 现均处于关闭状态。

39. 分配阀缓解塞门

分配阀缓解塞门 156 设在制动柜的制动缸控制模块上，如图 3-21 所示。

正常情况下，分配阀缓解塞门 156 均处于开放状态。

若本节重联阀 93 的本/补转换阀处于“本机”位，但分配阀缓解塞门 156 处于关闭状态，当大闸进行几次减压制动后再施行紧急制动，制动缸风压就会超过 450 kPa。

40. Ⅰ架制动缸塞门

Ⅰ架制动缸塞门 119(带排风)设在制动柜的制动缸控制模块上，如图 3-21 所示。

正常情况下，Ⅰ架制动缸塞门 119 处于开放状态；遇特殊情况需要切除Ⅰ架空气制动时，才使该塞门处于关闭状态。

Ⅰ架制动缸塞门 119 处于关闭状态，该节Ⅰ架制动缸则一直处于缓解状态。

Ⅰ架制动缸塞门 119 处于关闭状态，微机显示屏、制动显示屏显(提)示：

(1)微机显示屏故障信息区显示“隔离塞门”。

(2)微机显示屏信息提示区提示“Ⅰ架制动缸隔离塞门关闭”。

(3)微机显示屏“当前故障”界面提示“C 类、代码 1122、Ⅰ架制动缸隔离塞门关闭”。

(4)微机显示屏“处理提示”界面提示“Ⅰ架制动缸隔离塞门关闭，打开该隔离塞门”。

(5)制动显示屏显示“故障 B6”、“制动机Ⅰ架制动缸切除，请确认 119 塞门位置”。

(6)制动显示屏“事件/故障记录”界面提示“故障 B06：电联锁塞门 119 关闭或者电联锁塞门 120 关闭”、“制动机Ⅰ架制动缸切除，请确认 119 塞门位置”。

41. Ⅱ架制动缸塞门

Ⅱ架制动缸塞门 120(带排风)设在制动柜的制动缸控制模块上，如图 3-21 所示。

正常情况下，Ⅱ架制动缸塞门 120 处于开放状态；遇特殊情况需要切除Ⅱ架空气制动时，才使该塞门处于关闭状态。

Ⅱ架制动缸塞门 120 处于关闭状态，该节Ⅱ架空气制动缸则一直处于缓解状态。

Ⅱ架制动缸塞门 120 处于关闭状态，微机显示屏、制动显示屏显(提)示：

(1)微机显示屏故障信息区显示“隔离塞门”。

(2)微机显示屏信息提示区提示“Ⅱ架制动缸隔离塞门关闭”。

(3)微机显示屏“当前故障”界面提示“C类、代码1123、Ⅱ架制动缸隔离塞门关闭”。

(4)微机显示屏“处理提示”界面提示“Ⅱ架制动缸隔离塞门关闭,打开该隔离塞门”。

(5)制动显示屏显示“故障B6”、“制动机Ⅱ架制动缸切除,请确认120塞门位置”。

(6)制动显示屏“事件/故障记录”界面提示“故障B06:电联锁塞门119关闭或者电联锁塞门120关闭”、“制动机Ⅱ架制动缸切除,请确认120塞门位置”。

42. 紧急增压塞门

紧急增压塞门137设在制动柜的制动缸控制模块上,如图3-22所示。

图3-22 无动力回送塞门155附近塞门设置

正常情况下,紧急增压塞门137处于开放状态;若使紧急增压塞门137处于关闭状态,紧急制动时,制动缸风压达不到450 kPa。

无动力回送时,应将紧急增压塞门137置关闭位。

紧急增压塞门137关闭,制动显示屏显(提)示:

(1)制动显示屏显示“故障B5”。

(2)制动显示屏“事件/故障记录”界面提示“故障B05:电联锁塞门137关闭”。

43. 无动力安全阀塞门

无动力安全阀塞门139设在制动柜的制动缸控制模块上,如图3-22所示。

正常情况下,无动力安全阀塞门139处于关闭状态;正常情况下使无动力安全阀塞门139处于开放状态,在紧急制动或制动系统失电后,只要机车制动缸风压超过250 kPa,无动力安全阀就会喷气,致使机车制动缸压力达不到规定值。

无动力回送时,应使无动力安全阀塞门139处于开放状态。

无动力安全阀塞门139处于关闭状态,制动显示屏显(提)示:

(1)制动显示屏显示“故障B7”。

(2)制动显示屏“事件/故障记录”界面提示“故障B07:电联锁塞门139关闭”。

44. 无动力回送塞门

无动力回送塞门 155 设在制动柜的制动缸控制模块上，如图 3-22 所示。

正常情况下，无动力回送塞门 155 处于关闭状态；无动力回送时，才使无动力回送塞门 155 处于开放状态。

若正常情况下使无动力回送塞门 155 处于开放状态，只要总风缸风压高于列车管风压，便无影响。

45. 重联阀总风塞门

重联阀总风塞门 160 设在制动柜的制动缸控制模块上，如图 3-23 所示。

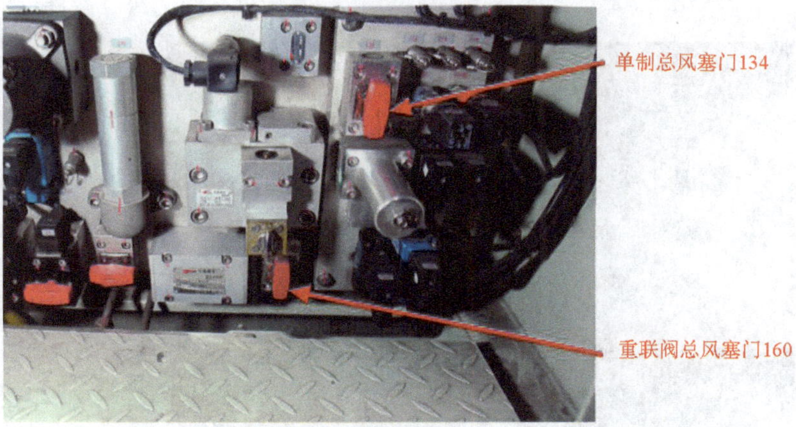

图 3-23　重联阀总风塞门 160、单制总风塞门 134 设置位置

正常情况下，重联阀总风塞门 160 处于开放状态；正常情况下使重联阀总风塞门 160 处于关闭状态，就不能保证非操纵节（重联）机车制动缸风压随操纵节制动缸的风压变化而变化；机车间发生断钩、分离时，不能保证两节机车可靠制动。

46. 单制总风塞门

单制总风塞门 134 设在制动柜的制动缸控制模块上，如图 3-23 所示。

正常情况下单制总风塞门 134 处于开放状态；正常情况下使单制总风塞门 134 处于关闭状态，小闸及单缓按钮均会失去控制作用。

47. 后端总风联管塞门

后端总风联管塞门 80 设在该节机车后端总风联管上，如图 3-24 所示。

正常情况下，后端总风联管塞门 80 一直处于开放状态；遇特殊情况需要将整台机车分解成单独的两节机车时，才使该塞门处于关闭状态。

48. 后端列车管塞门

后端列车管塞门 62 设在该节机车后端列车管上，如图 3-25 所示。

图 3-24 后端司机侧塞门设置

图 3-25 后端学习司机侧塞门设置

正常情况下，后端列车管塞门 62 一直处于开放状态；遇特殊情况需要将整台机车分解成单独的两节机车时，才使该塞门处于关闭状态。

49. 后端平均管塞门

后端平均管塞门（司机侧 68、学习司机侧 74）设在该节机车后端平均管上（司机侧设置位置如图 3-24 所示，学习司机侧设置位置如图 3-25 所示）。

正常情况下，后端平均管塞门（司机侧 68、学习司机侧 74）一直处于开放状态；遇特殊情况需要将整台机车分解成单独的两节机车时，才将该塞门关闭。

50. 正常/空气制动转换阀

正常/空气制动转换阀 153 设在制动柜列车/均衡控制模块上，如图 3-26 所示。

空气制动系统在正常制动状态时，正常/空气制动转换阀 153 处于“正常”位；在正常制动状态下将正常/空气制动转换阀 153 置“空气”位，就切断了均衡风缸同电空阀间的联系，大闸将不能再控制均衡风缸风压的变化，且大闸在“运转”位即会出现该阀排风现象。

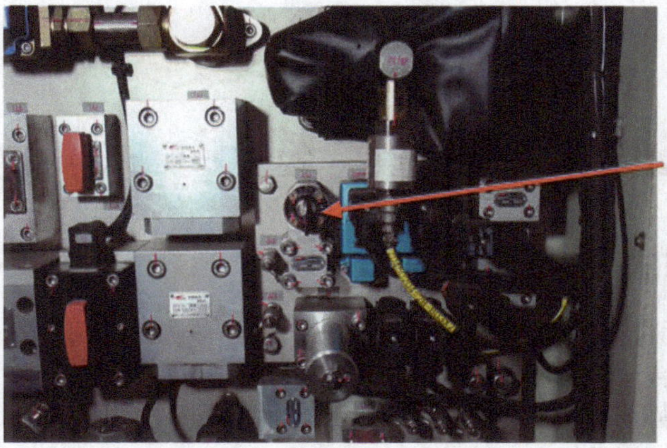

图 3-26 正常/空气制动转换阀 153 设置位置

第四章　机 车 检 查

一、机车检查的基本方法

机车乘务员应熟知所使用机车的结构、部件名称及安装位置，掌握其运用特点及容易出现故障的部件和部位，以便充分合理的利用检查时间。

检查机车时要求做到：姿势正确、步伐不乱、循序检查、由上至下、由内至外、从左到右、手摸鼻嗅、耳听目视、测量测试、运用自如。

1. 手检法

（1）手动

手动包括晃、拍、握、拧，适用于细小的螺钉、管接头、各种阀门及仪表、电器等。采用“晃动看安装、手拧看松漏”的方法，确认是否有松缓、泄漏、安装不牢固现象。

（2）手触

手触主要适用于检查有关部件温度、振动等。

对运行中不能进行手触检查温度的部件，应在停车后马上进行检查。手触时应先用手指触摸感觉温度，再用手背触摸判断温度。手背触及部件表面的持续时间与相应的温度可参考表4-1。

表 4-1　手背触及部件表面的持续时间与相应的温度

热别	相应温度	判定标准
平热	40 ℃左右	能长时间手触
微热	70 ℃左右	能持续手触 3 s
强热	90 ℃左右	不能手触
激热	150 ℃以上	变色
烧热	150 ℃以上	生烟

2. 目视法

在使用手检的同时也要进行目视，做到手、眼、灯配合协调，动作一致。目视检查范围包括：

（1）各仪表指针的位置，检验日期的确认。

（2）各紧固件螺栓平垫及弹簧垫片状态。

（3）各塞门开闭位置是否正确。

（4）管路的漏泄程度，各油位的确认。

（5）机车零部件的变形、裂纹、丢失、脱落、歪斜、折损、剥离、堵塞、泄漏、卡滞、磨耗、缺油、拉伤、发热、变色程度。

（6）油、水及砂储量，工具，备品，消防器材。

3. 测量法

使用塞尺、直尺、卷尺及专用工具测量有关部件的正常间隙、距离、行程的各限度尺寸。

4. 测试法

使用万用表测试电压、电阻、电流的数值；使用试灯测试电路中的断路、虚接等故障。

5. 耳听法

凭听觉(或借助听棒等)判断机件运转不正常现象和故障。

6. 鼻嗅法

根据气味判断部件及电器装置发热、烧损等。

二、检查路线

1. 车顶

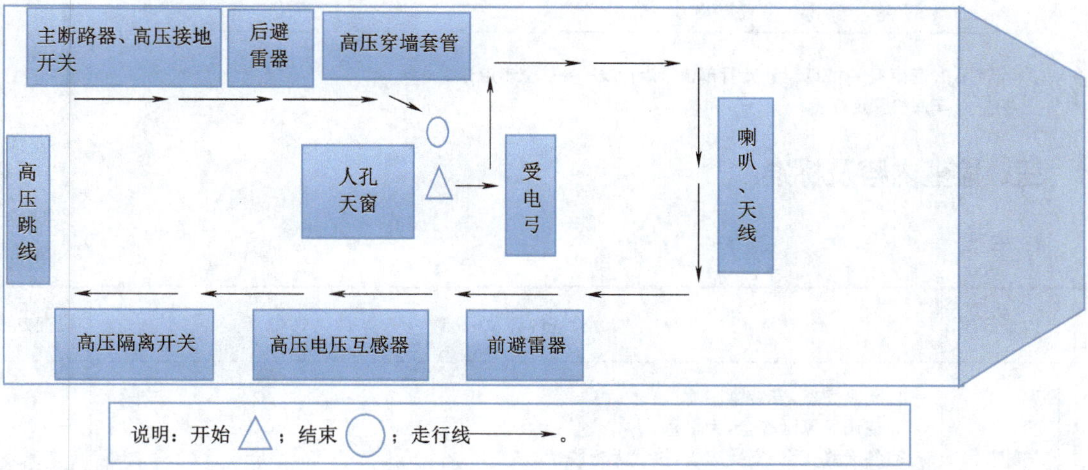

2. 机车中部

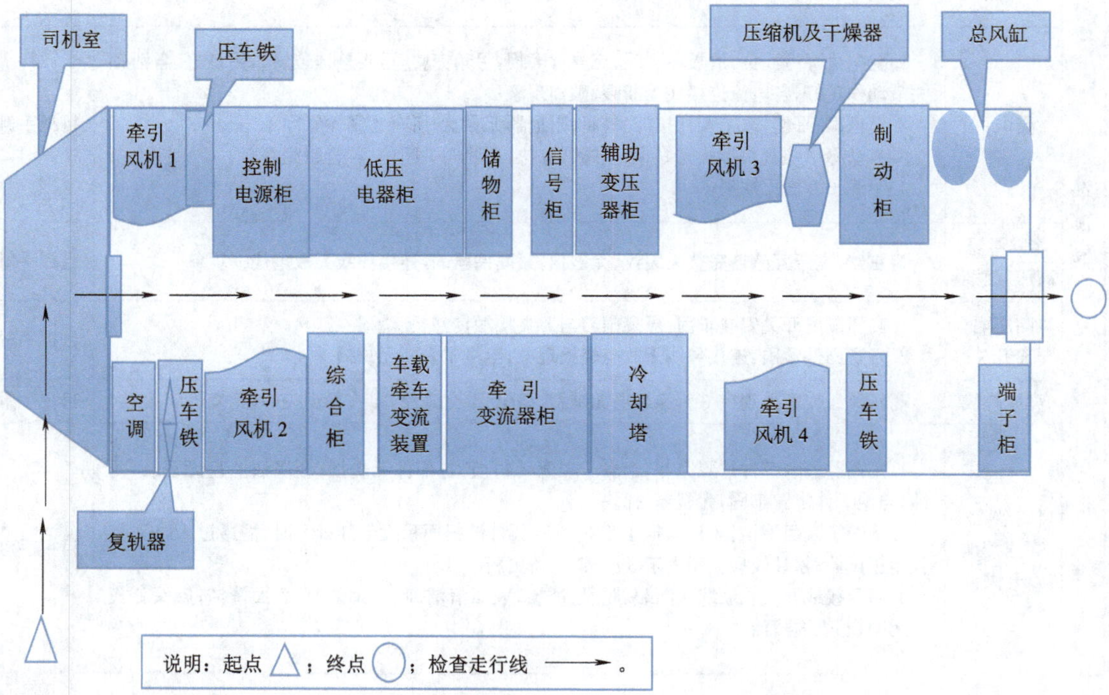

3. 走行部、车底

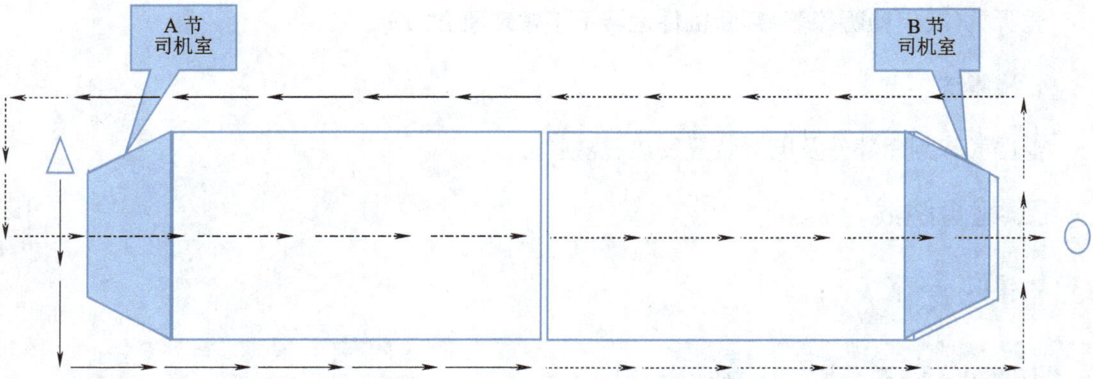

说明：1. 起点△；终点○；走行部检查走行线——►；空走走行线┈┈►；
车底检查走行线 -·-·-►。

三、检查内容及标准

1. 车顶

项目	检查部位	检查内容及标准	检查方法
车顶检查	喇叭、天线	1. 喇叭完整，安装紧固 2. 空调通风网齐全，无堵塞 3. 各天线齐全，安装牢固，接线无松脱 4. 冷却塔进风网完整，无堵塞 5. 车顶射频识别器及底座外观完好，紧固螺栓无松动，外表无破损，表面干净整洁，无缺陷	目视手触
	受电弓	1. 受电弓降弓到位，滑板不到限，无异常磨损，弓角完整，弓头悬挂装置作用良好，各活动关节动作良好，各电流连接线无断裂、破损现象 2. 上框架、平衡杆、下臂杆拉杆、气囊、阻尼器无异状，所有紧固件紧固 3. 自动降弓装置快排阀完好，截止阀开放位，试验阀关闭位，各管路完好 4. 绝缘子表面无缺损	目视手触
	前避雷器、高压互感器	避雷器、高压互感器完整无裂纹、无破损，紧固件紧固，连接导线无放电烧损现象	目视手触
	高压隔离开关	1. 高压隔离开关安装牢固，隔离闸刀与刀夹接触良好，无烧损 2. 各紧固件紧固，连接导线无放电烧损现象，绝缘子表面无缺损	目视手触
	高压跳线	高压跳线表面外观完好。绝缘层无破损，烧熔，碳化现象，接头外观完好，无烧熔	目视手触
	主断路器、高压接地开关	1. 主断路器各部件外观完好，绝缘子表面无缺损，各部件无烧损；金属法兰盘无裂纹、锈蚀，与绝缘体浇铸牢固，无裂缝、掉块 2. 绝缘子表面清洁，累计缺损小于 3 cm^2（累计缺损面积大于 3 cm^2 时，需通过 45 kV 工频耐压试验；累计缺损面积大于 30 cm^2 时需更新） 3. 高压接地开关软联线无断裂、脱股、磨损，表面清洁；闸刀无磨损，表面清洁；触头弹簧片无磨损，表面清洁	目视手触

续上表

项目	检查部位	检查内容及标准	检查方法
车顶检查	后避雷器	避雷器完整无裂纹、无破损，紧固件紧固，连接导线无放电烧损现象	目视手触
	高压穿墙套管	高压穿墙套管紧固件紧固，连接导线无放电烧损现象，伞裙清洁无破损	目视手触

2. 机车中部

项目	检查部位	检查内容及标准	检查方法
司机室检查	左侧墙	1. 司机室门外观完好，开关灵活，关闭严密，密封条无脱落，接地线安装牢固 2. 侧窗玻璃无破损，上下作用灵活，锁闭器作用良好 3. 列尾(司机)控制盒安装牢固，外观完好，插座紧固，接线无松脱 4. 列尾送话器完整，接线无松脱	目视手触
	左柜	1. 左柜柜门完整，锁闭器作用正常、烟灰缸无破损 2. 刮雨器塞门处于 125 开放状态 3. 后备制动塞门 129 处于关闭状态，调压阀 53 调整压力符合规定 4. 刮雨器水箱无破损，管路无漏水	目视手触
	前墙	1. 视频显示屏安装牢固，外观完好 2. 机车信号安装牢固，外观完好 3. 前窗玻璃清洁、无裂损 4. 遮阳帘完整，空调出风口无异物遮挡 5. 前视摄像机安装紧固，无异物遮挡	目视手触
	主操纵台	1. 左侧机车综合通信设备送话器外观完好，接线无松脱 2. 后备制动手柄作用灵活、能够自动复位 3. 刮雨器开关外观完好，动作灵活 4. 机车综合通信设备操作显示终端 MMI 外观完好 5. 风压表外观完好无破损，各仪表指针位置正确 6. 微机显示屏及监控显示屏外观完好，安装牢固 7. 单缓按钮，左高音风笛按钮，无人警惕按钮，停放施加按钮，停放缓解按钮外观完整，按钮无卡滞；制动状态指示灯外观完整；机车重联转换开关在“0”位，外观完整 8. 制动控制器外观完好，安装牢固；小闸手柄、大闸手柄、制动控制器钥匙手柄动作灵活，机械联锁作用良好 9. 主台扳键开关组各扳键完整、动作灵活，无卡滞现象 10. 司机控制器外观完好，安装牢固，手柄动作灵活，机械联锁作用良好 11. 左膝炉外观完好，安装牢固，进出风口通畅无堵塞 12. 撒砂脚踏开关、无人警惕脚踏开关、低音风笛脚踏开关安装牢固，动作灵活，无卡滞现象	目视手触
	面板 3、中柜	1. 双针速度表、网压/控制电压表显示正确，检验日期不超期 2. 紧急制动按钮外观完整，在“运行”位 3. 微机复位按钮、手动过分相按钮、巡检按钮、中高音风笛按钮外观完整，动作灵活，无卡滞现象 4. 受电弓模式转换开关在“自动”位，外观完整 5. 警惕故障隔离选择开关在“正常”位，外观完整 6. 司机室温度控制面板各开关完整、动作灵活 7. 水杯套无异物 8. 中柜柜门无破损，锁闭器作用良好 9. 电热水壶完好，插座无烧损	目视手触

续上表

项目	检查部位	检查内容及标准	检查方法
司机室检查	副操纵台	1.制动显示屏、智能总线显示屏安装牢固,外观完好 2.右侧机车综合通信设备操作显示终端 MMI 外观完好 3.副台面板各扳键动作灵活;调车灯显插座安装紧固,外观完整;右高音风笛按钮外观完整、无卡滞现象 4.微机调试端口盒外观完好,盖动作灵活,端口无烧损 5.右侧机车综合通信设备送话器外观完整,接线无松脱 6.右侧膝炉外观完好,安装牢固,进出风口通畅无堵塞	目视手触
	右柜	1.右柜柜门无破损,锁闭器作用良好,烟灰缸无破损,插座无烧损 2.视屏监视系统主机安装牢固,插座紧固、接线无松脱	目视手触
	右侧墙	1.侧窗玻璃无破损,上下作用灵活,锁闭器作用良好 2.司机室门外观完好,开关灵活,关闭严密,密封条无脱落,接地线安装牢固	目视手触
	后墙	1.衣帽钩齐全,作用良好 2.添乘座椅无破损、活动自如;水杯支架完整,作用良好 3.灭火器外观完好,安装牢固,仪表指针绿区符合要求,铅封完好,检验无过期 4.后墙暖风机外观完好,安装牢固,进出风口通畅 5.机械间门外观完好,开关灵活,关闭严密 6.列车管手动放风塞门(车长阀)121 外观完好,铅封无破封 7.空调进风口无破损、无堵塞	目视手触
	顶棚	1.司机室电风扇外观完好,安装牢固 2.司机室灯、记点灯灯罩无破损 3.司机室摄像头安装紧固,角度正确 4.司机室感温探测器外观完整 5.司机室风扇进风口无破损、无堵塞	目视手触
	地板、座椅	1.司机室地板平整、无破损,地面清洁、无异物 2.司机座椅各部件外观完好,表面皮革无破损,靠背无松动	目视手触
机械间检查	机械间门、地板	1.机械间门开关灵活,玻璃无破损,密封条无脱落 2.机械间灯罩无破损,接线无脱落 3.机械间第一感烟、第一感温探测器和机械间第一摄像机外观完好,安装紧固,接线无松脱 4.机械间地板无破损、地面无异物	目视手触
	空调主机	1.空调机组外观完好,紧固螺栓无丢失 2.柜门无变形,插头完好,紧固无松动,接线无松脱	目视手触
	灭火器、复轨器	1.灭火器外观完好,安装牢固,仪表指针绿区符合要求,铅封完好,检验无过期 2.复轨器固定螺栓紧固,无松动	目视手触
	牵引风机 1	1.牵引风机 1 机组外观完好,紧固螺栓无丢失 2.接线盒外观完好,接线无松脱,无烧损	目视手触
	喇叭与前撒砂模块	1.喇叭与前撒砂模块安装牢固 2.压力传感器接线无松脱,风管接箍紧固无松动 3.低音喇叭电空阀、高音喇叭电空阀、前撒砂电空阀安装牢固,接线无松脱 4.调压阀外观完好,调整压力符合要求 5.低音喇叭塞门 135、高音喇叭塞门 136、前撒砂塞门 131 均处于开放状态,管路无泄漏 6.模块接地线无松动	目视手触

续上表

项目	检查部位	检查内容及标准	检查方法
机械间检查	控制电源柜	1. 110 V充电(AC-DC)模块、24 V变换(DC-DC)模块、监控模块显示屏外观完好，安装牢固 2. 微机电源自动开关、控制电源自动开关、蓄电池自动开关、电源重联自动开关在“断开”位、停放制动/电子锁自动开关在“闭合”位 3. 控制电源柜柜门锁闭器作用良好	目视手触
	牵引风机2	检查内容及标准同牵引风机1检查	目视手触
	综合柜	1. 综合柜外观完好，柜门开闭灵活 2. 高压绝缘检测箱，外观完好安装牢固 3. 车载以太网交换机外观完好，车载火灾报警控制器安装牢固，接线无松脱 4. 机车运行监测数据无线传输装置安装牢固 5. 列车无线同步操控设备DTE、OCE安装牢固，接线无松脱，各开关均处于正常状态	目视手触
	车载牵车变流装置	车载牵车变流装置外观完好，锁闭良好；接地线无松动	目视手触
	低压电器柜	1. 上部柜门锁闭良好，通风孔完好无堵塞 2. 下部左右柜门锁闭良好，电度表无破损，各转换开关外观完整、均在正常位 3. 下部中间柜门锁闭良好，各自动开关均在闭合位	目视手触
	牵引变流器柜正面	1. 牵引变流器柜外观完好，变流柜门安全连锁装置作用良好 2. 柜门无变形，锁闭良好 3. 通风网无破损、堵塞	目视手触
	储物柜	1. 储物柜外观完好，柜门开关灵活，锁闭器良好 2. 冷藏箱、微波炉完好，安装牢固，插座完整无烧损	目视手触
	信号柜	1. 信号柜加热温控开关、数模转换盒、功能扩展盒安装牢固，接线无松脱 2. 自动过分相装置、机车智能总线接口及信息处理单元、机车走行部车载监测装置完好，安装牢固 3. 机车里程记录仪、监控本/补切换装置外观完好，安装牢固，接线无松脱 4. 机车信号主机、机车安全信息综合监测装置外观完好，安装牢固，接线无松脱 5. 列尾主机、调监主机、列车运行监控记录装置主机外观完好，安装牢固，接线无松脱 6. 调车信号接口盒、智能总线单元交换机、机车综合通信设备主机外观完好安装牢固，接线无松脱 7. 信号柜加热器完好，安装牢固 8. 信号柜背面调监主机、列车运行监控记录装置电源钮子开关在“开”位 9. 信号柜背面车体侧墙上调谐盒、多频段合路器外观完好，安装牢固，接线无松脱 10. 信号柜接线插头外观完好，紧固无松动，接线无松脱	目视手触
	车顶观察窗	1. 机械间第二感温探测器外观完好，接线无松脱 2. 车顶观察窗玻璃无破损，车顶摄像机、照明灯完好，导线无破损，导线槽焊接牢固	目视手触
	牵引变流器柜左侧面	1. 变流柜出水口、进水口蝶阀完好，位置正确，无漏水现象 2. 控制电路、辅助电路接口插座紧固，接线无松脱	目视手触
	辅助变压器柜	1. 辅助变压器风机机组各部件外观完好，紧固螺栓无松动 2. 箱体无变形；辅助变压器柜背部排水软管安装紧固，无破损 3. 接地线安装紧固 4. 旋风除尘过滤器无破损、无堵塞	目视手触

续上表

项目	检查部位	检查内容及标准	检查方法
机械间检查	冷却塔	1. 冷却塔外观完好，箱体无变形、破损，接地线安装牢固，接线无松动 2. 副油箱外观完好，油位标识清晰，油管无破损，无漏液 3. 冷却塔风机外罩安装紧固，螺栓无松动 4. 复合散热器外观完好，紧固螺栓无松动 5. 接地线安装牢固，接线无松动 6. 膨胀水箱外观完好，安装牢固，水位标识清晰，水管无破损；水路溢出管完好无破损；各水管接箍无松动 7. 变流器出水管安装座牢固，螺栓无松动，法兰完好 8. 副油箱吸湿器外观完好，安装牢固，显示正常橘黄色 9. 冷却水泵外观完好，安装牢固，螺栓无松动 10. 水路注入、排泄口无泄漏，过滤器紧固无松动 11. 接线盒外观完好，各接线无松脱 12. 水管完好，无破损，冷却塔出水管安装座牢固，螺栓无松动，法兰完好 13. 布赫继电器检查口防护帽、检查复位防护帽位置正确，链齐全，油管接箍无松动，油路管完好无破损，金属软管完好无破损 14. 变流器入水管安装座牢固，螺栓无松动，法兰完好 15. 复合散热器油、水路无泄漏	目视手触
	牵引风机 3	检查内容及标准同牵引风机 1 检查	目视手触
	受电弓气阀板	1. 受电弓气阀板安装牢固，螺栓无丢失 2. 升弓电磁阀安装牢固，接线无松脱，接箍无松动 3. 空气过滤器，升弓节流阀，调压阀，安全阀，降弓节流阀各部件完好 4. 压力开关安装牢固，接线无松脱，压力表完好、指示正常 5. 高压电缆外观完好，固定件紧固；原边电流互感器安装牢固，接线无松动 6. 灭火器外观完好，安装牢固，仪表指针绿区符合要求，铅封完好，检验无过期 7. 行灯插座外观完好，插孔无灼痕	目视手触
	轮喷与后撒砂模块	1. 模块板安装牢固，安装螺栓无松动 2. 接线插头无松动，接线无烧损，管路接箍无松动 3. 后撒砂与轮喷电空阀安装牢固，接线无松动 4. 调压阀及压力表外观完好，安装牢固 5. 后撒砂塞门 132 及轮喷塞门 171 安装紧固，无松动，塞门处于开放状态 6. 轮喷总风过滤器安装牢固，排污塞门动作灵活，处于关闭状态	目视手触
	空气干燥器	1. 干燥器储气罐(风缸)外观完好，安装牢固，安全阀(整定值 950 kPa)外观完好，安装牢固，储气罐(风缸)排水塞门在开放位置，针孔过滤器、电动排水阀完好 2. 左塔、右塔安装牢固，各接箍无松动，接线无松脱 3. 湿度指示器显示正常(蓝色)；微油过滤器外观完好，排污塞门动作灵活，处于关闭状态	目视手触
	主压缩机	1. 油细分离器、油过滤器外观完好安装牢固，安全阀(整定值 1 100 kPa)安装牢固 2. 空气滤清器外观完好，安装紧固，清洁指示器显示正常 3. 压缩机油位在两刻线之间，油质正常，无乳化现象，加油螺塞安装紧固，泄油阀无漏液 4. 电机外观完好，安装牢固，接线无松脱 5. 电气接线盒外观完好，接线无松脱、烧损 6. 导风罩无破损，减振器外观完好，安装牢固 7. 底座安装螺栓无松动	目视手触

续上表

项目	检查部位	检查内容及标准	检查方法
机械间检查	高压电压互感器自动开关	高压互感器自动开关安装牢固,接线无松脱,处于闭合状态	目视手触
	高压电压互感器	高压互感器安装紧固,螺栓无丢失、接线无松脱	目视手触
	登顶装置	1. 登顶梯外观完好,无破损,锁闭良好 2. 车顶人孔天窗完好无变形,锁闭良好 3. 高压报警器安装牢固,接线无松脱,按键、指示灯完好 4. 电控锁、感应器无损坏,各部件无烧损 5. 机械间第二摄像机安装紧固,外观完好	目视手触
	高压穿墙套管、高压电缆	1. 高压穿墙套管固定法兰完好,高压电缆固定支架安装紧固,接地线安装紧固,无烧损 2. 高压电缆外观完好,固定支架安装紧固	目视手触
	牵引风机 4	检查内容及标准同牵引风机 1 检查	目视手触
	制动柜	1. 受电弓供风管、主断路器供风管接箍紧固,无松动,软管无破损 2. 列车运行监控记录装置各压力传感器安装牢固,接线无松脱,管路接箍无松动 3. 制动柜总风塞门 113 处于开放状态;制动柜无变形,自控温电加热装置安装牢固,接线无松脱 4. 安全联锁箱外观完好,安装牢固, 操作手柄在 ON 位 5. 制动控制单元 BCU 安装牢固,各插件完好,钮子开关位置正确,管路图标识清晰 6. 主压缩机启停控制模块、停放制动控制模块、后撒砂控制模块(7096 号以前机车)、升弓控制模块、列车/均衡控制模块、制动缸控制模块各部件外观完好 (1)主压缩机启停控制模块安装牢固,无松动;主压缩机控制压力开关 287KP(整定值为 680~750 kPa)、289KP(整定值为 750~900 kPa)、总风压力传感器 203BP 外观完好,安装牢固,接线无松脱;总风联管风压检测口 278TP 完好 (2)停放制动模块安装牢固,无松动;停放制动调压阀 58、双向阀 180 外观完好,安装牢固;停放制动塞门 177 安装牢固,处于开放状态;停放制动压力开关 286KP 安装牢固,接线无松脱;停放制动管风压检测口 270TP 完好;停放制动双脉冲电磁阀 243YV 安装牢固,接线无松脱;停放施加、停放缓解手动按钮动作灵活,无卡滞现象 (3)升弓控制模块安装牢固,无松动;控制风缸压力表 5、控制管路压力表 6 外观完好,安装牢固,表针位置正确;控制管路总风塞门 140 安装牢固,处于开放状态;控制管路止回阀 108 安装牢固;控制管路风压检测口 279TP 完好;主断路器塞门 145 安装牢固,处于开放状态;辅助压缩机控制压力开关 288KP 安装牢固,外观完好,接线无松脱;控制风缸塞门 97 安装牢固,处于开放状态 (4)列车/均衡控制模块安装牢固,无松动;列车管压力传感器 204BP 安装牢固,接线无松脱;中继阀总风塞门 114、紧急阀列车管塞门 116 外观完好,安装牢固,处于开放状态;列车管充风流量计 200BP 外观完好,安装坚固,接箍无松动;总风风压检测口 269TP、列车管风压检测口 280TP 完好;中继阀 104 外观完好,安装牢固,列尾通信中继阀压力传感器 216BP 安装牢固,接线无松脱;紧急阀 95 外观完好,安装牢固;电空阀集成模块安装牢固,中立电空阀 253YV、过充电空阀 252YV、排风 2 电空阀 256YV、紧急电空阀 265YV、264YV、遮断电空阀 255YV 外观完好,安装牢固,接线无松脱;电动放风阀 94 的列车管塞门 117、电动放风阀 98 的列车管塞门 118、电空制动总风塞门 157 外观完好,安装牢固,处于开放状态;电动放风阀 94、98 外观完好,安装牢固;中继阀列车管塞门 115 安装牢固,接线无松脱,处于开放状态;总风遮断阀 181、列车管遮断阀 182 外观完好,安装牢固;均衡风缸控制模块安装牢	目视手触

续上表

项目	检查部位	检查内容及标准	检查方法
机械间检查	制动柜	固;均衡风缸风压检测口 272TP、均衡模块总风风压检测口 271TP 完好;正常/后备制动转换阀 153 安装牢固,转动灵活,在正常位;均衡风缸调压阀 55 外观完好,安装牢固;重联电空阀 259YV、保护电空阀 263YV 安装牢固,接线无松脱;缓解高速电空阀 258YV、制动高速电空阀 257YV 安装牢固,接线无松脱;均衡风缸压力传感器 205BP 安装牢固,接线无松脱;滤尘器 188、189 安装牢固 (5)制动缸控制模块安装牢固,无松动;制动缸压力开关 284KP、285KP、制动缸Ⅱ压力传感器 202BP、制动缸Ⅰ压力传感器 201BP 安装牢固,接线无松脱;制动缸风压检测口 277TP 完好;分配阀总风塞门 123 安装牢固,处于开放状态;制动缸切换阀总风塞门 161 安装牢固,处于关闭位置;Ⅱ架制动缸塞门 120、Ⅰ架制动缸塞门 119 安装牢固,接线无松动,处于开放状态;分配阀 101、制动缸切换阀 191 安装坚固,外观完好,分配阀缓解塞门 156 处于开放状态;紧急增压调压阀 52 安装牢固,外观完好;制动缸切换电空阀 267YV 安装牢固接线无松动;紧急增压调压阀风压检测口 276TP 完好;紧急增压塞门 137 在开放状态;无动力安全阀塞门 139、无动力回送塞门 155 在关闭状态,安装牢固,外观完好;无动力安全阀 190 外观完好,安装牢固;重联阀压力开关 283KP 安装牢固,接线无松脱;重联阀 93 安装牢固,本/补转换阀位置正确;无动力滤尘止回阀 103、重联阀总风塞门 160 安装牢固,外观完好,160 处于开放状态;制动缸预控模块安装牢固,单制总风塞门 134 安装牢固,处于开放状态;滤尘器 187、单制调压阀 51 安装牢固;单制调压阀风压检测口 273TP、预控风缸风压检测口 274TP、作用管风压检测口 275TP 完好;预控风缸压力传感器 206BP、作用管压力传感器 207BP 安装牢固,接线无松脱;单制高速电空阀 260YV、单缓高速电空阀 261YV 安装牢固,接线无松脱;切换阀 192 安装牢固;单缓电空阀 246YV、切换电空阀 262YV 安装牢固,接线无松脱 7. 控制风缸排水塞门 168、停放风缸排水塞门 169 安装牢固接箍无松动,处于关闭状态	目视手触
	辅助压缩机组	1. 辅助压缩机组各部件外观完好,管路接箍无松动 2. 干燥器、再生风缸外观完好,安装牢固;阻尼消音器完好无破损 3. 安全阀(整定值 800 kPa)完整,安装牢固 4. 细过滤器安装牢固外观完好;电源插座完好,接线无松动 5. 冷却器完好,空气过滤器外观完好,安装牢固,X1、X2 插头完好,接线无松动	目视手触
	高压隔离开关	1. 高压隔离开关外观完好,安装牢固 2. 高压隔离开关塞门处于开放状态,各风路接箍无松动,软管无破损 3. 机械间第二感烟、第三感温探测器外观完好,安装紧固,接线无松脱	目视手触
	总风缸	1. 第一总风缸进风塞门 111 处于开放状态,总风缸外观完好无变形,接箍无松动 2. 逆流止回阀 50 安装牢固,总风缸连接塞门 112 处于开放状态,各接箍紧固 3. 总风缸排水阀动作灵活,处于关闭状态	目视手触
	主断路器	主断路器外观完好,安装牢固;调压阀完好,安装牢固	目视手触
	高压接地开关	高压接地开关外观完好,安装牢固无松动,操作手柄“运行”位,接线无松脱	目视手触
	接地杆、端子柜	1. 接地杆外观完好,固定牢固 2. 备用砂箱外观完好,无破损 3. 端子柜外观完好,安装牢固,箱体无变形	目视手触
	中间走廊门	中间走廊门玻璃无破损,开关灵活,关闭严密,密封条无脱落,接地线安装牢固,无松脱	目视手触

3. 走行部

项目	检查部位	检查内容及标准	检查方法
机车前部	司机室前部	1. 前照灯、前窗玻璃外观良好；刮雨器外观良好，所停位置正确，输水软管无脱落 2. 标志灯、辅照灯外观良好；型号标识清晰 3. 重联插座锁闭装置良好，密封垫完好，插针无灼痕 4. 车钩摄像机安装牢固，外观无破损	目视手触
	右侧平均管、总风联管	1. 平均管、总风联管安装牢固，支架无变形，螺栓无松动 2. 折角塞门状态良好无泄漏 3. 挂管卡、防尘堵、链状态良好 4. 连接器口面与地面应垂直，胶圈无老化、丢失 5. 软管无老化、龟裂，检验日期不超过 3 个月 6. 软管与机车中心线夹角应为 45°	目视手触
	右侧排障器	1. 排障器及调节板无变形 2. 排障器距轨面高度 100～120 mm	目视手触
	车钩	1. 钩提杆支架安装螺栓无松动，支座无开焊 2. 钩提杆无变形，提钩时无抗劲 3. 冲击座无变形；左右吊杆无裂纹；钩体与托板磨动处所油润良好，托板安装牢固、各部无裂纹 4. 钩尾框、钩颈、钩头、钩舌无裂纹，钩舌穿销的开口销开度正确，闭锁位钩舌开度 110～130 mm 5. 全开位钩舌开度 220～250 mm，钩头内部无裂纹，油润良好，钩舌与锁铁摩擦部油润良好，钩锁铁下部无裂纹、下锁销、下锁销杆无裂纹、油润良好 6. 车钩摆动灵活，油润良好、车钩中心线距轨面高度 815～890 mm 7. 车钩三态作用良好	目视手触
	列车管	1. 列车管安装牢固，支架无变形、螺栓无松动 2. 折角塞门状态良好无泄漏 3. 挂管卡、防尘堵、链状态良好 4. 连接器口面与地面应垂直，胶圈无老化、丢失 5. 软管无老化、龟裂，检验日期不超过 3 个月 6. 软管与机车中心线夹角应为 45°	目视手触
	左侧平均管	检查内容及标准同右侧平均管检查	目视手触
	左侧排障器	检查内容及标准同右侧排障器检查	目视手触
机车左侧检查	左侧车体检查	1. 车体无倾斜、无破损，外观整洁 2. 侧墙百叶窗无异状 3. 后视摄像头完整 4. 扶手、脚踏无开焊、无变形	目视手触
	左侧排障器内侧	1. 机车信号感应接收线圈、调监车载感应器完整，接线无破损、无脱落 2. 排障器及调节板安装螺栓紧固 3. 列车管、左侧平均管防撞塞门在开放位，无泄漏	目视手触

续上表

项目	检查部位	检查内容及标准	检查方法
机车左侧检查	左侧第一撒砂装置	1. 转向架端梁、侧梁无变形、无开焊，风管固定螺栓无松动 2. 砂箱外观良好，砂箱盖锁闭严密 3. 砂量充足，砂子干燥无异物 4. 撒砂阀安装牢固，螺栓无松动 5. 扫石器安装座、护轮管安装牢固，橡胶板完好无破损，距轨面高度 30 mm 6. 撒砂管、管箍无破损 7. 马蹄胶管无破损，管口应与轨面平行，距轨面高度 35 mm	目视手触
	左侧司机室门	1. 侧窗完整，密封条无脱落 2. 司机室门无变形，手把杆、脚蹬无变形、无断裂；脚蹬安装螺栓紧固 3. 机车标识、停放制动指示器、空气制动指示器清晰完好，风管接头无漏风	目视手触
	左侧第一轴箱	1. 油脂罐安装牢固，油脂罐加油塞无松动，胶管无老化，接头无松动；喷头安装紧固，位置正确 2. 一系垂向油压减振器安装螺栓无松动，筒体无泄漏 3. 轴箱弹簧无断裂，轴箱箱体无裂纹，无漏油，轴箱复合传感器无松动，轴箱温度不超过 80 ℃ 4. 轴箱垂直止挡间隙 25～28 mm，横向止挡间隙 10 mm 5. 轴箱拉杆无裂纹，橡胶关节良好，安装螺栓无松动 6. 轴箱及端盖螺栓无松动 7. 轴箱接地装置完好，接地线无松动	目视手触
	左侧第一动轮及基础制动装置	1. 基础制动吊挂、夹钳无异状，连接螺栓紧固 2. 空气制动缸、停放制动缸无异状，防尘罩无破损；空气制动缸通风口无堵塞，风管接头无漏风；停放制动缸手动缓解拉环作用良好 3. 闸片、闸片托、闸片托板、弯销无异状，闸片与制动盘缓解间隙 2～4 mm 4. 轮辐、制动盘无裂纹，制动盘防缓螺栓不松动 5. 踏面擦伤深度不大于 0.7 mm，缺陷或剥离长度不超过 40 mm，深度不大于 1 mm	目视手触
	左侧第一整体起吊装置	1. 构架、牵引梁无变形、无开焊 2. 第一、二牵引电机通风道无破损，无位移 3. 二系圆簧无断裂，车体与转向架垂直止挡间隙 30 mm 4. 二系垂向油压减振器安装螺栓无松动，筒体无泄漏 5. 整体起吊定位板螺栓紧固，钢丝绳无断裂，圆形缓冲器齐全	目视手触
	左侧第二轴箱	1. 一系垂向油压减振器安装座无开焊，安装螺栓无松动，筒体无泄漏 2. 轴箱弹簧无断裂，轴箱箱体无裂纹，无漏油，轴箱复合传感器无松动，轴箱温度不超过 80 ℃ 3. 轴箱垂直止挡间隙 25～28 mm，横向止挡间隙 10 mm 4. 轴箱拉杆无裂纹，橡胶关节良好，安装螺栓无松动 5. 轴箱及端盖螺栓无松动 6. 速度传感器安装牢固，接线无松动	目视手触
	左侧第二动轮及基础制动装置	1. 踏面擦伤深度不大于 0.7 mm，缺陷或剥离长度不超过 40 mm，深度不大于 1 mm 2. 轮辐、制动盘无裂纹，制动盘防缓螺栓不松动 3. 基础制动吊挂、夹钳无异状，连接螺栓紧固 4. 空气制动缸无异状，防尘罩无破损，通风口无堵塞，风管接头无漏风 5. 闸片、闸片托、闸片托板、弯销无异状，闸片与制动盘缓解间隙 2～4 mm	目视手触

续上表

项目	检查部位	检查内容及标准	检查方法
机车左侧检查	左侧第二撒砂装置	1. 端梁、侧梁无开焊；风管固定螺栓紧固 2. 二系横向油压减振器安装座无开焊，安装螺栓无松动，筒体无泄漏 3. 砂箱外观良好，砂箱盖锁闭严密 4. 砂量充足，砂子干燥无异物 5. 撒砂阀安装牢固，螺栓无松动 6. 撒砂管、管箍完好，风管接头无松动 7. 砂管无堵塞，马蹄胶管无破损，管口应与轨面平行，距轨面高度 35 mm	目视手触
	左侧蓄电池柜	1. 蓄电池柜安装螺栓、接地线无松动 2. 蓄电池柜防脱落安全绳完好，穿销开口销开度正确 3. 蓄电池接线盒螺栓无松动，接线无烧损 4. 蓄电池柜无变形、无漏液，蓄电池柜门螺栓紧固，柜门防开链齐全	目视手触
	油泵	1. 变压器无异状，安装螺栓、接地线紧固 2. 高压电缆完好，T 形头无烧损、无渗油 3. 油泵安装螺栓紧固，接线无烧损 4. 油流继电器接线完好；牵引变压器油循环管路不漏油 5. 辅助回路库用插座、控制回路库用插座、24 V 行灯插座安装紧固，盖完整，动作灵活。插座内部无烧损，接线无松脱	目视手触
	左侧第三撒砂装置	检查内容及标准同左侧第一撒砂装置检查	目视手触
	左侧第三轴箱	1. 一系垂向油压减振器安装座无开焊，安装螺栓无松动，筒体无泄漏 2. 轴箱弹簧无断裂，轴箱箱体无裂纹，无漏油，轴箱复合传感器无松动，轴箱温度不超过80 ℃ 3. 轴箱垂直止挡间隙 25～28 mm，横向止挡间隙 10 mm 4. 轴箱拉杆无裂纹，橡胶关节良好，安装螺栓无松动 5. 轴箱及端盖螺栓无松动 6. 轴箱接地装置完好，接地线无松动	目视手触
	左侧第三动轮及基础制动装置	检查内容及标准同左侧第一轮及基础制动装置检查	目视手触
	左侧第二整体起吊装置	检查内容及标准同左侧第一整体起吊装置检查	目视手触
	左侧第四轴箱	1. 一系垂向油压减振器安装螺栓无松动，筒体无泄漏 2. 轴箱弹簧无断裂，轴箱箱体无裂纹，无漏油，轴箱复合传感器无松动，轴箱温度不超过80 ℃ 3. 轴箱垂直止挡间隙 25～28 mm，横向止挡间隙 10 mm 4. 脚蹬无变形、无断裂，安装螺栓紧固 5. 油脂罐安装牢固，油脂罐加油塞无松动，胶管无老化，接头无松动；喷头无松动，位置正确 6. 轴箱拉杆无裂纹，橡胶关节良好，安装螺栓无松动 7. 轴箱及端盖螺栓无松动 8. 左侧第四轴速度传感器安装牢固	目视手触

续上表

项目	检查部位	检查内容及标准	检查方法
机车左侧检查	左侧第四动轮及基础制动装置	检查内容及标准同左侧第二轮及基础制动装置检查	目视手触
	左侧第四撒砂装置	检查内容及标准同左二撒砂装置检查	目视手触
	两节机车连接处左侧	1. 连接风挡接触密切、无老化 2. 两车钩处于连接锁闭状态，两车钩中心水平线高度差不超过 75 mm，钩舌、钩头、吊杆无裂纹，钩舌销开口销开度符合规定 3. 总风联管、平均管检查内容及标准同机车前部总风联管、平均管检查 4. 重联线无破损，插座固定螺栓紧固 5. 空插完好，螺栓紧固	目视手触
机车右侧检查	两节机车连接处右侧	1. 列车管检查内容及标准同机车前部列车管检查 2. 该侧未设总风联管，其他检查内容及标准同两节机车连接处左侧检查	目视手触
	右侧车体检查	1. 车体无倾斜、无破损，外观整洁 2. 侧墙百叶窗无异状 3. 后视摄像头完整 4. 扶手无开焊、变形	目视手触
	右侧第四撒砂装置	检查内容及标准同左侧第一撒砂装置检查	目视手触
	右侧第四轴箱	1. 干燥器排污管完好，无松动 2. 脚蹬无变形，安装螺栓紧固 3. 其他检查内容及标准同左侧第一轴箱检查	目视手触
	右侧第四动轮及基础制动装置	检查内容及标准同左侧第一轮及基础制动装置检查	目视手触
	右侧第二整体起吊装置	检查内容及标准同左侧第一整体起吊装置检查	目视手触
	右侧第三动轮及基础制动装置	检查内容及标准同左侧第二动轮及基础制动装置检查	目视手触
	右侧第三轴箱	检查内容及标准同左侧第二轴箱检查	目视手触
	右侧第三撒砂装置	检查内容及标准同左侧第二撒砂装置检查	目视手触
	右侧蓄电池柜	检查内容及标准同左侧蓄电池柜检查	目视手触
	压力释放阀	1. 压力释放阀无喷油痕迹，阀杆未动作 2. 辅助回路库用插座、24 V 行灯插座安装紧固，盖完整，动作灵活。插座内无烧损，接线无松脱	目视手触
	右侧第二撒砂装置	检查内容及标准同左侧第一撒砂装置检查	目视手触

续上表

项目	检查部位	检查内容及标准	检查方法
机车右侧检查	右侧第二动轮及基础制动装置	检查内容及标准同左侧第一动轮及基础制动装置检查	目视手触
	右侧第二轴箱	检查内容及标准同左侧第三轴箱检查	目视手触
	右侧第一整体起吊装置	检查内容及标准同左侧第一整体起吊装置检查	目视手触
	右侧司机室门	1. 停放制动指示器、空气制动指示器清晰完好，风管接头无漏风 2. 司机室门无变形，手把杆、脚蹬无变形、无断裂；脚蹬安装螺栓紧固 3. 侧窗完整，密封条无脱落。机车标识清晰	目视手触
	右侧第一动轮及基础制动装置	检查内容及标准同左侧第二动轮及基础制动装置检查	目视手触
	右侧第一轴箱	1. 一系垂向油压减振器安装座无开焊，安装螺栓无松动，筒体无泄漏 2. 轴箱弹簧无断裂，轴箱箱体无裂纹，无漏油，轴箱复合传感器无松动，轴箱温度不超过80 ℃ 3. 轴箱垂直止挡间隙 25～28 mm，横向止挡间隙 10 mm 4. 油脂罐安装牢固，油脂罐加油塞无松动，胶管无老化，接头无松动；喷头无松动，位置正确 5. 轴箱拉杆无裂纹，橡胶关节良好，安装螺栓无松动 6. 轴箱及端盖螺栓无松动	目视手触
	右侧第一撒砂装置	检查内容及标准同左侧第二撒砂装置检查	目视手触
	左侧排障器内侧	1. 机车信号感应接收线圈完整，接线无破损、脱落 2. 排障器及调节板安装螺栓紧固 3. 列车管、右侧平均管防撞塞门在开放位，无泄漏	目视手触

4. 底部

项目	检查部位	检查内容及标准	检查方法
底部检查	左侧排障器内侧	1. 排障器、调节板安装螺栓齐全无松动 2. 机车信号感应器、调监车载感应器安装螺栓无松动，开口销齐全，接线无松动	目视手触
	Ⅰ架钩缓装置	1. 车钩牵引销、横销完好，开口销开度正确 2. 缓冲器、钩尾框无裂纹，胶泥无泄漏。托板螺栓无松动 3. 变形吸能元件无松动、开裂，变形检测板与托架组成间的间隙不超过 5 mm	目视手触
	Ⅰ架车体牵引球铰、牵引杆(二)	1. 牵引杆无裂纹 2. 牵引橡胶关节、连杆橡胶关节无裂纹，橡胶无老化、无严重变形 3. 各紧固螺栓无松动、无脱落 4. 安全钢丝绳无断裂，穿销开口销开度正确	目视手触
	右侧排障器内侧	1. 排障器及调节板安装螺栓齐全无松动 2. 机车信号感应器安装螺栓无松动，接线无松动	目视手触

续上表

项目	检查部位	检查内容及标准	检查方法
底部检查	右一扫石器及撒砂装置	1. 扫石器安装牢固，螺栓无松动 2. 夹板螺栓无松动，橡胶板无破损 3. 扫石器安装座距轨面高 70～80 mm，扫石器橡胶板距轨面高度 30 mm 4. 撒砂器、砂管安装牢固，护轮管无变形，安装螺栓无松动。砂管内无异物，距轨面高度 35 mm	目视手触
	右侧第一动轮前侧及基础制动装置	1. 基础制动吊挂、夹钳无异状，连接螺栓紧固 2. 空气制动缸无异状，防尘罩无破损。空气制动缸通风口无堵塞，风管接头无漏风 3. 踏面擦伤深度不大于 0.7 mm，缺陷或剥离长度不超过 40 mm，深度不大于 1 mm 4. 闸片、闸片托、闸片托板、弯销无异状，闸片与制动盘缓解间隙 2～4 mm 5. 轮辐、制动盘无裂纹，制动盘防缓螺栓不松动	目视手触
	第一牵引电机上部	1. 牵引电机接线盒螺栓无松动 2. 牵引电机大线无破损，绝缘无老化 3. 牵引电机大线固定装置完好	目视手触
	第一抱轴	1. 抱轴承无漏油，安装螺栓无松动丢失 2. 抱轴复合传感器无松动，接线无松脱 3. 抱轴无过热 4. 抱轴承润滑油嘴齐全	目视手触
	Ⅰ架连杆、牵引销	1. 连杆无裂纹 2. 牵引销无裂纹，牵引橡胶关节、连杆橡胶关节无老化、无严重变形 3. 各紧固螺栓无松动、无脱落 4. 安全钢丝绳无断裂，穿销开口销开度正确 5. 牵引销润滑油嘴齐全	目视手触
	第一齿轮箱前侧	1. 齿轮箱无裂纹，紧固螺栓无松动 2. 加油堵、放油堵无松动，无漏油 3. 齿轮箱油位正常，油表清晰 4. 齿轮箱无漏油	目视手触
	左一扫石器及撒砂装置	检查内容及标准同右一扫石器及撒砂装置检查	目视手触
	左侧第一动轮及基础制动装置	1. 基础制动吊挂、夹钳无异状，连接螺栓紧固 2. 空气制动缸、停放制动缸无异状，防尘罩无破损。制动缸通风口无堵塞，风管接头无漏风 3. 闸片、闸片托、闸片托板、弯销无异状，闸片与制动盘缓解间隙 2～4 mm 4. 轮辐、制动盘无裂纹，制动盘防缓螺栓不松动 5. 踏面擦伤深度不大于 0.7 mm，缺陷或剥离长度不超过 40 mm，深度不大于 1 mm	目视手触
	第一齿轮箱后侧	1. 空调进风口无堵塞 2. 齿轮箱无裂纹，紧固螺栓无松动 3. 齿轮箱无漏油	目视手触
	第一牵引电机	1. 牵引电机通风网无堵塞 2. 牵引电机速度传感器安装牢固 3. 牵引电机端盖安装螺栓无松动 4. 牵引电机轴承复合传感器安装牢固 5. 牵引电机悬挂装置吊座、吊杆无裂纹，开口销状态良好，安装螺栓无松动，橡胶垫无老化龟裂 6. 牵引电机通风软风道无破损、无位移 7. 牵引电机润滑油嘴无松动、无丢失	目视手触

续上表

项目	检查部位	检查内容及标准	检查方法
底部检查	Ⅰ架牵引梁、牵引杆(一)、转向架牵引球铰	1. 牵引杆、牵引球铰无裂纹 2. 牵引球铰橡胶关节无裂纹，橡胶无老化、无严重变形 3. 各紧固螺栓无松动、脱落 4. 安全钢丝绳(吊挂)无断裂，穿销开口销开度正确 5. 牵引梁无裂损	目视手触
	右侧第一动轮后侧	1. 踏面擦伤深度不大于 0.7 mm 2. 缺陷或剥离长度不超过 40 mm，深度不大于 1 mm	目视手触
	右侧第二动轮后侧	检查内容及标准同右侧第一动轮后侧检查	目视手触
	第二齿轮箱后部	检查内容及标准同第一齿轮箱后部检查	目视手触
	第二牵引电机	检查内容及标准同第一牵引电机检查	目视手触
	左侧第二动轮及基础制动装置	1. 踏面擦伤深度不大于 0.7 mm，缺陷或剥离长度不超过 40 mm，深度不大于 1 mm 2. 轮辐、制动盘无裂纹，制动盘防缓螺栓紧固 3. 基础制动吊挂、夹钳无异状，连接螺栓紧固 4. 空气制动缸无异状，防尘罩无破损。空气制动缸通风口无堵塞，风管接头无漏风 5. 闸片、闸片托、闸片托板、弯销无异状，闸片与制动盘缓解间隙 2～4 mm	目视手触
	左二撒砂装置	撒砂器、砂管安装牢固，护轮管无变形，安装螺栓无松动。砂管内无异物，距轨面高度 35 mm	目视手触
	第二牵引电机上部	检查内容及标准同第一牵引电机上部检查	目视手触
	第二抱轴	检查内容及标准同第一抱轴检查	目视手触
	第二齿轮箱前侧	检查内容及标准同第一齿轮箱前侧检查	目视手触
	右二撒砂装置	撒砂器、砂管安装牢固，护轮管无变形，安装螺栓无松动。砂管内无异物，距轨面高度 35 mm	目视手触
	右侧第二动轮前侧及基础制动装置	检查内容及标准同左侧第一轮及基础制动装置检查	目视手触
	变压器检查	1. 电子标签安装牢固，接线无松脱 2. 变压器、蓄电池柜底部无漏液 3. 冷却塔排风口未堵塞，变压器油循环回路无泄漏	目视手触
	右三撒砂装置	撒砂器、砂管安装牢固，护轮管无变形，安装螺栓无松动。砂管内无异物，距轨面高度 35 mm	
	右侧第三动轮前侧及基础制动装置	检查内容及标准同右侧第一动轮前侧及基础制动装置检查	目视手触
	第三牵引电机上部	检查内容及标准同第一牵引电机上部检查	目视手触
	第三抱轴	检查内容及标准同第一抱轴检查	目视手触

续上表

项目	检查部位	检查内容及标准	检查方法
底部检查	第三齿轮箱前侧	检查内容及标准同第一齿轮箱前部检查	目视手触
	左三撒砂装置	撒砂器、砂管安装牢固，护轮管无变形，安装螺栓无松动。砂管内无异物，距轨面高度35 mm	目视手触
	左侧第三动轮及基础制动装置	检查内容及标准同左侧第一动轮及基础制动装置检查	目视手触
	第三齿轮箱后侧	检查内容及标准同第一齿轮箱后部检查	目视手触
	第三牵引电机	检查内容及标准同第一牵引电机检查	目视手触
	右侧第三动轮后侧	检查内容及标准同右侧第一动轮后侧检查	目视手触
	Ⅱ架牵引梁、牵引杆、转向架牵引球铰	检查内容及标准同牵引梁、牵引杆(一)、转向架牵引球铰检查	目视手触
	右侧第四动轮后侧	检查内容及标准同右侧第一动轮后侧检查	目视手触
	第四齿轮箱后侧	检查内容及标准同第一齿轮箱后侧检查	目视手触
	第四牵引电机	检查内容及标准同第一牵引电机检查	目视手触
	左侧第四动轮及基础制动装置	检查内容及标准同左侧第二动轮及基础制动装置检查	目视手触
	左四撒砂装置	撒砂器、砂管安装牢固，护轮管无变形，安装螺栓无松动。砂管内无异物，距轨面高度35 mm	目视手触
	第四牵引电机上部	检查内容及标准同第一牵引电机上部检查	目视手触
	第四抱轴	检查内容及标准同第一抱轴检查	目视手触
	Ⅱ架连杆、牵引销	检查内容及标准同Ⅰ架连杆、牵引销检查	目视手触
	第四齿轮箱前侧	检查内容及标准同第一齿轮箱前部检查	目视手触
	右四撒砂装置	撒砂器、砂管安装牢固，护轮管无变形，安装螺栓无松动。砂管内无异物，距轨面高度35 mm	目视手触
	右侧第四动轮前侧及基础制动装置	检查内容及标准同左侧第一动轮及基础制动装置检查	目视手触
	Ⅱ架钩缓装置	检查内容及标准同Ⅰ架钩缓装置检查	目视手触
	Ⅱ架车体牵引球铰、牵引杆(二)	检查内容及标准同Ⅰ架车体牵引球铰、牵引杆(二)检查	目视手触

第五章　机车试验

一、准备工作

(1)确认接地线已撤除、隔离开关已闭合,机车两端防护牌、信号旗(灯)已撤除,所有人员均处于安全区域。

(2)闭合控制电源柜“微机电源”、“控制电源”、“蓄电池”自动开关,确认控制电源柜、低压电器柜上的自动开关位置正确。

(3)确认机车车顶人孔天窗、牵引变流器柜门锁闭良好,高压接地开关在“运行”位;安全联锁箱操作手柄在“ON”位,开通受电弓风路。

(4)确认各风路塞门均处于正常工作位置。

(5)确认总风缸风压不低于 750 kPa;控制电路电压不低于 93 V。

(6)确认司机室各显示屏正常启动、司机控制器在“0”位、受电弓模式转换开关在“自动”位、停放制动施加。

(7)打开机械间门。

二、试验顺序及要求

(一)电气试验

1. 微机显示屏试验

(1)微机显示屏主界面显示正常。

(2)微机显示屏“控制系统”界面,所有设备通信正常(绿色)。

(3)微机显示屏“辅助系统”界面,所有三相自动开关均在闭合状态(标识均为绿色)。

(4)微机显示屏“当前故障”界面,无任何故障提示。

(5)返回主界面。

2. 机车电钥匙试验

(1)机车电钥匙置“合”位。

①微机显示屏级位框显示“大零位”。

②微机显示屏信息提示区提示“机车配置中请稍等”。

③微机显示屏“机车配置”界面。

操纵端司机室占用,车顶高压隔离开关全部闭合,制动机状态设置正确、牵引电机无隔离,机车空气制动、停放制动均在制动状态。

④返回主界面。

⑤制动显示屏显示正确,提示操纵节重联阀 93 本/补转换阀在“本机”状态。

⑥将大闸手柄置“运转”位、小闸手柄置“全制”位。

制动显示屏均衡风缸、列车管风压显示 600 kPa、机车制动缸风压显示 300 kPa。
(2)机车电钥匙置“0”位。
①微机显示屏级位框“大零位”消失。
②微机显示屏“机车配置”界面，两端司机室均未占用。
(3)机车电钥匙置“合”位。

3. 受电弓模式转换开关试验

(1)受电弓模式转换开关“前弓”位。
微机显示屏“机车配置”界面，提示非操纵节机车的受电弓高压隔离开关断开。
(2)受电弓模式转换开关“后弓”位。
微机显示屏“机车配置”界面，提示操纵节机车的受电弓高压隔离开关断开。
(3)受电弓模式转换开关“单机”位。
微机显示屏“机车配置”界面，提示两节机车的机车高压隔离开关均断开。
(4)受电弓模式转换开关“自动”位。
微机显示屏“机车配置”界面，提示两节机车的四个高压隔离开关全部闭合。

4. 换向手柄试验

(1)换向手柄置“向后”位。
微机显示屏机车运行方向框显示向后标识。
(2)换向手柄置“0”位。
微机显示屏机车运行方向框显示方向不明确标识。
(3)换向手柄置“向前”位。
①确认微机显示屏机车运行方向框显示向前标识。
②“联挂”按键弹出。

5. 调速手柄试验

(1)缓解停放制动：
微机显示屏停放制动框显示缓解标识。
(2)调速手柄离开“0”位，进入牵引区最小位(小零位)。
①微机显示屏级位框“大零位”消失。
②微机显示屏牵引/制动力给定值显示三角符号内蓝底色白＋。
③牵引/制动力输出值(数字)显示蓝色。
(3)缓慢将调速手柄由“0”位逐渐推向牵引区最大位。
微机显示屏机车级位由 0 级逐渐升至 12.0 级。
(4)调速手柄由牵引区最大位逐渐回到最小位。
微机显示屏机车级位由 12.0 级逐渐降至 0 级。
(5)调速手柄回“0”位。
①确认微机显示屏级位框显示“大零位”。

②牵引/制动力给定值显示三角符号内灰底色白+。

③牵引/制动力输出值(数字)显示白色。

(6)调速手柄由"0"位移至制动区最小位(小零位)。

①微机显示屏级位框"大零位"消失。

②牵引/制动力给定值显示三角符号内红底色白+。

③牵引/制动力输出值(数字)变为红色。

(7)缓慢将调速手柄由"小零位"位逐渐推向制动区最大位。

微机显示屏机车级位由 0 级逐渐升至 12.0 级。

(8)调速手柄由制动区最大位回到最小位。

微机显示屏机车级位由 12.0 级逐渐降至 0 级。

(9)调速手柄由制动区最小位退回"0"位。

①微机显示屏级位框显示"大零位"。

②牵引/制动力给定值柱显示三角符号内灰底色白+。

③牵引/制动力输出值(数字)显示白色。

(10)换向手柄置"0"位。

6. 受电弓试验

(1)非操纵节受电弓试验:

①高声呼唤"×道×××机车升弓了"并鸣笛一长声,将受电弓扳键开关置"升"位 2 s 后松手。

a. 观察非操纵节受电弓上升正常,无冲网现象,升弓时间 6~10 s(从弓头动作时起)。

b. 微机显示屏主界面受电弓框显示非操纵节受电弓升起标识。

c. 网压表及微机显示屏网压显示正常。

d. 看微机显示屏主断路器框显示主断路器"断开但满足闭合条件"标识。

②将受电弓扳键开关置"降"位 2 s 后松手。

a. 微机显示屏主界面受电弓框显示非操纵节受电弓降下标识。

b. 观察非操纵节受电弓下降正常,无砸车顶现象,降弓时间不得大于 6 s(从弓头动作时起)。

c. 微机显示屏及网压表显示 3~5 kV。

d. 看微机显示屏主界面主断路器框显示主断路器"断开且不满足闭合条件"标识。

(2)操纵节受电弓试验:

将受电弓模式转换开关置"前弓"位,试验内容同非操纵节受电弓试验。

(3)受电弓模式转换开关置"自动"位,升起非操纵节受电弓。

7. 主断路器试验

(1)主断路器扳键开关置"合"位 2 s 后松手。

①听主断路器闭合声。

②看微机显示屏主界面主断路器框显示主断路器闭合标识。

③进入微机显示屏“辅助系统”界面，看辅变流器2输出频率60 Hz、电压440 V左右；辅变流器1输出频率、电压逐渐增加至60 Hz、440 V左右。约15 s后，辅变流器1输出电压、频率逐渐降低到一定值（其由主变压器冷却油温度、主变流器冷却水温度、牵引电机温度决定）。

④辅变流器2(1)启动时，听牵引风机、冷却风机变频启动声。

⑤辅变流器1电压、频率降低时，听牵引风机、冷却风机转速降低声。

⑥总风缸风压低于750 kPa时，确认主压缩机工作状态。

分别进入微机显示屏A节、B节“辅助系统”界面，主压缩机接触器=34-K10均闭合，主压缩机均投入工作；当总风缸风压升至900 kPa左右时，主压缩机接触器=34-K10分别断开，两节机车压缩机均停止工作。

⑦进入微机显示屏“冷却系统”界面，看主变流器冷却水压力在2.3～3.3 bar之间、主变流器中间直流电压在1 600 V左右。返回主界面。

⑧控制电路电压显示在103 V以上且逐渐增至110 V。

(2)主断路器扳键开关置“分”位。

①听主断路器断开声及辅变流器、辅助机组停止工作声。

②看微机显示屏主界面主断路器框显示主断路器“断开且不满足闭合条件”标识。

(3)松开主断路器扳键开关。

看微机显示屏主断路器框显示主断路器“断开但满足闭合条件”标识。

(4)主断路器扳键开关置“合”位2 s后松手。

主断路器闭合。

8. 主压缩机试验

将空压机扳键开关置“强泵”位不松手。

(1)两节机车主压缩机均投入工作，总风风压升至950 kPa时听总风安全阀喷气声。

(2)松开空压机扳键开关，主压缩机停止工作。

注意事项：

为了保证主压缩机的正常启动，在设计上要求主压缩机停止工作后，必须等待进气腔风压降低到300 kPa后才能再次投入工作。故空压机扳键开关离开“强泵”位后20 s，才能再次置“强泵”位。

9. 牵引试验

(1)换向手柄置“向前”位。

微机显示屏机车运行方向框显示向前标识；“联挂”按键弹出。

(2)机车空气制动缸风压在300 kPa以上，调速手柄置“牵引区0.6级”。

①微机显示屏牵引框显示牵引允许标识。

②机车给定、输出牵引力逐渐增加至32 kN左右。

(3)调速手柄退回“0”位。

①微机显示屏机车给定、输出牵引力均降至0 kN。

②微机显示屏牵引框显示牵引禁止标识。

10. 联挂试验

(1)按压“联挂”按键。
①“联挂”键底色变为黄色。
②微机显示屏制动信息区提示“联挂模式”。
(2)调速手柄置牵引区逐渐移至最大位。
①微机显示屏牵引框显示牵引允许标识。
②设定速度框显示 1～3 km/h。
③微机显示屏级位框逐渐增加到 0、5 级。
④机车给定、输出牵引力逐渐增加到 30 kN 左右。
(3)调速手柄逐渐退回“0”位。
①机车给定、输出牵引力逐渐降至 0 kN 及设定速度降为 0 km/h。
②微机显示屏牵引框显示牵引禁止标识。
(4)换向手柄置“0”位。
微机显示屏制动信息区“联挂模式”提示及“联挂”按键消失，联挂模式结束。

11. 停放制动装置试验

(1)按压“停放施加”按钮。
“停放施加”按钮红灯亮，微机显示屏停放制动框显示停放制动施加标识。
(2)按压“停放缓解”按钮。
“停放施加”按钮红灯灭，微机显示屏停放制动框显示停放制动缓解标识。
(3)按压“停放施加”按钮。
停放制动施加。

12. 无人警惕装置试验

(1)持续按压无人警惕按钮或持续踩下无人警惕脚踏开关 120(180) s 后。
①语音提示“无人警惕”。
②微机显示屏显示黄底色、红色“警惕”，并进行 20(10) s 倒计时。
③微机显示屏故障信息区显示“警惕装置”。
④微机显示屏信息提示区提示“警惕装置部件未操作或持续操作”。
⑤20(10)s 后，机车产生惩罚制动；停止语音提示；微机显示屏自动返回到主界面。
(2)大闸手柄移置“重联”位 2 s 再回“运转”位，解锁惩罚制动。

13. 撒砂试验

分别将换向手柄置“向前”、“向后”位，脚踩撒砂脚踏开关，确认撒砂装置作用良好。

14. 机车照明试验

依次闭合司机室灯、仪表灯/记点灯、走廊灯、前照灯、辅照灯、标志灯、尾端辅照灯、尾端标志灯扳键开关,检查确认各照明灯良好、逻辑控制关系正确。

15. 辅助设备试验

(1)检查刮雨器工作状态良好,功能与控制开关指示位置相符合。
(2)按下高音风笛按钮或踩下低音风笛脚踏开关。
听鸣笛声音正常;看监控显示屏鸣笛记录标识出现。

(二)制动机试验

1. 大闸紧急制动试验

(1)大、小闸手柄"运转"位。
①列车管、均衡风缸风压均为 600 kPa。
②制动缸压力为 0 kPa。
③空气制动指示器显示绿色。
(2)大闸手柄"紧急"位。
①列车管风压在 3 s 内下降至 0 kPa。
②均衡风缸风压逐渐降低至 0 kPa。
③制动缸风压在 5 s 内升至 400 kPa,最高风压为 450 kPa。
④自动撒砂。
⑤空气制动指示器显示红色。
(3)小闸手柄"缓解"位。
制动缸风压缓解到 0 kPa。
(4)松开小闸手柄其自复至"运转"位。
制动缸风压不回升。
(5)待制动显示屏 60 s 倒计时结束,大闸手柄"重联"位 2 s 后移至"运转"位。
均衡风缸风压在 22 s 内升至 580 kPa,列车管风压跟随均衡风缸风压上升。

2. 大闸常用制动试验

(1)大闸手柄"制动"位。
①均衡风缸减压 170 kPa 的时间为 6～8 s。
②制动缸风压 7～9.5 s 升至 400～435 kPa。
(2)大闸手柄"中立"位。
①均衡风缸风压泄漏每分钟下降不大于 5 kPa。
②列车管风压泄漏每分钟下降不大于 10 kPa。

3. 大闸缓解试验

(1)大闸手柄"过充"位。
①均衡风缸风压升至规定风压(600 kPa)。
②列车管风压超过规定风压 30～40 kPa。
③制动缸风压保持不变。

(2)松开大闸手柄,其自复至"运转"位。

①制动缸风压缓解为 0 kPa。

②180 s 左右列车管过充风压消除。

4. 小闸试验

(1)小闸手柄"制动"位。

制动缸风压在 4 s 内升至 280 kPa,最高升至 300 kPa。

(2)小闸手柄"中立"位。

制动缸风压保持不变。

(3)小闸手柄"运转"位。

制动缸风压在 5 s 内由 300 kPa 降至 35 kPa,且能缓解到 0 kPa。

5. 后备制动试验

(1)转后备制动。

①开放操纵节后备制动塞门 129。

②断开操纵节低压电器柜"DK2 BCU"自动开关=28-F01。

③将操纵节制动柜正常/空气制动转换阀 153 转至"空气"位。

(2)后备制动手柄置"缓解"位。

①均衡风缸、列车管风压恢复至规定风压 600 kPa。

②制动缸风压缓解到 0 kPa。

(3)后备制动手柄置"制动"位。

①均衡风缸减压 170 kPa 的时间为 6～8 s。

②机车制动缸风压 7～9.5 s 升至 400～435 kPa。

(4)松开后备制动手柄,其自复至"中立"位。

①均衡风缸风压泄漏每分钟下降不大于 5 kPa。

②列车管风压泄漏每分钟下降不大于 10 kPa。

(5)点击司机台"单缓"按钮。

制动缸风压可阶段缓解到 0 kPa。

(6)将制动系统恢复到正常制动状态

①关闭操纵节后备制动塞门 129。

②闭合操纵节低压电器柜"DK2 BCU"自动开关=28-F01。

③将操纵节制动柜正常/空气制动转换阀 153 转至"正常"位。

④大闸手柄置"重联"位 2 s 以上,激活正常空气制动。

第六章　操 作 方 法

1. 实施停放制动时的操作方法

(1)利用停放施加按钮

①使用时机

在机车停放制动装置电路供电正常的情况下,需要进行停放制动施加时。

②操作方法

按压司机台“停放施加”按钮(图 6-1),待停放施加按钮红灯亮后,松开即可。

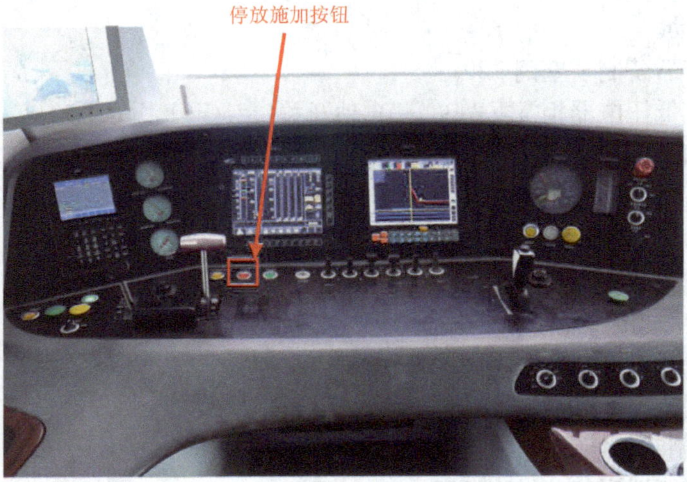

图 6-1　停放施加按钮设置位置

③注意事项

当机车制动缸风压超过 400 kPa 时,就应考虑其对停放制动装置的影响。

(2)利用停放施加手动按钮

①使用时机

在机车停放制动电路无控制电源、司机台停放施加按钮或停放制动双脉冲电磁阀故障的情况下,需要进行停放制动施加时。

②操作方法

按压制动柜停放施加手动按钮(图 6-2),待机车停放制动施加后,松开即可。

③注意事项

当机车制动缸风压超过 400 kPa 时,就应考虑其对停放制动装置的影响。

(3)利用停放制动塞门 177

①使用时机

a. 需要休眠停放制动装置时;

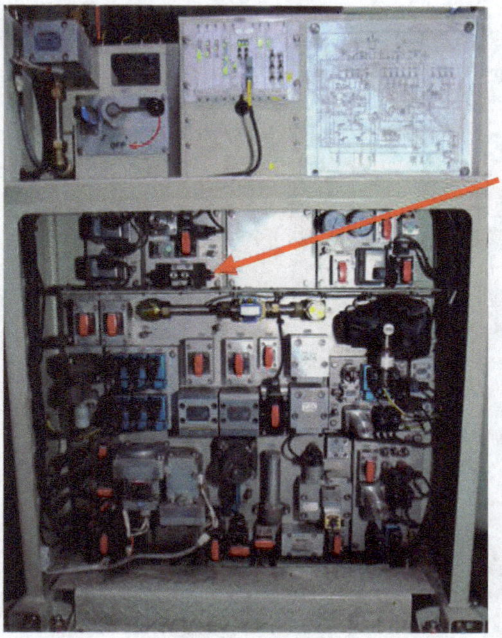

图 6-2 停放施加手动按钮设置位置

b. 在制动柜附近需要立即进行停放制动施加时。

②操作方法

关闭停放制动塞门 177，如图 6-3 所示。

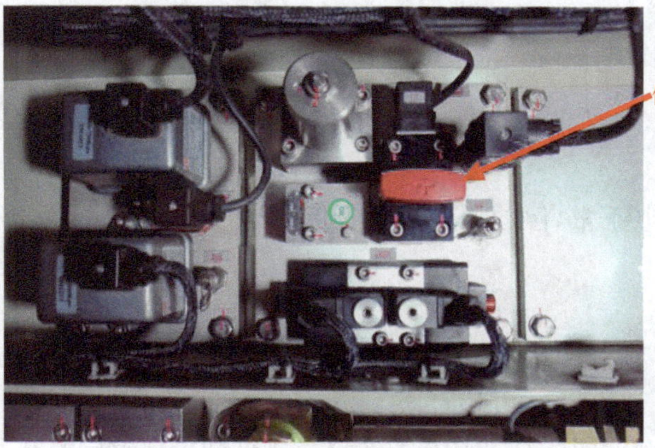

图 6-3 停放制动塞门 177 关闭位

(4)利用“控制电源”自动开关

①使用时机

库内整备完毕或在段外，机车需要断开“蓄电池”自动开关停留时。

②操作方法

断开控制电源柜“控制电源”自动开关 10 s 后再断开“蓄电池”自动开关，如图 6-4 所示。

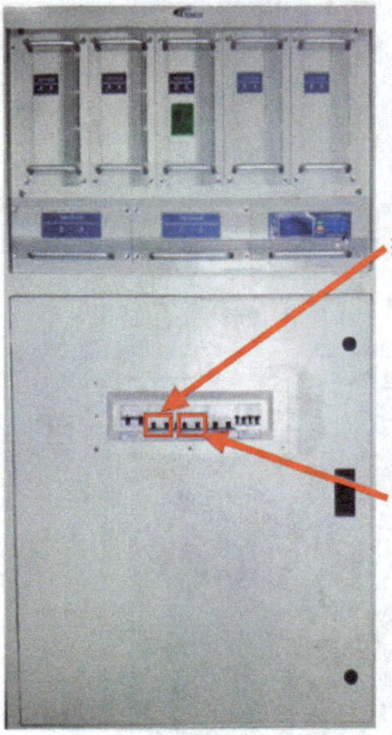

图 6-4 控制电源、蓄电池自动开关断开位

③注意事项

由于神华八轴交流机车具有断开“控制电源”自动开关，即自动实施停放制动的功能。此项功能不但能有效的防止停放机车溜逸，也简化了乘务员的操作。但其也存在不利的一面，若途中处理故障误将控制电源柜“控制电源”自动开关断开，停放制动装置就会处于制动状态，开车前，只有人为进行停放缓解操作，停放制动装置才能处于缓解状态。

2. 实施停放缓解时的操作方法

(1)利用停放缓解按钮

①使用时机

在机车停放制动装置供电正常，停放风缸风压 500 kPa 以上，需要实施停放制动装置缓解时。

②操作方法

a. 对用关闭停放制动塞门 177 来进行停放制动施加的机车，在进行停放制动装置缓解前，应先开放停放制动塞门 177。

b. 按压司机台“停放缓解”按钮(图 6-5)，待机车停放制动装置缓解后松开即可。

(2)利用停放缓解手动按钮

①使用时机

在机车停放制动电路无控制电源、司机台“停放缓解”按钮或停放制动双脉冲电磁阀故障，但停放风缸风压 500 kPa 以上的情况下，需要进行停放制动装置缓解时。

②操作方法

a. 对用关闭停放制动塞门 177 进行停放制动施加的机车，在缓解停放制动前，应先开放停放制动塞门 177。

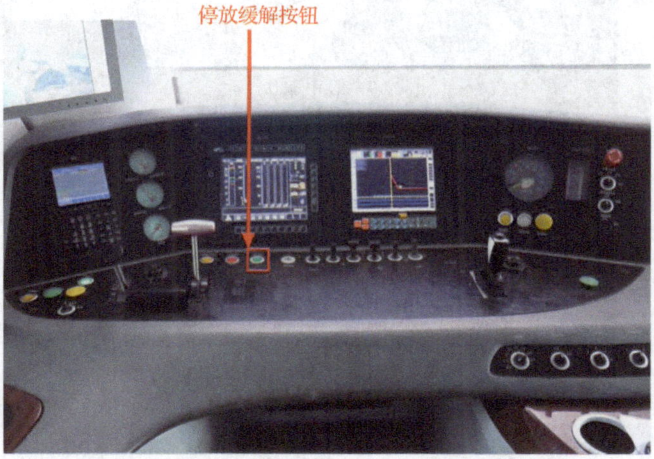

图 6-5 停放缓解按钮设置位置

b. 按压制动柜停放缓解手动按钮(图 6-6),待机车停放制动装置缓解后,松开停放缓解手动按钮即可。

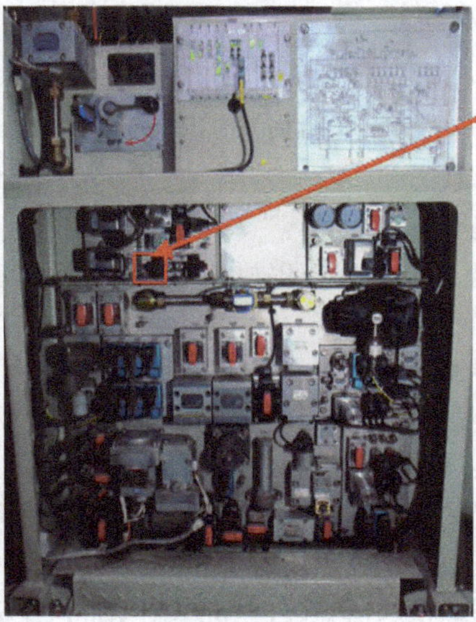

图 6-6 停放缓解手动按钮设置位置

(3)利用停放缓解手动拉环

①使用时机

a. 停放风缸风压低或无法进入机车内部,但需进行机车停放制动装置缓解时;

b. 休眠停放制动装置时。

②操作方法

拉动基础制动装置上的停放缓解手动拉环(图 6-7),待该轮停放制动缓解后松开(在司机侧 1、3 轮的基础制动装置上及学习司机侧 2、4 轮的基础制动装置上均设有停放缓解手动拉环,应逐个进行缓解操作)。

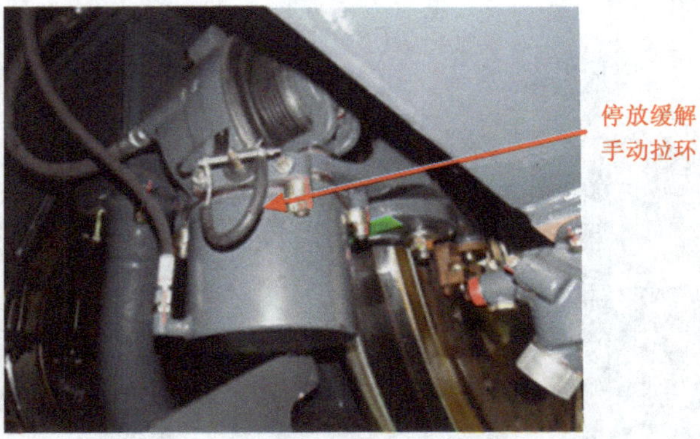

图 6-7　停放缓解手动拉环设置位置

3. 确认停放制动装置状态的方法

确认停放制动装置状态的方法有以下四种：

(1)通过停放施加按钮指示灯确认

停放施加按钮指示灯亮：表明停放制动装置处于制动状态；停放施加按钮指示灯灭：表明停放制动装置处于缓解状态。

(2)通过微机显示屏确认

停放制动框显示(黄色)：表明停放制动装置处于制动状态；停放制动框显示(灰色)：表明停放制动装置处于缓解状态。

(3)通过停放制动指示器确认

停放制动指示器显示红色：表明该节机车停放制动装置处于制动状态；停放制动指示器显示绿色：表明该节机车停放制动装置处于缓解状态。

(4)在空气制动缓解情况下，通过活动闸片确认

分别活动司机侧 1、3 轮、学习司机侧 2、4 轮闸片，某轮闸片可动：表明该轮停放制动装置处于缓解状态；某轮闸片不能动：表明该轮停放制动装置处于制动状态。

以上四种确认停放制动装置状态的方法，最准确的是在空气制动缓解情况下，通过活动闸片来确认。因为通过停放施加按钮指示灯确认，在关闭停放制动塞门 177 后，按其方法确认就不准确；通过微机显示屏、停放制动指示器确认，在机车制动缸风压高于 400 kPa 后，按其方法确认就不准确。

4. 休眠停放制动装置时的操作方法

(1)实施时机

当需要彻底取消停放制动装置的功能，并使停放制动装置始终处在缓解状态(如无动力回送)时。

(2)操作方法

①关闭停放制动塞门 177，如图 6-3 所示。

②分别拉动司机侧 1、3 轮、学习司机侧 2、4 轮基础制动装置上的停放缓解手动拉环(图 6-7)，待该轮停放制动装置缓解后松开。

(3)验证停放制动装置已休眠的方法

按压制动柜停放施加手动按钮(图 6-2)后,在机车空气制动缓解(车下空气制动指示器显示绿色)的情况下,确认司机侧 1、3 轮、学习司机侧 2、4 轮闸片可以活动。

5. 激活停放制动装置时的操作方法

(1)实施时机

停放制动装置休眠后,需要重新恢复停放制动装置功能(如将机车制动系统由无动力回送状态恢复至正常运行状态)时。

(2)操作方法

①开放制动柜停放制动塞门 177,如图 6-8 所示。

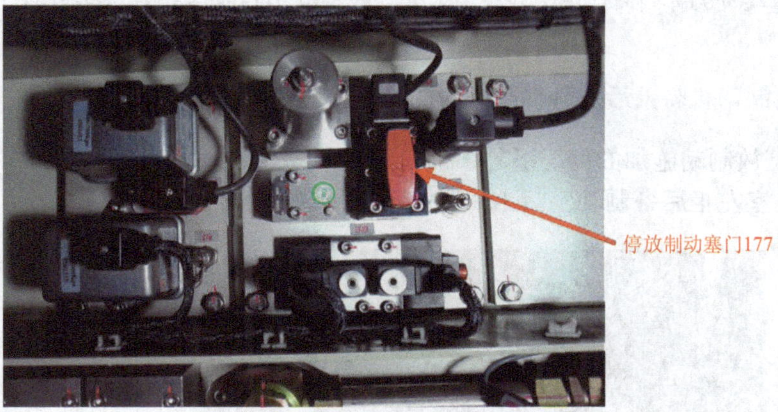

图 6-8 停放制动塞门 177 开放位

②恢复控制电路供电,使总风缸风压达到 500 kPa 以上。

③首先按压司机台"停放缓解"按钮(图 6-5)、再按压司机台"停放施加"按钮(图 6-1),反复数次。

(3)验证停放制动装置已激活的方法

若按压"停放缓解"按钮,机车停放制动装置即处于缓解状态;若按压"停放施加"按钮,机车停放制动装置即处于制动状态,则表明休眠的停放制动装置已被激活。

6. 空气制动系统本机/补机状态的设置方法

(1)本机状态

该节机车运行方向端未连接平均管时,该节机车空气制动系统设为本机状态。

设置方法:

将该节机车重联阀 93 本/补转换阀置"本机"位,如图 6-9 所示。

(2)补机状态

该节机车运行方向端连接平均管时,该节机车空气制动系统设为补机状态。

设置方法:

将该节机车重联阀 93 本/补转换阀置"补机"位,如图 6-10 所示。

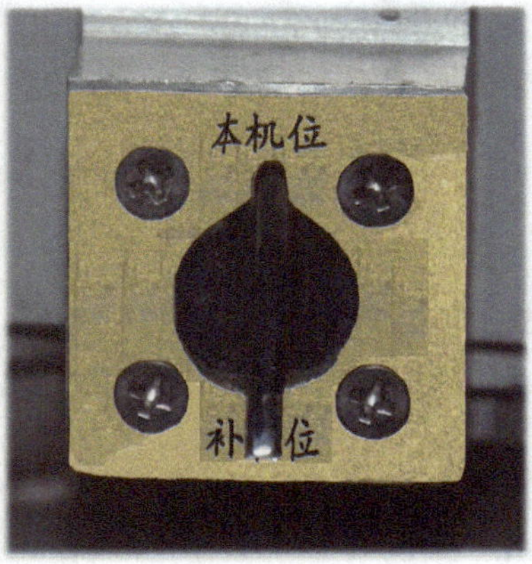

图 6-9　重联阀 93 本/补转换阀本机位

图 6-10　重联阀 93 本/补转换阀补机位

7. DK-2 型制动机转入后备制动状态时的操作方法

在停车 、停放制动施加的情况下

(1)将司机室左柜后备制动塞门 129 置“开放”位,如图 6-11 所示。

图 6-11　后备制动塞门 129 开放位

(2)断开低压电器柜“DK2 BCU”自动开关＝28-F01,如图 6-12 所示。

图 6-12　DK2 BCU 自动开关断开位

(3)将制动柜正常/后备制动转换阀153转“空气”位，如图6-13所示。

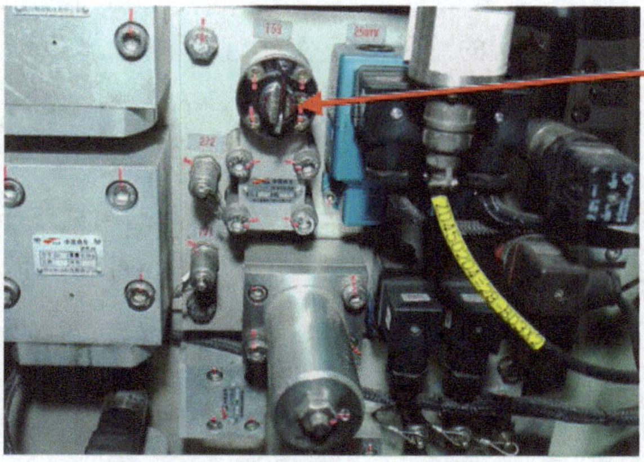

图6-13　正常/后备制动转换阀153空气位

注意：

(1)在坡道上进行正常制动/后备制动转换时，应在全列停妥，且保持列车制动、机车停放制动施加的状态下进行。

(2)因制动系统在“后备制动”状态时，中立、遮断电空阀无法得电，故运行途中，若在“后备制动”状态对列车进行空气制动时，应采取“短波浪”制动方式。列车长时间停留时，在停车后应施行紧急制动，以防止车辆自然缓解。

(3)某节机车在后备制动状态处于重联位置时，必须关闭该节机车的中继阀列车管塞门115。

8. DK-2型制动机由后备制动状态恢复至正常制动状态时的操作方法

在停车 、停放制动施加的情况下

(1)将司机室左柜后备制动塞门129置“关闭”位。

(2)闭合低压电器柜“DK2 BCU”自动开关=28-F01。

(3)将制动柜正常/后备制动转换阀153置“正常”位。

(4)大闸手柄置“重联”位2 s以上，激活正常空气制动。

9. 机车有动力回送时的设置方法

(1)按正常程序与本务机车连接总风联管、列车管、平均管时

①制动系统、列车运行监控记录装置均设置到“补机”状态，小闸手柄置“运转”位，大闸手柄置“重联”位，制动器钥匙开关置“关”位取出。

②确认停放制动装置处于缓解状态。

(2)与本务机车仅连接列车管时

①制动系统、列车运行监控记录装置均设置到“补机”状态，小闸手柄置“运转”位，大闸手柄置“重联”位，制动器钥匙开关置“关”位取出。

②确认停放制动装置处于缓解状态。

③升起受电弓、闭合主断路器，以保证运行过程中有动力回送机车总风压风压在750 kPa以上。

10. 机车由有动力回送状态恢复到正常运行状态时的操作方法

(1)按正常程序摘除与本务机车连接的总风联管、列车管、平均管。

(2)解除对操纵端大闸手柄的锁定。

(3)将操纵节制动系统的设置恢复到“本机”状态。

11. 仅与前部机车(车辆)连接列车管的机车,其无动力回送时的设置方法

(1)确认机车已采取防溜措施。

(2)休眠停放制动(关闭停放制动塞门 177,确认空气制动缓解后,手拉司机侧 1、3 轮,学习司机侧 2、4 轮停放缓解手动拉环,确认停放制动装置缓解)。

(3)关闭中继阀列车管塞门 115、紧急增压塞门 137;打开无动力安全阀塞门 139、无动力回送塞门 155,如图 6-14 所示。

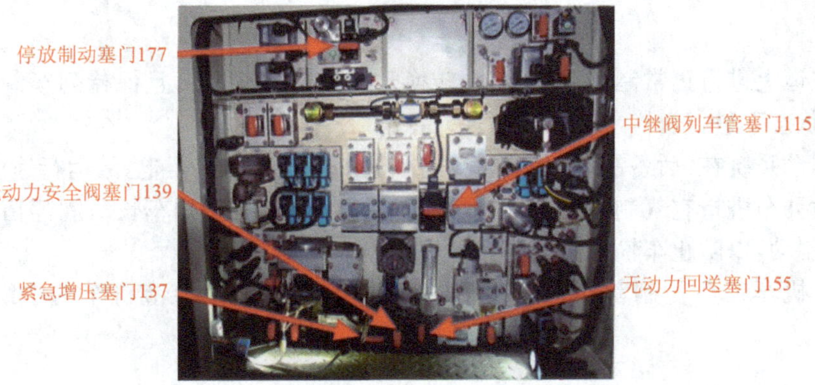

图 6-14 无动力回送时制动柜塞门位置变化

(4)断开控制电源柜“蓄电池”自动开关,如图 6-15 所示。

(5)并将大闸手柄置“重联”位,小闸手柄置“运转”位,取出制动器钥匙开关。

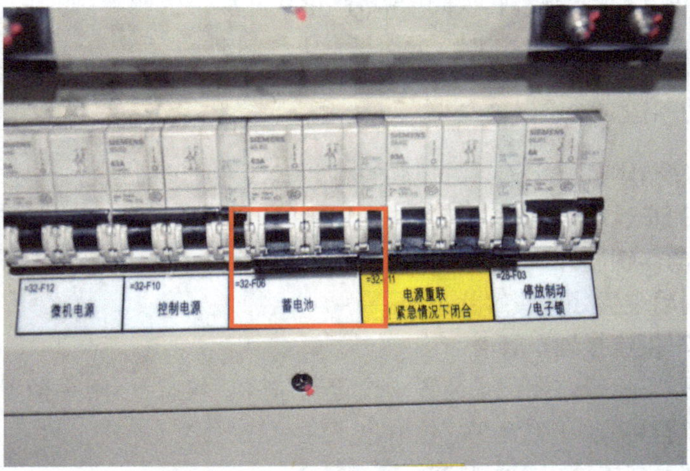

图 6-15 蓄电池自动开关断开位

(6)连接牵引机车，将无动力回送机车列车管充至定压，观察机车制动缸风压为 0 kPa。

(7)无动力回送机车总风缸风压充至 450 kPa 后，牵引机车利用大闸实施制动、缓解至少 3 次循环，确认无动力回送机车制动缸风压变化正常。

(8)测试完成后，撤除防溜措施。

注意事项：

(1)手拉基础制动上的停放缓解手动拉环使停放制动装置缓解后，停放制动指示器依然显示红色，其已不具备正常指示作用，故无动力回送机车只能在空气制动缓解的情况下，通过确认闸片是否能动来判定停放制动装置的状态。

(2)进行无动力回送设置时，牵引机车通过列车管向无动力回送机车总风缸(此时其起到车辆辅风缸的作用)进行充风，其从 0 kPa 充到 450 kPa 约需 30 min 左右。

(3)若将无动力回送机车的大闸手柄置“紧急”位，列车仍能产生紧急制动作用。

12. 可与前部机车连接列车管、总风联管、平均管的机车，其无动力回送时的设置方法

(1)关闭中继阀列车管塞门 115，如图 6-16 所示。

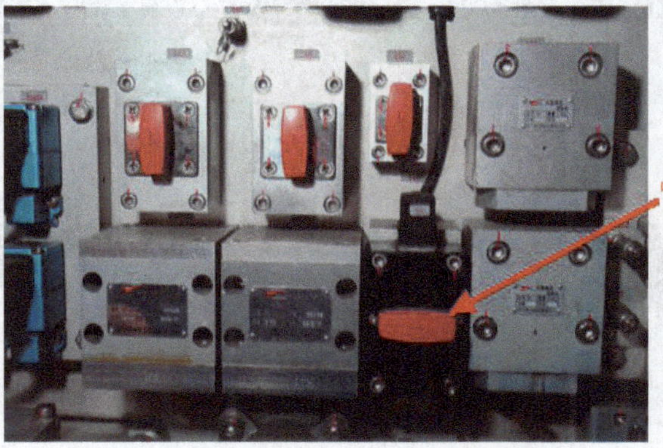

图 6-16 中继阀列车管塞门 115 关闭位

(2)断开控制电源柜“蓄电池”自动开关，如图 6-15 所示。

(3)大闸手柄置“重联”位，小闸手柄置“运转”位，取出制动器钥匙开关。

(4)确认停放制动装置处于缓解状态。

注意事项

(1)无动力回送机车的制动状态与牵引机车的制动状态同步。

(2)将无动力回送机车的大闸手柄置“紧急”位，仍能使全列车产生紧急制动作用。

13. 将机车由无动力回送状态恢复至正常运行状态时的操作方法

(1)按正常程序摘除机车前部软管(列车管、平均管、总风联管)。

(2)检查、确认无动力回送塞门 155、无动力安全阀塞门 139 在关闭状态。

(3)检查、确认停放制动塞门 177、中继阀列车管塞门 115、紧急增压塞门 137 在开放状态。

(4)闭合控制电源柜“蓄电池”自动开关，机车电钥匙置“合”位，大闸手柄置“重联”位 2 s 以上，激活正常空气制动。

(5)激活停放制动装置。

14. 通过制动显示屏查看制动机故障记录时的操作方法

在制动显示屏主界面点击“电空制动”键，进入“电空制动设置 1” 界面(图 6-17)，在电空制动设置 1 界面点击“维护”键，进入“维护菜单”界面(图 6-18)，在维护菜单界面点击“事件记录”键，进入“事件/故障记录”界面(图 6-19)，在该界面通过点击“上页”“下页”逐页进行查询，也可通过点击“查询”键，再通过点击“左移”、“右移”、“递增”、“递减”、“确认”键，按日期进行查询。查询完毕，点击 “主界面”键，制动显示屏返回主界面。

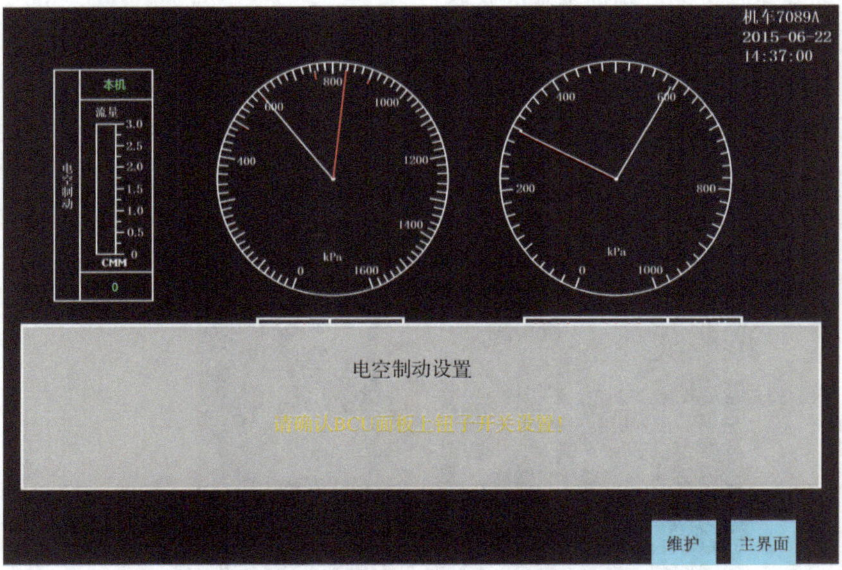

图 6-17　电空制动设置 1 界面

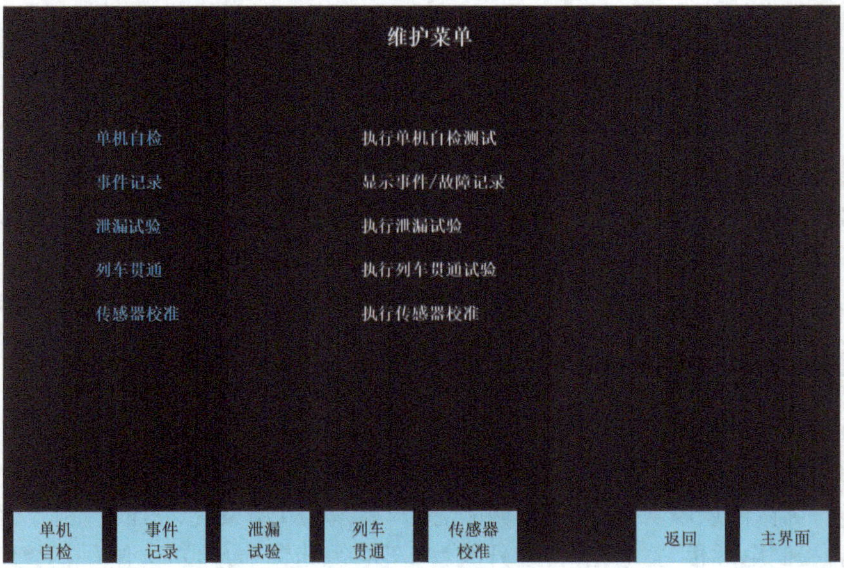

图 6-18　维护菜单界面

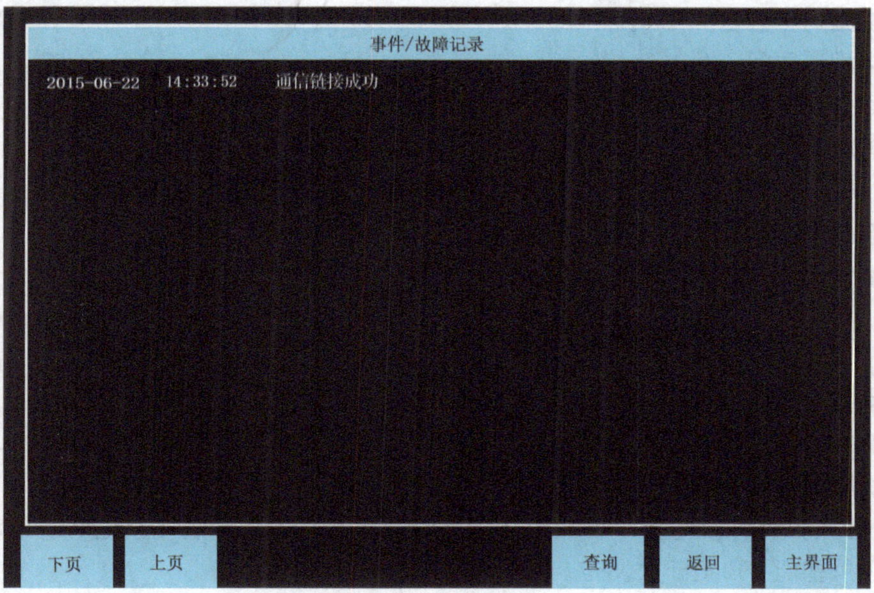

图 6-19 事件/故障记录界面

15. 引起惩罚制动的原因

为了确保列车运行安全，当机车出现危及行车安全、人身安全的异常情况时，微机控制系统自动控制列车管减压 80 kPa，使列车停车，我们把这种制动称为惩罚制动。

引起惩罚制动的原因：

(1)控制电源柜微机电源自动开关＝32-F12 断开或重新闭合时；

(2)低压电器柜 MIO 模块电源自动开关＝24-F02 断开；

(3)低压电器柜 DK2 检测信号自动开关＝28-F02 断开；

(4)无人警惕装置动作；

(5)速度大于 5 km/h，停放制动施加；

(6)监控装置发出惩罚制动请求；

(7)重联机车惩罚制动请求；

(8)自动降弓装置动作。

16. 解锁惩罚制动的方法

在消除引起惩罚制动的原因后，将大闸手柄置“重联”位 2 s 以上即可解锁惩罚制动。

17. 制动柜哪些塞门位置变化后可在微机显示屏或制动显示屏提示

(1)制动柜以下塞门位置发生变化后，仅在微机显示屏进行提示：

①停放制动塞门 177；

②控制风缸塞门 97；

③受电弓塞门 143。

(2)制动柜以下塞门位置发生变化后，仅在制动显示屏进行提示：

①中继阀列车管塞门 115；

②紧急增压塞门 137；

③无动力安全阀塞门 139；

④后备制动塞门 129。

(3)制动柜以下塞门位置发生变化后，在微机显示屏、制动显示屏均可进行提示：

①Ⅰ架制动缸塞门 119；

②Ⅱ架制动缸塞门 120。

18. 正常运行时制动柜哪些塞门处于关闭位

正常运行时，制动柜以下塞门处于关闭位，如图 6-20 所示。

(1)无动力回送塞门 155。

(2)无动力安全阀塞门 139。

(3)制动缸切换阀总风塞门 161(因神华八轴交流机车现均未启用空电联合制动，故制动缸切换阀总风塞门 161 处于关闭位)。

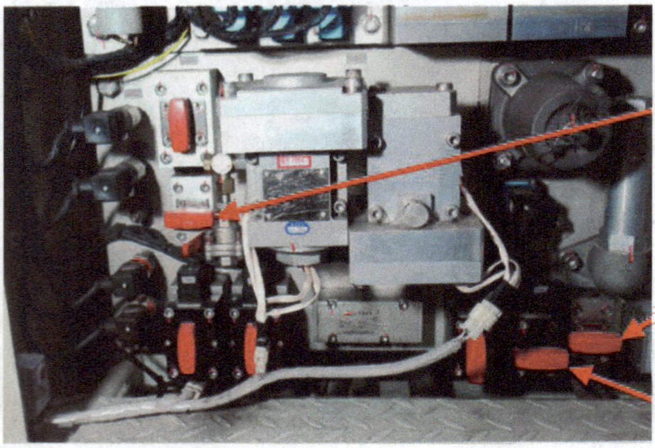

图 6-20 正常运行时制动柜处于关闭位的塞门

19. 解锁紧急制动的方法

在紧急制动倒计时结束、停车及紧急制动原因消除后，将大闸手柄置“重联”位 2 s 以上即可解锁紧急制动。

20. 检测闸片与制动盘间间隙的方法

(1)塞尺检查

用塞尺检测某车轮闸片与制动盘间间隙时，首先使该车轮一边的闸片紧贴制动盘，再用2 mm的塞尺塞入该车轮另一边闸片与制动盘间(图 6-21)，进行闸片与制动盘间间隙检测。若塞尺刚能塞入，该车轮闸片与制动盘间的间隙即为 2 mm；若不能塞入，该车轮闸片与制动盘间的间隙小于 2 mm；若塞尺塞入仍有活动间隙，该车轮闸片与制动盘间的间隙大于 2 mm。

图 6-21 测量闸片间隙

(2)徒手检查

手握某车轮闸片托弯销(图 6-22)进行晃动,若能晃动,表明该车轮闸片与制动盘间有间隙,若不能晃动,则用脚蹬该车轮基础制动装置夹钳(图 6-23),其能晃动,表明该车轮闸片与制动盘间仍有间隙。

图 6-22 闸片托弯销设置位置

图 6-23 基础制动装置夹钳设置位置

21. 闸片与制动盘间间隙的调整方法

闸片与制动盘间间隙(双边:2～4 mm)在出厂或检修时已经设定并进行调整。正常情况下，更换闸片后不须重新设定，JPXZ-1 型、JPXZ-2 型制动器具有闸片与制动盘间间隙自动调整功能，能根据闸片磨耗量自动补偿间隙以保证闸片和制动盘间隙在正常范围。

正常情况下，闸片与制动盘间间隙不需人为进行调整。如遇特殊情况需人为调整闸片与制动盘间间隙(如更换闸片)，则用口径 27 mm 的扳手旋转制动器螺盖(图 6-24)，顺时针旋转会使闸片与制动盘间间隙变大，逆时针旋转会使闸片与制动盘间间隙变小。

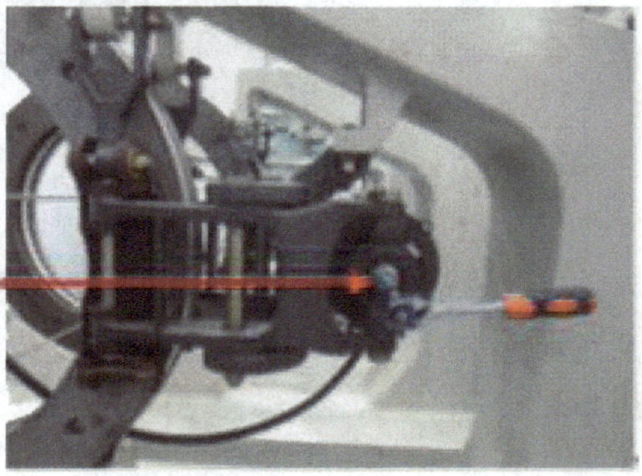

图 6-24　旋转制动器螺盖

22. 更换闸片时的操作方法

闸片原型厚度 24 mm，到限厚度 5 mm(可磨耗厚度 19 mm)，需要更换闸片时，按以下顺序进行：

(1)采取防溜措施。

(2)关闭更换闸片对应架的制动缸塞门，缓解停放制动。

(3)用扳手顺时针旋转制动器螺盖(图 6-24)，将闸片与制动盘间间隙调大。

(4)将闸片托弯销向外撬动，打开闸片挡板，如图 6-25 所示。

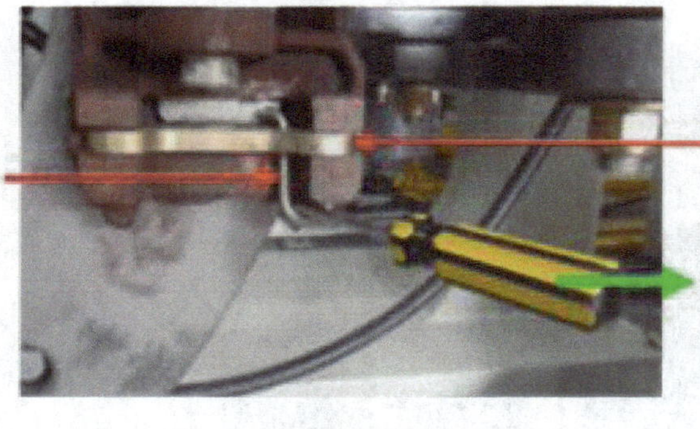

图 6-25　外撬弯销，打开闸片挡板

(5)取出旧闸片，装上新闸片。

(6)将闸片挡板向里推，使弯销复原。

(7)逆时针旋转制动器螺盖，调小闸片与制动盘间间隙。

(8)开放制动缸塞门，小闸进行数次制动、缓解循环操作，使闸片与制动盘间间隙恢复到正常值。

23. 万吨列车遇天窗点在非万吨站停车进行防溜时的操作方法

万吨列车遇天窗点在非万吨站停车时，除执行公司规定外，还应执行以下防溜规定：

(1)列车停妥，确认不再运行等候天窗时，主车司机需将小闸手柄置"制动"位，并在列车实施最大减压制动后，安排学习司机关闭操纵节电空制动总风塞门157(图6-26)，上行万吨列车需同时通知从二机车司机关闭操纵节电空制动总风塞门157。

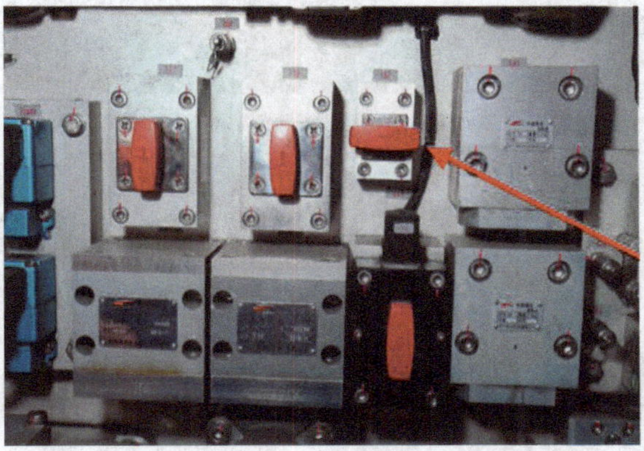

图6-26　电空制动总风塞门157关闭位

(2)放置铁鞋进行防溜，铁鞋放置位置：

①上坡道：机车运行方向左侧1、3、5车轮后部。

②下坡道：机车运行方向左侧2、4、6车轮前部。

(3)天窗点毕，主车进行升起受电弓、闭合主断路器操作，待总风管风压达到900 kPa后，安排学习司机开放操纵节电空制动总风塞门157，上行万吨列车同时通知从二机车司机开放操纵节电空制动总风塞门157。

24. 运行途中因故断开再闭合控制电源柜"蓄电池"自动开关时应注意哪些

(1)运行途中断开再闭合控制电源柜"蓄电池"自动开关，必须在断开主断路器、降下受电弓、停车状态下进行，故运行途中，遇机车故障确需进行断/合蓄电池自动开关进行复位操作时，应尽量维持运行到前方站再进行。

(2)运行途中因故断开再闭合控制电源柜"蓄电池"自动开关后，若列车运行监控记录装置已经降级，应对其重新进行设定，重新进行开车操作。对列车运行监控记录装置重新设定、重新进行开车操作的列车，待列车头部运行到前架信号机(预告信号机前为地面信号发码箱)处，切记对列车运行监控记录装置进行距离的校正操作。

(3)列车运行在自动闭塞区间，在进行断/合蓄电池自动开关复位操作前，应详细记录已越过及前方一架信号机的编号，以利再开车时对列车运行监控记录装置距离的校正操作。

25. 微机显示屏提示"主断环硬件回路断开"，乘务员应确认哪些部件

微机显示屏主断条件界面提示"主断环硬件回路断开"(图6-27)，乘务员应确认以下部件：

(1)紧急制动按钮；

(2)高压接地开关;

(3)安全连锁箱操作手柄;

(4)布赫继电器;

(5)受电弓、主断自动开关。

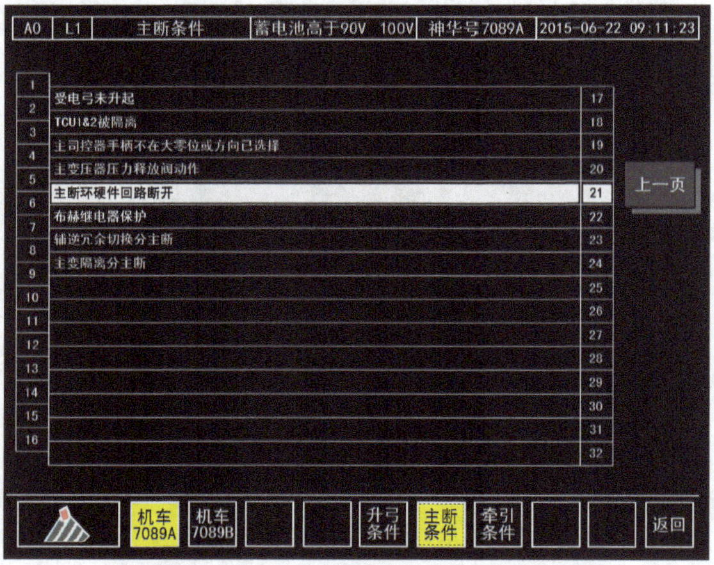

图 6-27 主断条件界面提示主断环硬件回路断开

根据确认情况,结合微机显示屏显(提)示,判定以上某一部件异常后,及时对症进行处理。

26. 利用不同风源升起受电弓时的操作方法

(1)利用总风缸风压升起受电弓

总风缸风压高于 550 kPa 时,按正常操作方法升起受电弓即可。

(2)利用控制风缸风压升起受电弓

当总风缸风压低于 550 kPa,开放控制风缸塞门 97(图 6-28)后,若控制风路风压高于 550 kPa时,按正常操作方法升起受电弓即可。

图 6-28 控制风缸塞门 97 开放位

(3)利用辅助压缩机泵风升起受电弓

当总风缸风压低于 550 kPa,开放控制风缸塞门 97 后,若控制风路风压仍低于 550 kPa

时，只要将受电弓扳键开关置“升”位，微机控制系统则自动启动辅助压缩机进行泵风，当控制风路风压达到 650 kPa 时，辅助压缩机停止泵风，此时，再将受电弓扳键开关置“升”位 2 s 以上，受电弓即可升起。

27. 微机显示屏网压显示方式

微机显示屏网压显示采用柱状图及不同颜色代表不同网压、不同保护方式：

(1)网压高于 31 kV：显示红色(图 6-29)，机车牵引封锁。若网压高于 31.5 kV，主断路器断开。此后，只有网压再低于 31 kV 后，进行闭合主断路器操作，主断路器才能闭合。

图 6-29　网压高于 31 kV 微机显示屏显示

(2)网压高于 30 kV 而低于 31 kV：显示黄色(图 6-30)，机车减载。

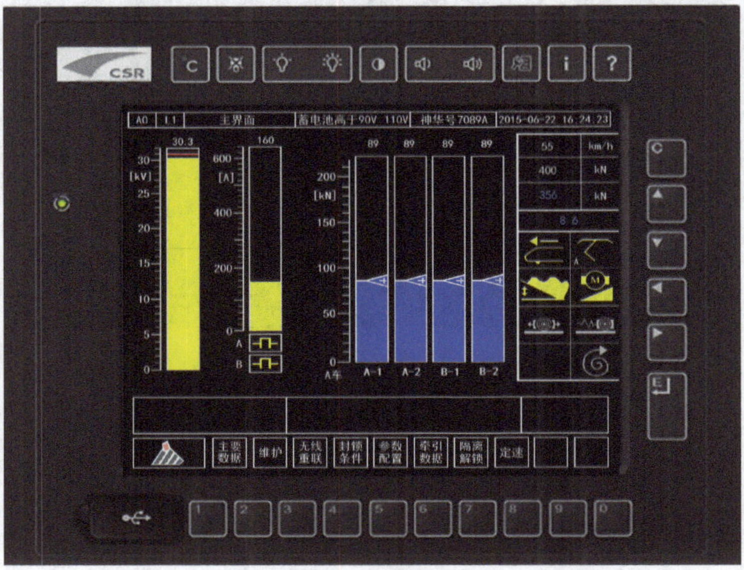

图 6-30　网压高于 30 kV 而低于 31 kV 微机显示屏显示

(3)网压高于 22.5 kV 而低于 30 kV:显示绿色(图 6-31),网压处于正常状态。

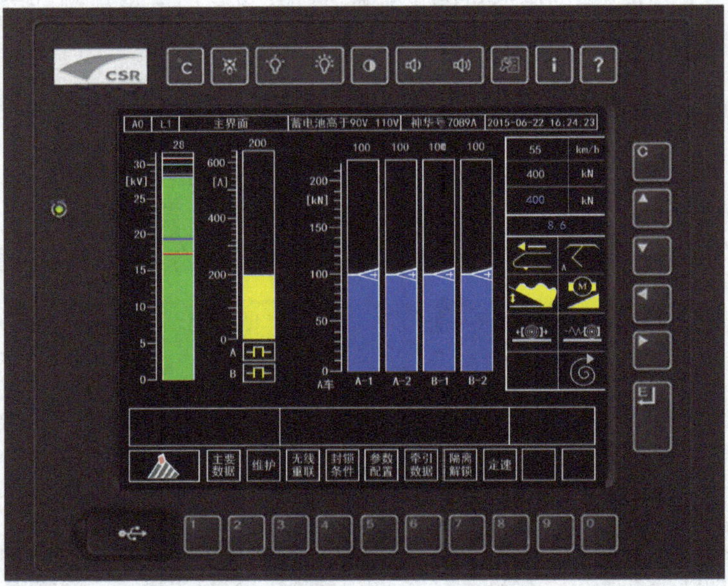

图 6-31　网压高于 22.5 kV 而低于 30 kV 微机显示屏显示

(4)网压高于 17.5 kV 而低于 22.5 kV:显示黄色(图 6-32),机车减载。

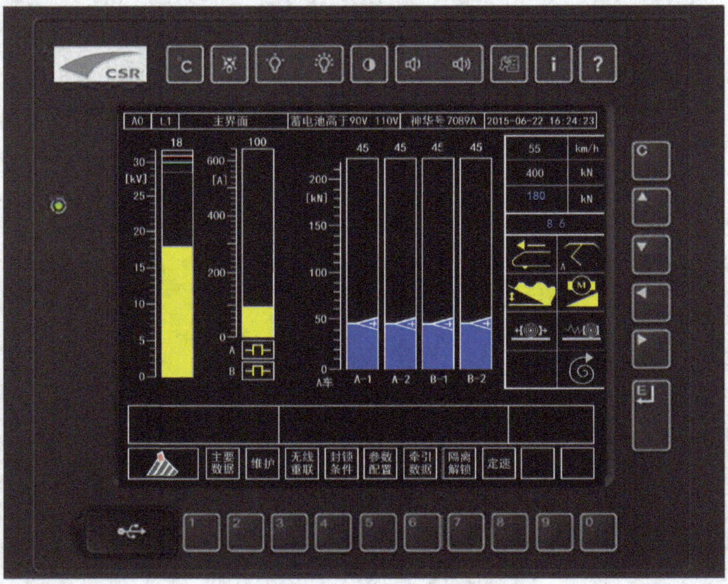

图 6-32　网压高于 17.5 kV 而低于 22.5 kV 微机显示屏显示

(5)网压低于 17.5 kV:显示红色(图 6-33),机车牵引封锁。若网压低于 17 kV,主断路器断开。此后,只有网压再高于 17.5 kV 后,进行闭合主断路器操作,主断路器才能闭合。

28. 输入(修改)列车参数时的操作方法

运行途中,为了保证定速控制正常使用及选取合适的“联挂”速度,必须按以下方法正确输入(修改)列车参数。

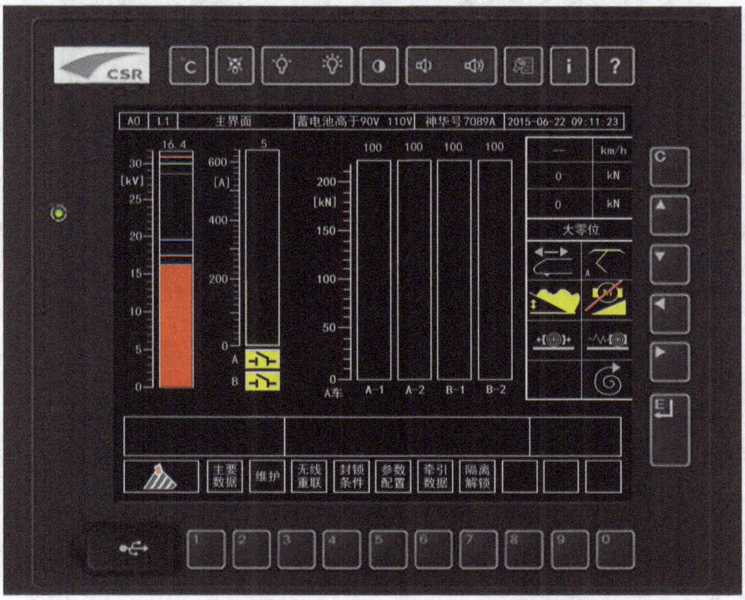

图 6-33 网压低于 17.5 kV 微机显示屏显示

(1)在微机显示屏主界面点击“参数配置”键,进入“参数配置”界面,再点击“列车参数”键,进入“列车参数”界面(图 6-34)。

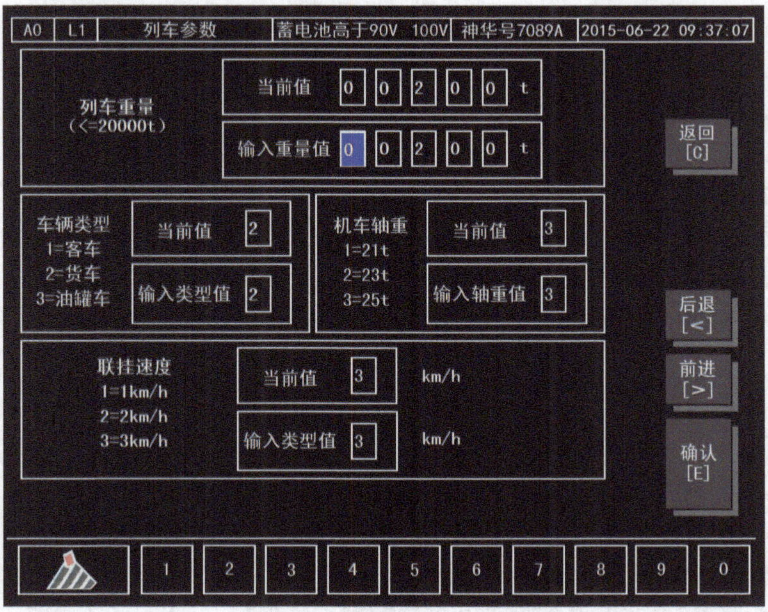

图 6-34 微机显示屏列车参数界面

(2)点击“前进”或“后退”键,使修改光标(蓝底色)移至需要输入(修改)的数值后,点击需要输入(修改)的数字键,新输入(修改)后的数字即显示在当前值下方。

(3)将“列车重量”、“车辆类型”、“机车轴重”、“联挂速度”逐项修改完毕,并确认正确后,点击“确认 E”键(图 6-35)。

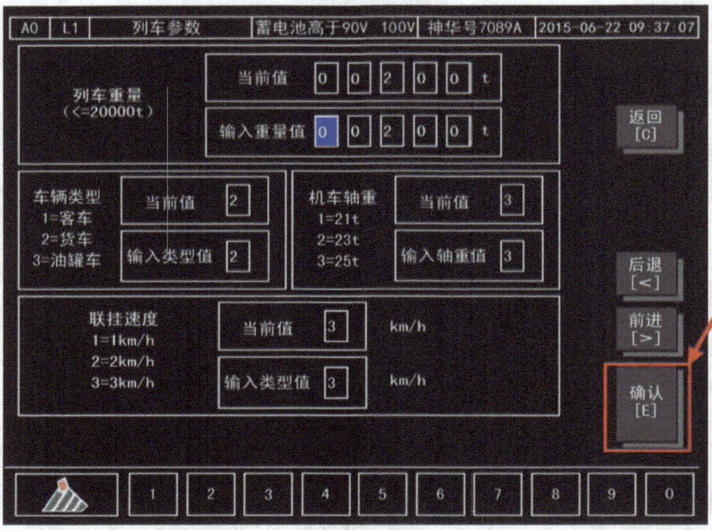

图 6-35　列车参数界面“确认(E)”键

(4)确认输入(修改)后的列车参数正确(当前值已变为修改后的数值)后,点击“返回”、“主界面”键,返回微机显示屏主界面。

29. 运行途中换升另一受电弓时的操作方法

运行途中,某一受电弓出现故障或因特殊原因需要换升另一受电弓时,按以下方法进行操作:

(1)断开主断路器。

(2)降下受电弓。

(3)若原升起的是非操纵节受电弓,需要换升操纵节受电弓时,则在降弓状态下,将受电弓模式转换开关置“前弓”位;若原升起的是操纵节受电弓,需要换升非操纵节受电弓时,则在降弓状态下,将受电弓模式转换开关置“后弓”位。

(4)进行按压微机复位按钮复位操作。

(5)将受电弓扳键开关置“升”位 2 s 后松手,另一受电弓升起。

30. 受电弓、主断路器扳键开关的操作方法

(1)受电弓扳键开关操作标准:

①升弓时,受电弓扳键开关置“升”位需保持 2 s 以上(技术要求达到 1 s)。

②降弓时,受电弓扳键开关置“降”位需保持 1.2 s 以上(技术要求达到 0.6 s)。

(2)主断路器扳键开关操作标准:

①闭合主断路器时,主断路器扳键开关置“合”位需保持 2 s 以上(技术要求达到 1 s)。

②断开主断路器时,主断路器扳键开关置“分”位需保持 1 s 以上(技术要求达到 0.35 s)。

(3)无线重联运行时,从车虽未将机车电钥匙置“合”位,但仍能利用主断路器、受电弓扳键开关进行断开主断路器、降下受电弓操作。

(4)为了方便、统一,特规定进行受电弓扳键开关操作时,在“升”或“降”位;进行主断路器扳键开关操作时,在“合”或“分”位,均须保持在 2 s 以上。

31. 解锁无人警惕装置的方法

运行途中进行以下任一项操作，均可使无人警惕装置解锁：

(1)脚踩无人警惕脚踏开关；

(2)按压无人警惕按钮；

(3)移动司机控制器手柄；

(4)进行鸣笛操作；

(5)踩下脚踏撒砂开关；

(6)移动大、小闸手柄。

32. 防止库内运用机车蓄电池放电的措施

(1)机车入库后，乘务员向专检人员交车时，蓄电池电压不得低于 93 V。

(2)专检检查、试验机车后，在断开"蓄电池"自动开关前，蓄电池充电电流必须低于 4 A。

(3)乘务员库内接车，蓄电池电压不得低于 93 V。闭合主断路器后，应确认蓄电池充电电流是否大于 6 A，若大于 6 A，应立即进行汇报。待蓄电池充电 30 min 后，应再次确认蓄电池充电电流，若仍大于 6 A 时，须再次进行汇报。

33. 调整无人警惕模式时的操作方法

(1)在微机显示屏主界面点击"参数配置"键，进入"参数配置"界面，点击"分相/警惕"键，进入分相/警惕界面(图 6-36)。

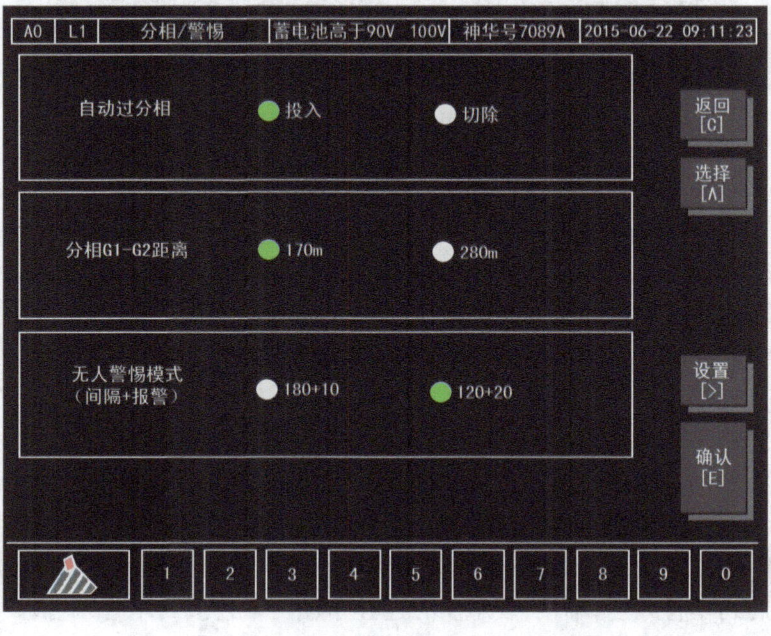

图 6-36 微机显示屏分相/警惕界面

(2)点击"选择〔Λ〕"键，选择无人警惕模式(使蓝色框框住无人警惕模式)。

(3)点击"设置〔>〕键"，选择 180(间隔)+10(报警)或 120(间隔)+20(报警)模式(使其圆点底色变绿），再点击“确认〔E〕”键后即选择了新的无人警惕模式。

（4）确认选择无人警惕模式正确后，点击“返回”、“主界面”键，返回微机显示屏主界面。

34. 调车监控的操作方法

（1）进入调车监控状态

机车在车站需要进行调车作业（转线）时，点击监控装置显示屏【调车/2】键，监控显示屏显示如图 6-37 所示。

①牵引作业时必须按调车作业通知单上的牵引辆数正确进行输入，输入时注意换向手柄的位置要与机车牵引运行的方向一致，推进辆数为 0。

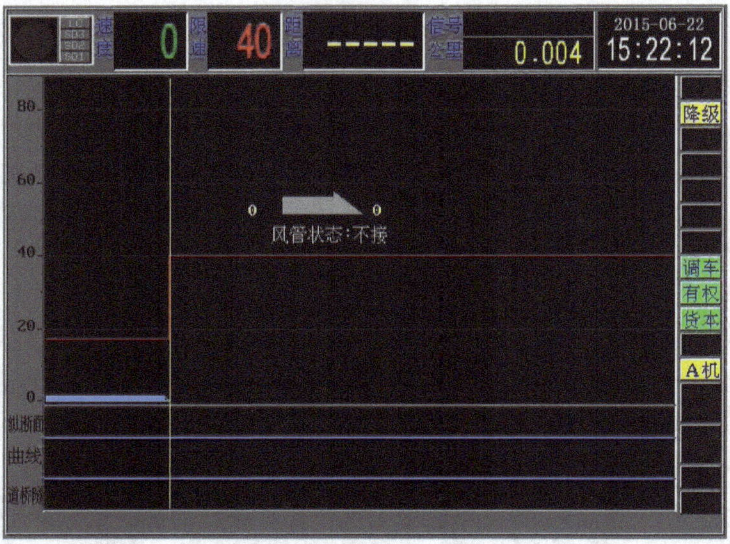

图 6-37　调车状态监控显示屏显示

②推进作业时必须将推进作业的辆数正确输入，注意输入时的换向手柄位置要与推进运行的方向一致，否则将控制列车停车。

③单机转线时乘务员先将换向手柄位置置与机车运行的方向一致后，再点击【调车】键进入调车监控状态。

④箭头所指方向表示机车运行方向，箭头方向随换向手柄“向前”、“向后”位置的变化而发生变化。

⑤箭头前的数字表示推进辆数，箭头后的数字表示牵引辆数。

⑥箭头下面的风管状态表示当前连接了多少辆车的列车管风管，有 1/2、1/3、1/4、全接、不接五种选择（1/2：表示连接了所挂辆数 1/2 车辆的列车管风管；1/3：表示连接了所挂辆数 1/3 车辆的列车管风管；1/4：表示连接了所挂辆数 1/4 车辆的列车管风管；全接：表示连接了所有连挂车辆的列车管风管；不接：表示所有连挂车辆均未连接列车管风管）。

⑦如司机输入辆数为 0，则调车监控程序判断为单机，机车向前、向后运行全部按“牵引”状态进行控制。

（2）调车参数设定

机车联挂后，乘务员需将机车的牵引辆数、推进辆数和连接列车管的状态等参数输入给调车监控主机，调车参数设定方法如下：

点击【自动校正/8】键，监控显示屏弹出调车参数设定窗口（如图 6-38 所示）：

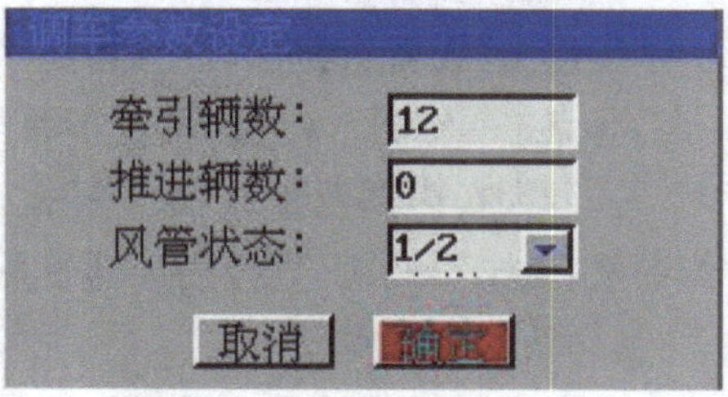

图 6-38 监控显示屏调车参数设定窗口

输入牵引辆数等参数，每输入一项点击【确认】键进入下一项；输入风管状态时点击【↓】打开选项（图 6-39），把光标移到所选项上，点击【确认】键，进行输入风管状态确认，再点击【确认】键进行调车参数发送，参数设定成功后会在监控显示屏的相应位置显示（图 6-40）。

如果推进辆数大于 0，此时机车处于推进状态，收到任何调车信号均不控制，将按30 km/h 限速进行控制。

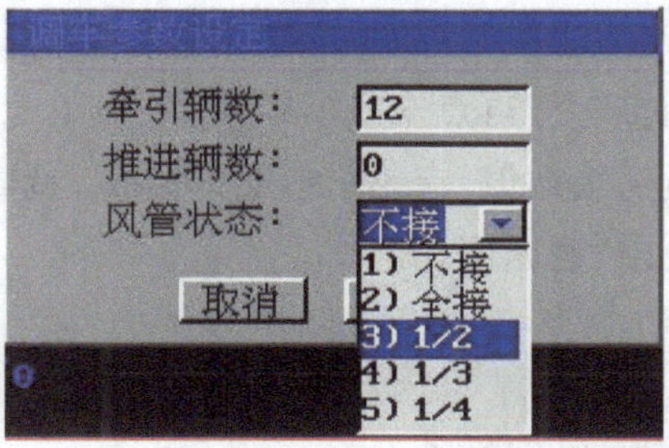

图 6-39 监控显示屏输入风管状态窗口

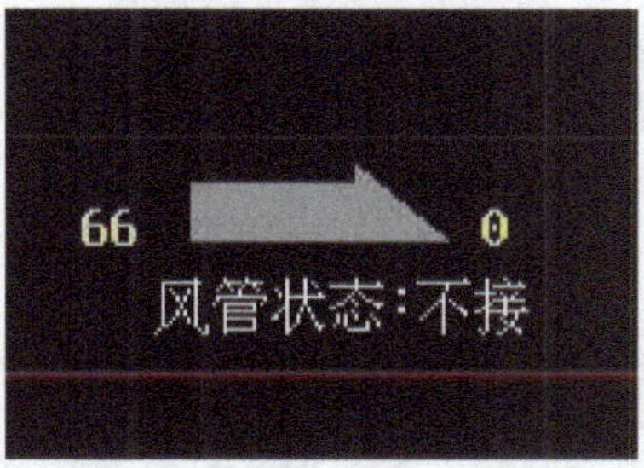

图 6-40 调车参数设定完成监控显示屏显示

35. 机车综合通信设备的操作方法

司机、学习司机侧各设一块机车综合通信设备操作终端 MMI（图 6-41），通过其可与车站、列调、非操纵节、重联机车进行通信。通过点击“主控”键可进行工作模式转换；通过按压“设置”、“∧”、“∨”、“确认”键可进行机务段、神朔线选择。

(1)司机、学习司机操作权选择

在无操作权侧持续按压“主控”键 3 s，就可夺得操作权，司机侧为列调、综合模式；学习司机侧为重联、综合模式。

(2)神朔线或机务段选择

①点击“设置”键进入设置界面

②点击“↑”或“↓”键，将光标移至“运行区段”上，再点击“确认”键。

③点击“↑”或“↓”键，将光标移至“神朔公司”上，再点击“确认”键。

④选择机务段：点击“↑”或“↓”键，将光标移至“机务段”上，再点击“确认”键；选择神朔线：点击“↑”或“↓”键，将光标移至“神朔线”上，再点击“确认”键。

图 6-41 机车综合通信设备操作终端 MMI

(3)扬声器音量调整

①点击"设置"键进入设置界面

②点击"↑"或"↓"键,将光标移至"扬声器音量调整"上,再点击"确认"键。

③调大扬声器音量:点击"→"键,直至扬声器音量达到满意值,按"退出"键返回;调小扬声器音量:点击"←"键,直至扬声器音量达到满意值,点击"退出"键返回。

(4)听筒音量调整

①点击"设置"键进入设置界面

②点击"↑"或"↓"键,将光标移至"听筒音量调整"上,再点击"确认"键。

③调大听筒音量:点击"→"键,直至听筒音量达到满意值,点击"退出"键返回;调小听筒音量:点击"←"键,直至听筒音量达到满意值,点击"退出"键返回。

(5)屏幕亮度调整

①点击"设置"键进入设置界面

②点击"↑"或"↓"键,将光标移至"屏幕亮度调整"上,再点击"确认"键。

③调亮屏幕亮度:点击"→"键,直至屏幕亮度达到满意值,点击"退出"键返回;调暗屏幕亮度:点击"←"键,直至屏幕亮度达到满意值,点击"退出"键返回。

(6)通话选择(图 6-42)

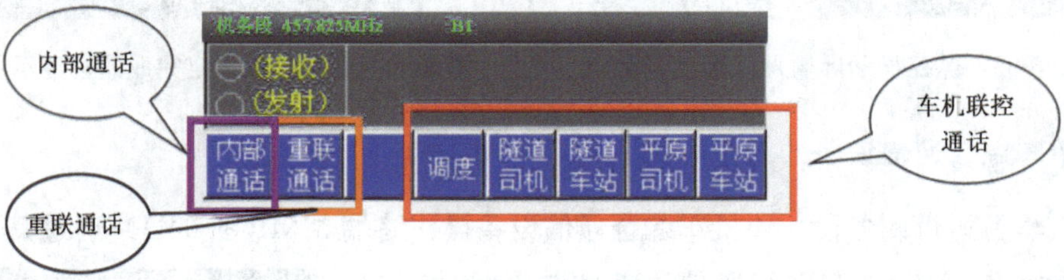

图 6-42　通话选择

①内部通话(与本车非操纵节通话):

主呼:拿起送受话器,点击紫色框的"内部通话"键,听到二次回铃音后按住 PTT 进行通话。

被呼:紫色框的"内部通话"键闪亮并伴随一声回铃音时,拿起送受话器,可进行通话。

②重联通话:

主呼:拿起送受话器,按黄色框的"重联通话"键,再按住 PTT 进行通话。

被呼:黄色框的"重联通话"键闪亮并伴随一声回铃音时,拿起送受话器,可进行通话。

③车机联控通话:

主呼:拿起送受话器,按红色框的相应键,听到回铃音后按住 PTT 进行通话。

被呼:红色框内键闪亮,听到语音呼叫自己后拿起送受话器,可进行通话。

注意:所有语音为单工通信(语音信息单方向传输),通话过程中需要按 PTT 讲话;不讲话请松开 PTT。

④快捷键:

拿起送受话器，按送受话器“Ⅰ”键，相当于点击 MMI“隧道车站”键。
拿起送受话器，按送受话器“Ⅱ”键，相当于点击 MMI“平原车站”键。
拿起送受话器，按送受话器“Ⅲ”键，相当于点击 MMI“内部通话”键。
拿起送受话器，按送受话器“Ⅳ”键，相当于点击 MMI“重联通话”键。

36. 视频系统的操作方法

(1)按键说明

视频显示屏设有“左移”、“右移”、“上移”、“下移”、“确定”5 个按键，如图 6-43 所示。其设在视频显示屏的底面。

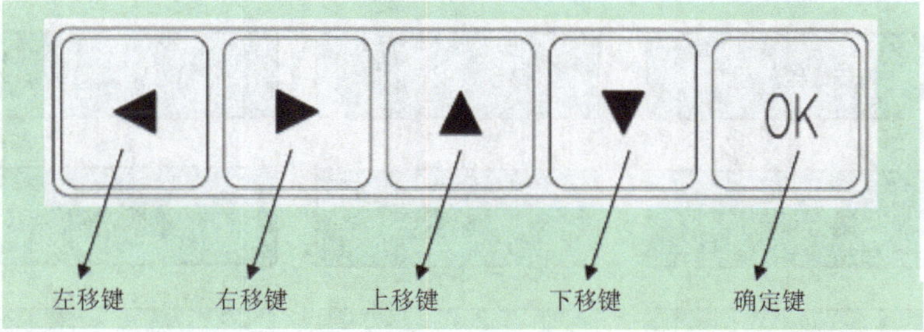

图 6-43 视频显示屏按键

(2)操作说明

①同时按压“上移”键和“下移”键可以进行火灾报警系统的复位操作。

②长按“确定”键即可弹出视频主菜单，如图 6-44 所示。在主菜单弹出的情况下，通过按压“上移”键或“下移”键可以选择不同的子菜单项，当光标移在某子菜单项上，按压“确定”键即可实现该菜单项的相应功能。

③在视频轮询(自动轮询)的模式下面，通过按压“左移”键或按压“右移”键即可缩短或延长轮询的时间。

④在视频停止轮询(手动操作)的模式下面，通过按压“左移”键或“右移”键可以在视频上进行光标移动，当光标移在某个视频上的时候，按压“确定”键，该视频即确定为当前显示视频。

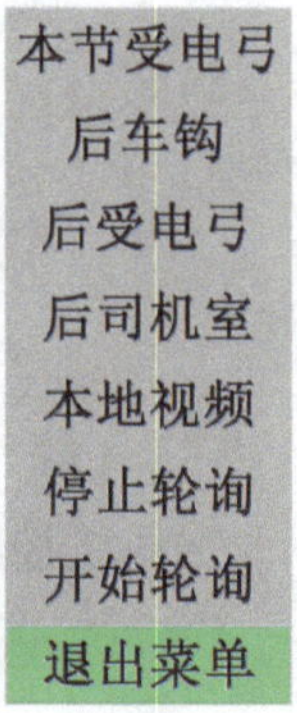

图 6-44 视频主菜单

37. 扩频式数字列尾装置的设置流程

扩频式数字列尾装置的设置流程图如图 6-45 所示。

38. 扩频式数字列尾装置的设置方法

(1)司机控制盒基本状态

司机控制盒有主车、从一、从二、从三四种基本状态，但神华八轴交流机车三台机车编为一组，故在此对从三状态不再进行叙述。

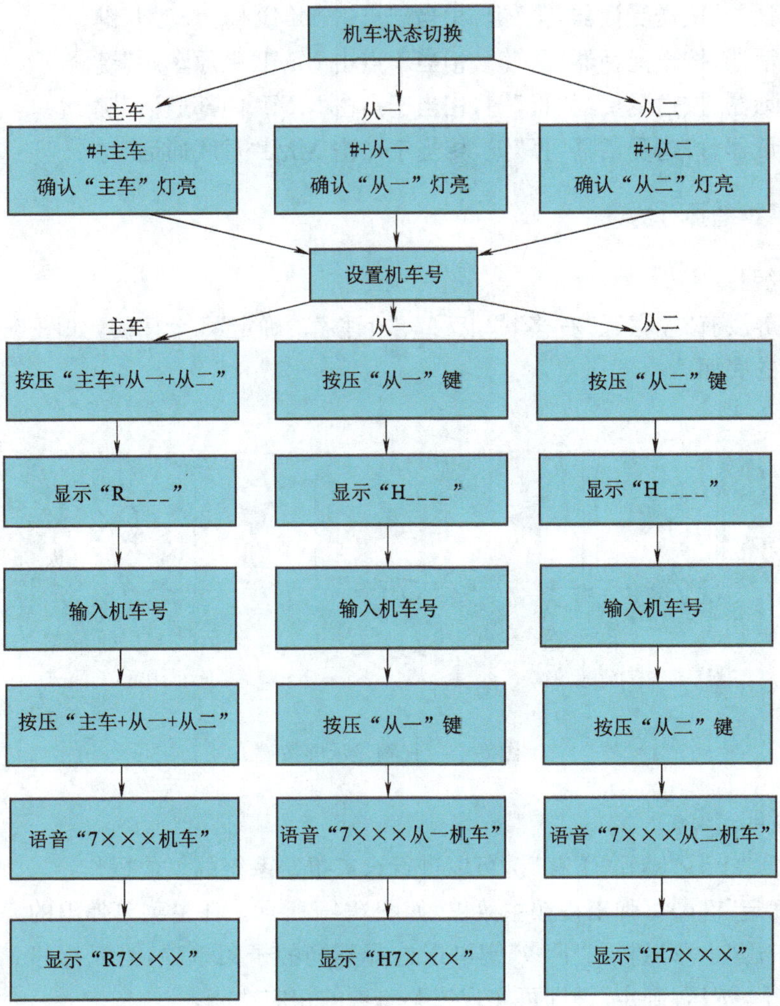

图 6-45 扩频式数字列尾装置设置流程图

①司机控制盒主车状态(图 6-46)

图 6-46 司机控制盒主车状态

②司机控制盒从一状态

司机控制盒从一状态，如图 6-47 所示。

图 6-47 司机控制盒从一状态

③司机控制盒从二状态

司机控制盒从二状态，如图 6-48 所示。

图 6-48 司机控制盒从二状态

(2)状态切换方法：

①切换为“主车”机车

按压“＃”＋“主机”键(图 6-49)，司机控制盒即进入主车状态。

图 6-49 司机控制盒切换主机

②切换为“从一”机车

按压“＃”＋“从一”键(图 6-50)，司机控制盒即进入从一状态。

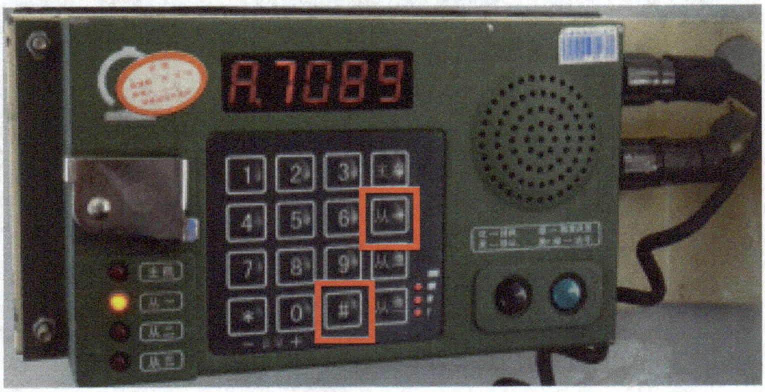

图 6-50　司机控制盒切换从一

③切换为“从二”机车

按压“＃”＋“从二”键(图 6-51)，司机控制盒即进入从二状态。

图 6-51　司机控制盒切换从二

注意：“＃”＋“主机”操作：先按下按键“＃”且不释放，再按下按键“主机”，至少保持 1 s，然后同时释放。此时，看到主机指示灯亮。

(3)重置机车号

“主机”机车置号：

①状态切换到“主车”状态，如图 6-52 所示。

②按“主车”＋“从一”＋“从二”键，如图 6-53 所示。

③显示器显示【R_ _ _ _】，如图 6-54 所示。

④输入四位机车号如“7089”，如图 6-55 所示。

⑤按下“主车”＋“从一”＋“从二”键，如图 6-56 所示，待语音报完“7089 机车”后，重置机车号成功。

图 6-52 主机状态

图 6-53 按“主车”+“从一”+“从二”键

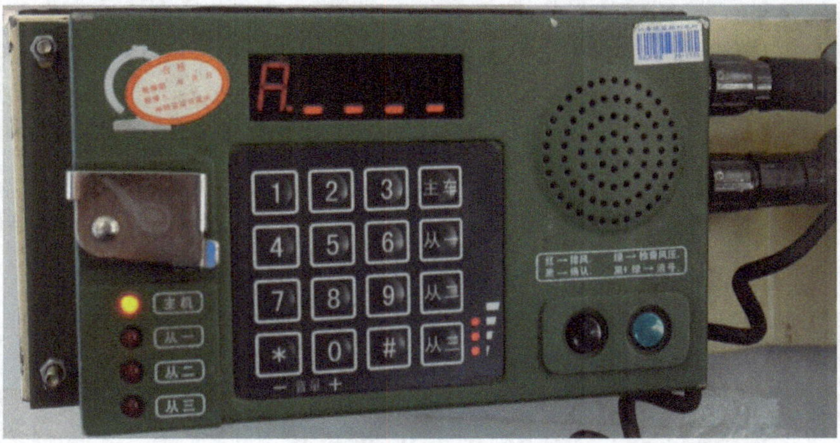

图 6-54 显示器显示【R_ _ _ _】

图 6-55 输入四位机车号

图 6-56 按下“主车”+“从一”+“从二”键

“从一”和“从二”机车置号方法相同，以“从一”机车为例：

①状态切换到“从一”状态，如图 6-57 所示。

图 6-57 从一状态

②按“从一”键，如图 6-58 所示。

图 6-58 按从一键

③显示器显示【H_ _ _ _】，如图 6-59 所示。

图 6-59 显示器显示【H_ _ _ _】

④输入四位机车号如“7089”，如图 6-60 所示。

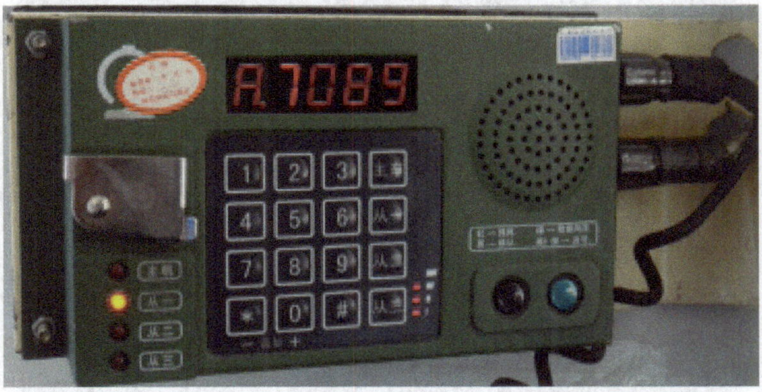

图 6-60 输入四位机车号

⑤按下“从一”键，如图 6-61 所示，待语音报完“7089 从一机车”后，重置机车号成功。

重置“从二”机车号：参照置“从一”机车号的方法进行。

图 6-61　按下从一键，置号成功

39. 机车无线重联编组的设置方法

(1)从控机车无线重联编组设置

①取出机车电钥匙、换向手柄。

②操纵节机车重联转换开关置“重联”位。

③在微机显示屏上进行无线重联编组参数设置：

a. 在微机显示屏主界面点击“无线重联”键进入“重联基本信息”界面(图 6-62)，确认“OCE-A 状态”和“OCE-B 状态”图标变绿且状态号均显示 300 后，再点击“编组设置”键，进入“编组参数设置”界面，如图 6-63 所示。

b. 进行编组参数设置

在微机显示屏“编组参数设置”界面，通过显示屏右侧的功能键和下侧数字键的操作进行编组参数设置，需设置的内容按表 6-1 执行，从控机车无线重联编组设置后，其“编组参数设置”界面如图 6-64 所示。

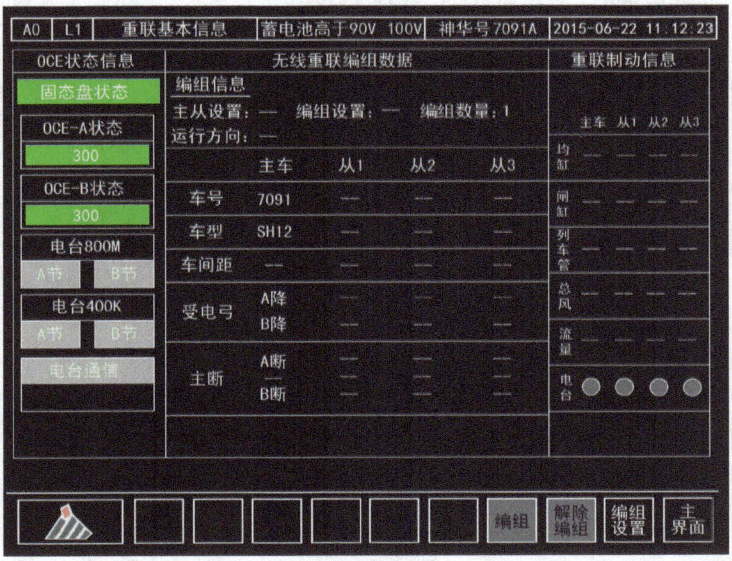

图 6-62　从控机车重联基本信息界面

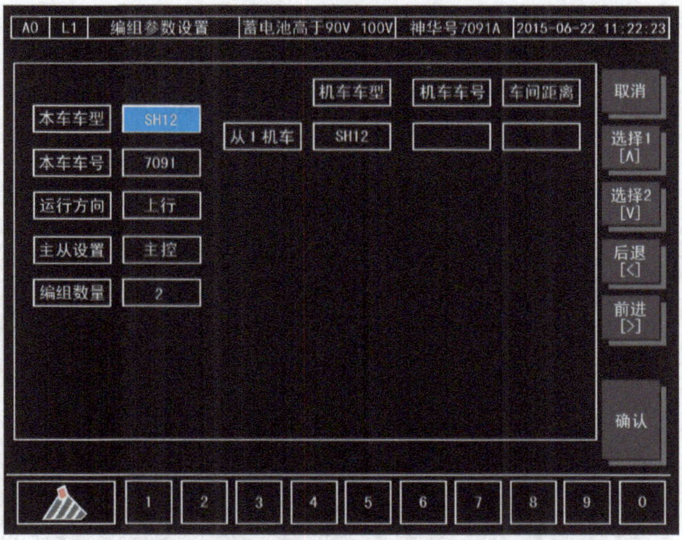

图 6-63 从控机车无线重联编组参数设置界面

表 6-1 编组设置界面设置内容

项 目	设 置
本车车型	指本机车实际型号(系统默认)
本车车号	指本机车实际记车号(系统默认)
运行方向	指机车运行方向(上行或下行)
主从设置	选择从控
编组序号	指需要将所编组机车定义为从几机车。从一选择 1;从二选择 2
编组数量	指总共有几台机车编为一组(包括主车)
主控机车	“机车车型”、“机车车号”、“车间距离”按实际情况设置

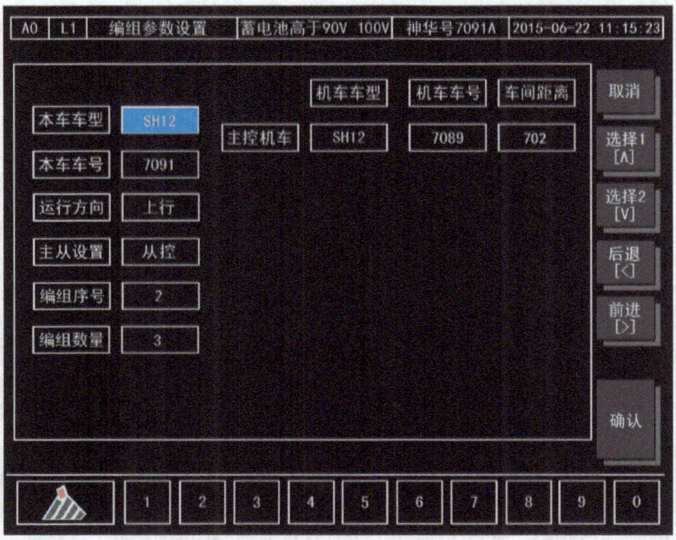

图 6-64 从控机车无线重联编组设置后编组参数设置界面

c. 点击“确认(E)”键，待微机显示屏显示“设置成功”并返回重联基本信息界面，“编组”键变为黑色，点击“编组”键后，从控机车无线重联编组成功，等待主控机车进行无线重联编组设置。从控机车无线重联编组完成等待主控机车无线重联编组时的重联基本信息界面的显示如图 6-65 所示。

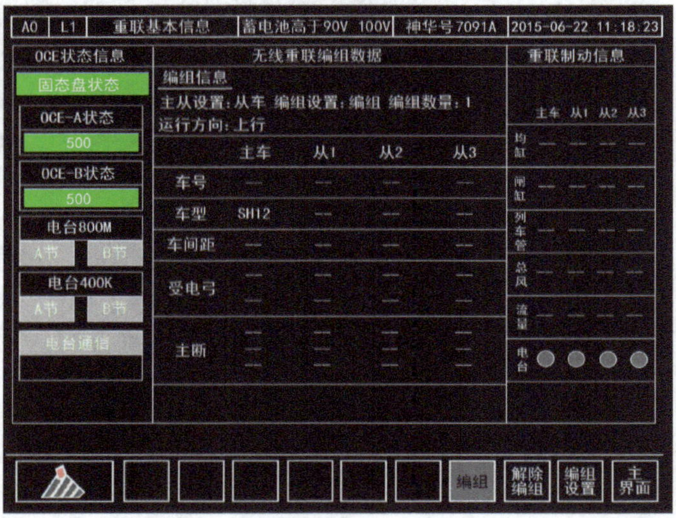

图 6-65　从控机车无线重联编组完成等待主控机车无线重联编组时的重联基本信息界面

(2)主控机车无线重联编组设置

从控机车完成无线重联编组设置后，主控机车才能进行无线重联编组设置。

①闭合机车电钥匙。

②操纵节机车重联转换开关置“重联”位。

③在微机显示屏进行无线重联编组参数设置。

基本同从控机车设置，只是将主从设置选为“主控”即可。编组参数设置完成，主控机车编组参数设置界面如图 6-66 所示。

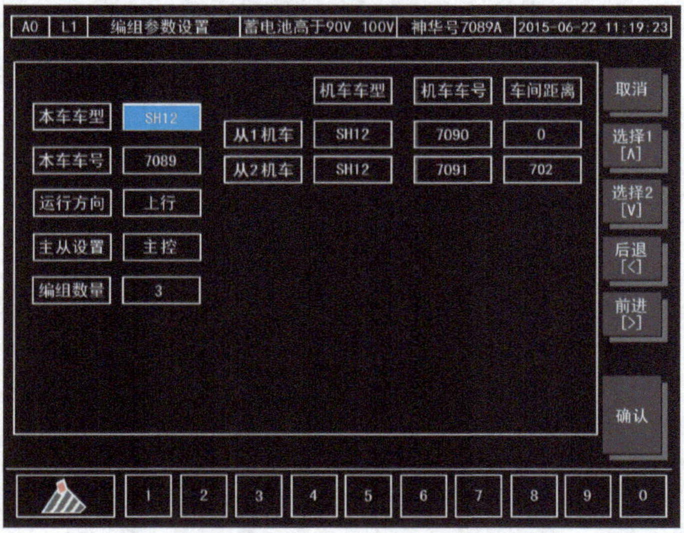

图 6-66　主控机车无线重联编组设置后的参数设置界面

④设置完成后，点击“确认(E)”键，进入“无线重联编组数据”界面，点击“编组”键，主控机车无线重联编组设置完成。

40. 解除机车无线重联编组的方法

(1)准备工作

在停车状态下，主控机车发出断开主断路器、降下受电弓指令，待机车主断路器断开、受电弓全部降下后，主控机车先解除无线重联编组，从控机车后解除无线重联编组。

(2)主控机车解除无线重联编组

①在微机显示屏主界面，点击“无线重联”键，进入“无线重联数据”界面，点击“解除编组”键解除无线重联编组。

主控机车解除无线重联编组后“无线重联数据”界面的变化如图 6-67 所示：

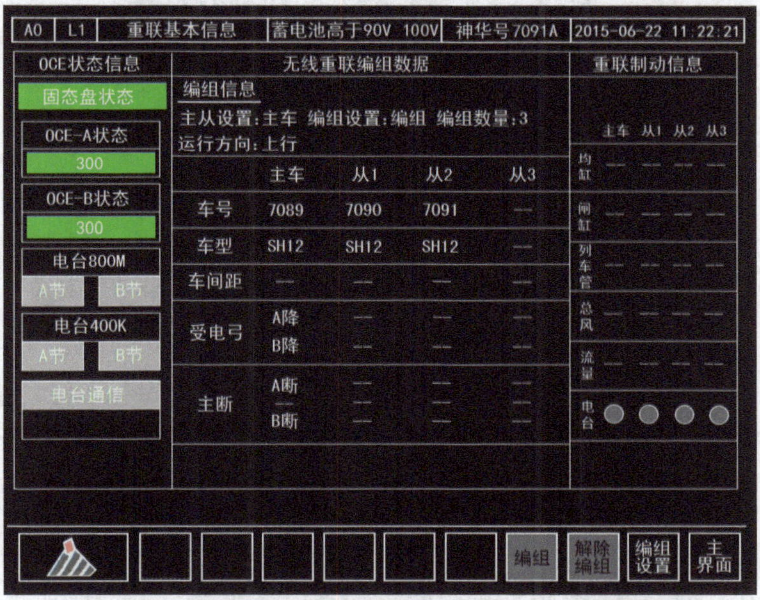

图 6-67 解除无线重联编组后主控机车重联基本信息界面

a. OCE-A 状态号、OCE-B 的状态号由 1001 变为 300。

b. 电台 A 节 800 M、B 节 800 M、A 节 400 K、B 节 400 K 均变为灰色。

c. “解除编组”底色由黑色变为灰色。

②将司机室机车重联转换开关置“0”位。

(3)从控机车解除无线重联编组

①在微机显示屏主界面，点击“无线重联”键，进入“无线重联数据”界面，确认主控机车解除无线重联编组[电台 A 节 800 M、B 节 800 M、A 节 400 K、B 节 400 K 均变为红色，但 OCE-A 状态号、OCE-B 的状态号还是 1 000(图 6-68)，表明主控机车已解除无线重联编组但从控机车仍未解除无线重联编组]。

②点击“解除编组”键，解除无线重联编组。

从控机车解除无线重联编组后“无线重联数据”界面的变化：

a. OCE-A 状态号、OCE-B 的状态号由 1 000 变为 300。

b. 电台 A 节 800 M、B 节 800 M、A 节 400 K、B 节 400 K 均变为灰色。
c. “解除编组”底色由黑色变为灰色。
③将司机室机车重联转换开关置“0”位。

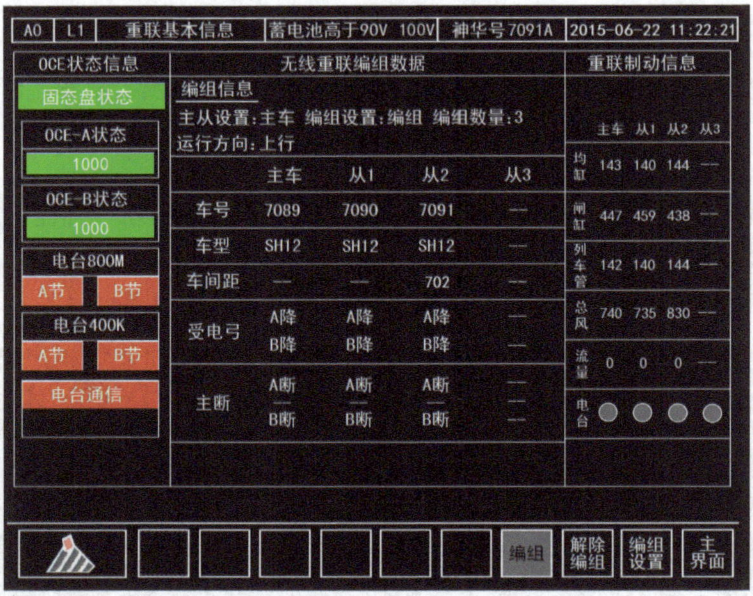

图 6-68 主控机车解除无线重联编组后从控机车重联基本信息界面

41. 制动显示屏“机车编号、时间日期”的设置方法

在制动显示屏主界面点击“显示信息”键，进入显示信息界面，如图 6-69 所示。

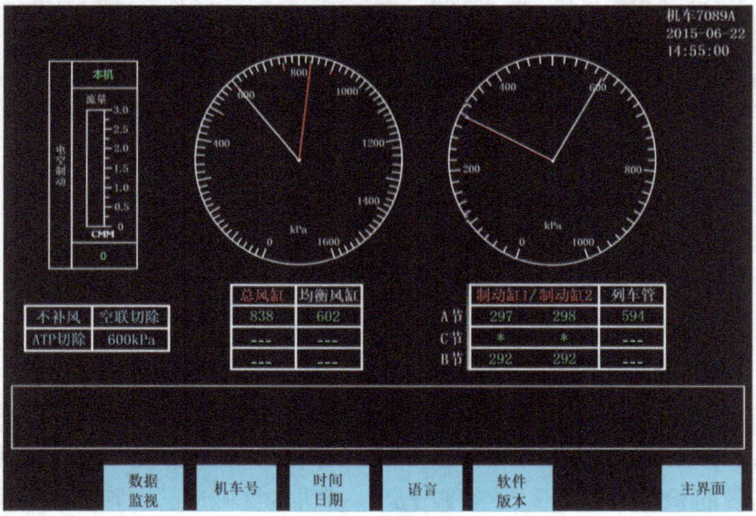

图 6-69 制动显示屏显示信息界面

(1)机车编号设置

在“显示信息”界面点击“机车号”键，进入“设置机车号”界面(图 6-70)，通过左移、右移、

递增、递减设置5位机车编号，设置好机车号后，点击“确定”键，设置的机车号即显示在主界面的右上方。

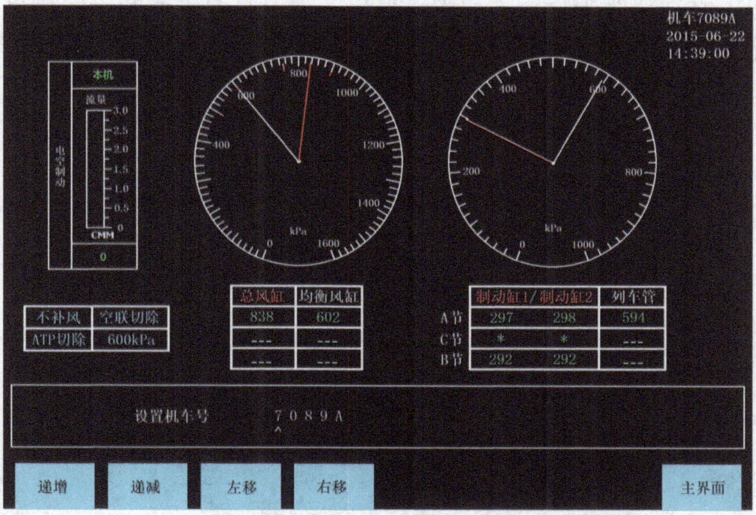

图6-70 制动显示屏设置机车号界面

(2)时间日期设置

在“显示信息”界面点击“时间日期”键，进入“设置时间/日期”界面(图6-71)，通过左移、右移、递增、递减键设置好时间日期后，按压“确定”键，设置的时间日期即显示在主界面的右上角。

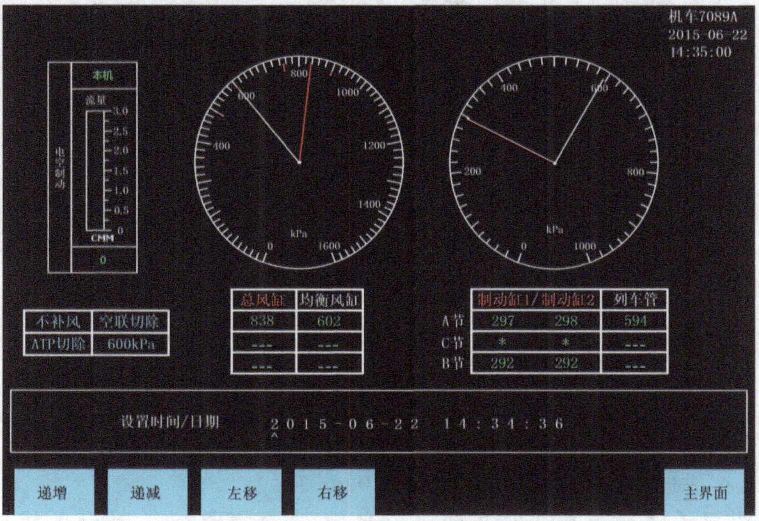

图6-71 制动显示屏设置时间/日期界面

42. 神华八轴交流电力机车走廊巡视时机

(1)始发列车待列车运行监控记录装置设定完毕至开车前，学习司机进行一次走廊巡视。

(2)列车站内停车超过10 min，走行部检查完毕后，学习司机进行一次走廊巡视。

(3)机车发生故障时,立即进行走廊巡视。

(4)机械间出现异音、异味、防火监视系统发出火灾报警时,应进行走廊巡视。

(5)运途行中,交流机车乘务员须利用视频装置密切监控机械间及非操纵节司机室状态,并须利用微机显示屏随时检查主变压器冷却油温度、主变流器冷却水温度,时刻注意各仪表显示。发现异常时,立即进行走廊巡视。

(6)视频监控装置不能正常工作,每隔 3～4 个区间应进行一次走廊巡视。

43. 运行途中利用微机显示屏判定调速手柄在“0”位的方法

(1)微机显示屏级位框显示“大零位”,如图 6-72 所示。

(2)微机显示屏牵引框显示“牵引禁止”标识,如图 6-72 所示。

(3)微机显示屏主界面牵引力给定指示箭头内显示灰底色白+,如图 6-72 所示。

(4)牵引力/制动力输出值(数字)为白色。

图 6-72　调速手柄“0”位微机显示屏显示

44. 查询、确认当前故障时的操作方法

(1)当微机显示屏故障信息区有闪红时,点击微机显示屏右上角“事件查询”键[图 6-73(a)],进入“当前故障”界面,如图 6-73(b)所示。

(2)点击微机显示屏左下方机车 A 或机车 B 键,选择需要查询、确认的机车。

(3)通过微机显示屏右边“上键”或“下键”,将光标移至需要查询确认的故障信息。

(4)点击微机显示屏右上角“信息查询”键[图 6-73(a)],进入事件及诊断信息界面,查询、确认处理提示。

(5)若同时显示多条故障信息时,应点击微机显示屏右上角“返回”键返回“当前故障”界面,再按上述(3)(4)的方法逐条进行查询、确认。

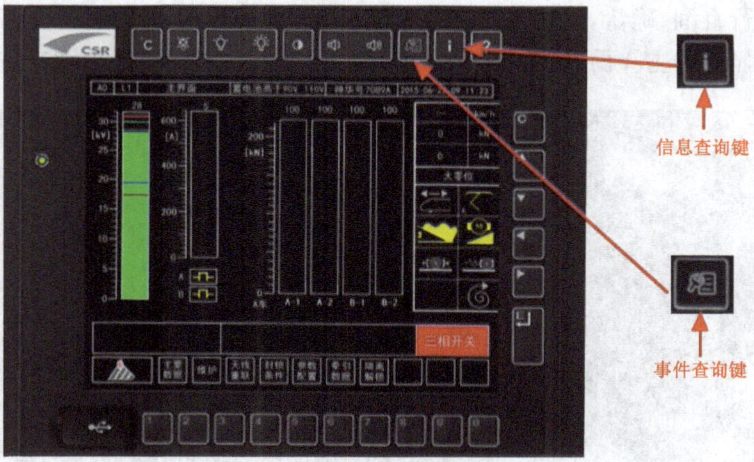

a　微机显示屏主界面“事件查询”“信息查询”键设置位置

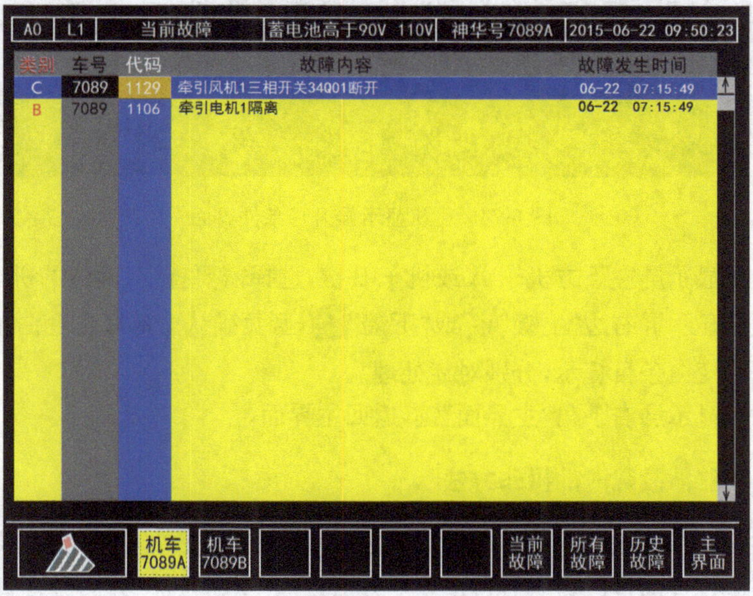

b　当前故障界面

图 6-73　进入“当前故障界面”

(6)当所有故障查询及确认完毕后，微机显示屏故障信息区不再闪红，只显示当前故障类别最高的故障，当再有新的故障发生时，无论故障类别高低，均以闪红进行显示，提示司机机车出现新的故障，提醒司机及时进行查询、确认及处理。

注意：

①一般性故障处理完毕时，相应故障即会自动消除。

②机车发生受电弓故障、高压隔离开关等故障，处理完毕后故障可能不会自动消除，故需进行按压微机复位按钮复位及隔离解锁操作，故障才能消除。

45. 查询受电弓故障时的操作方法

受电弓故障时，若微机显示屏故障信息区有故障显示，先按本章第 44 条“查询、确认当前故障的方法”进行查询、确认，然后再按以下方法进入“升弓条件”界面进行查询：

(1)在微机显示屏主界面，点击“封锁条件”键，进入“升弓条件”界面，如图 6-74。

图 6-74　微机显示屏升弓条件界面

(2)点击微机显示屏左下方机车 A 或机车 B 键，选择需要查询、确认的机车。

(3)点击微机显示屏右边“上键”▲或“下键”▼，翻页确认全部底色变白条目。

(4)根据底色变白条目提示，分别对症处理。

(5)点击微机显示屏右下角“主界面”键，返回主界面。

46. 查询主断路器故障时的操作方法

主断路器故障时，若微机显示屏故障信息区有故障显示，先按本章第 44 条 “查询、确认当前故障的方法”进行查询、确认，然后再按以下方法进入“主断条件”界面进行查询：

(1)在微机显示屏主界面，点击“封锁条件”键，进入“升弓条件”界面，再点击“主断条件”键，进入“主断条件”界面，如图 6-75 所示。

(2)点击微机显示屏左下方机车 A 或机车 B 键，选择需要查询、确认的机车。

(3)点击微机显示屏右边“上键”▲或“下键”▼，翻页确认全部底色变白条目。

(4)根据底色变白条目提示，分别对症处理。

(5)点击微机显示屏右下角“主界面”键，返回主界面。

47. 查询机车牵引力不能正常发挥时的操作方法

调速手柄进入牵引区，机车牵引力不能正常发挥时，若故障信息显示区有故障显示，则先按本章第 44 条 “查询、确认当前故障的方法”进行查询、确认，然后再按以下方法进入“牵引条件”界面进行查询：

图 6-75 微机显示屏主断条件界面

(1)在微机显示屏主界面，点击“封锁条件”键，进入“升弓条件”界面，再点击“牵引条件”键，进入“牵引条件”界面，如图 6-76 所示。

图 6-76 微机显示屏牵引条件界面

(2)点击微机显示屏左下方机车 A 或机车 B 键，选择需要查询、确认的机车。

(3)点击微机显示屏右边“上键”或“下键”，翻页确认全部底色变白条目。

(4)根据底色变白条目提示，分别对症处理。

(5)点击微机显示屏右下角“主界面”键，返回主界面。

48. 确认机车故障类别时的操作方法

机车故障后，立即进入微机显示屏“当前故障”界面，如图 6-77 所示，以确认机车故障类别：

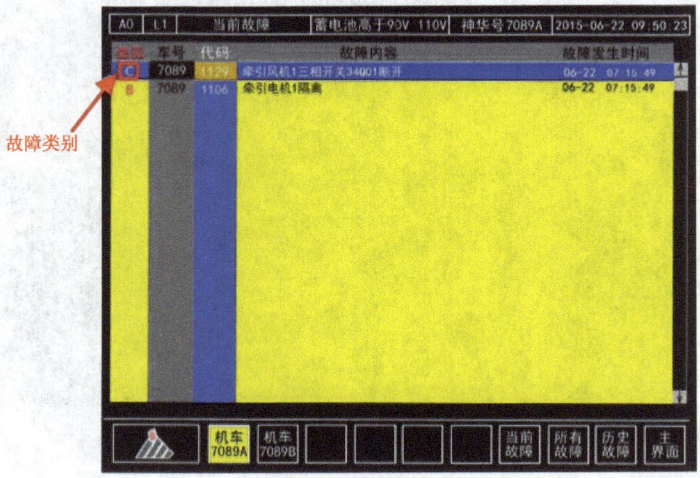

图 6-77　微机显示屏当前故障界面

(1)A 类

表明故障需机车乘务员高度重视并及时进行处理。否则，可能会造成机车无法正常运行。

(2)B 类

表明故障需机车乘务员注意。若处理不及时可能影响机车部分功能，并可能升级为 A 类故障。

(3)C 类

表明故障为轻微故障，暂不影响机车的正常运行，可由机车乘务员延迟进行处理。

49. 确认受电弓工作状态的方法

(1)通过目视确认

受电弓扳键开关置“升”位 2 s 后，正常情况下，目视非操纵节受电弓升起；若非操纵节受电弓被切除，则目视操纵节受电弓升起。

(2)通过视频显示屏确认

将视频显示屏显示调整到应升起受电弓，受电弓扳键开关置“升”位 2 s 后，目视视频显示屏，确认受电弓是否升起；

(3)通过微机显示屏确认

①主界面

受电弓扳键开关置“升”位 2 s 后，正常情况下，在微机显示屏主界面确认受电弓框(图 6-78)显示非操纵节受电弓升起标识；若非操纵节受电弓被切除，则确认受电弓框显示操纵节受电弓升起标识。此时，微机显示屏应显示正常的接触网电压。

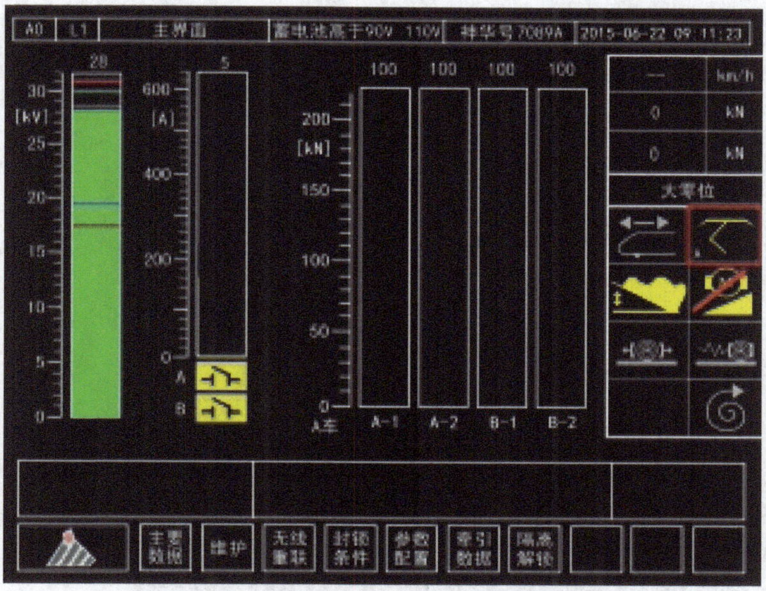

图 6-78　微机显示屏主界面受电弓框

注:受电弓标识含义

a. 受电弓标识显示:正常情况下表明受电弓处于升弓状态(其实际表明受电弓气囊风压已达到受电弓升起时的规定风压,并不表明受电弓已处于升弓状态。如天气严寒造成受电弓冻住,即会出现受电弓标识显示,但受电弓实际并未升起的现象)。

b. 受电弓标识显示:表明受电弓处于降弓状态。

c. 受电弓标识显示:表明受电弓处于降弓、锁定状态。

②机车配置界面

受电弓扳键开关置“升”位 2 s 后,进入微机显示屏“机车配置”界面,显示黑底色红色受电弓标识:表明受电弓处于升弓状态;显示黑底色灰色受电弓标识:表明受电弓处于降弓状态。

③状态信息界面

受电弓扳键开关在“升”位 2 s 后,进入微机显示屏“状态信息”界面,受电弓框显示黑底色、灰色文字“升起”:表明受电弓处于升弓状态;受电弓框显示黑底色,灰色文字“降下”:表明受电弓处于降弓状态。

(4)通过智能总线显示屏确认(神朔机务段暂时切除此项功能)

在智能总线显示屏“机车智能总线设备数据显示”界面,显示绿色圆点:表明受电弓处于升弓状态;显示灰色圆点:表明受电弓处于降弓状态。

50. 确认主断路器状态的方法

(1)通过微机显示屏确认

在微机显示屏主界面(图 6-79)、机车配置界面(图 6-80)、状态信息界面(图 6-81)进行确认:

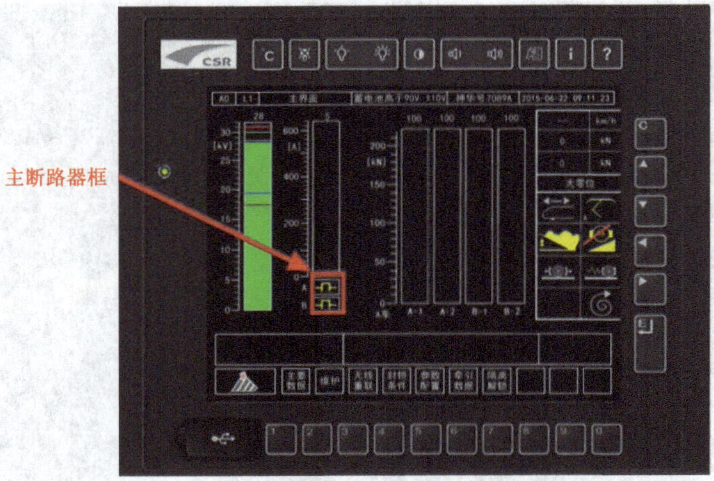

图 6-79 微机显示屏主界面主断路器框

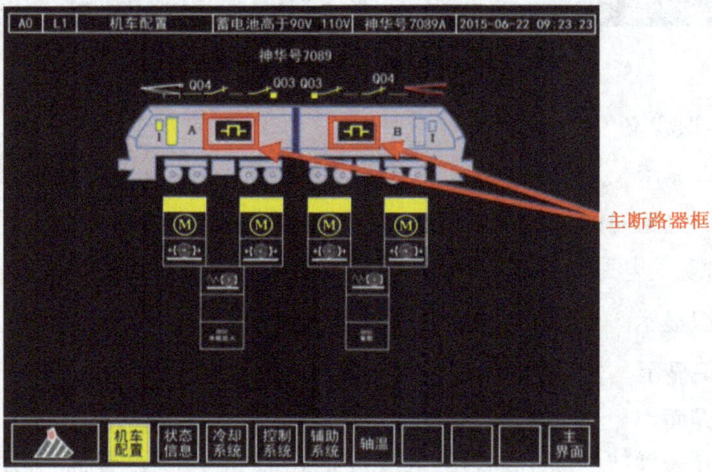

图 6-80 微机显示屏机车配置界面主断路器框

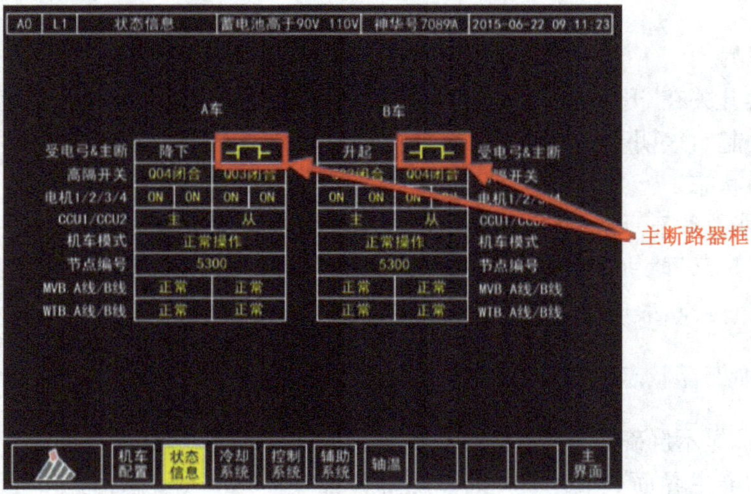

图 6-81 微机显示屏状态信息界面主断路器框

①主断路器断开状态

主断路器框显示标识：表明主断路器处于“断开、且不具备闭合条件”状态。此时，若将主断路器扳键开关置“合”位，主断路器无法闭合。

主断路器框显示标识：表明主断路器处于“断开、但已具备闭合条件”状态，此时，若将主断路器扳键开关置“合”位，主断路器即可闭合。

②主断路器闭合状态

主断路器框显示标识：表明主断路器已处于闭合状态。

③主断路器锁定状态

主断路器框显示标识：表明主断路器处于“断开且已被锁死”状态。

(2)通过智能总线显示屏确认(神朔机务段暂时切除此项功能)

在智能总线显示屏“机车智能总线设备数据显示”界面，主断路器框显示绿色圆点：表明主断路器处于闭合状态；主断路器框显示灰色圆点：表明主断路器处于断开状态。

51. 确认机车运行方向的方法

(1)根据换向手柄位置进行确认

①换向手柄“向前”位：表明机车运行方向向前。

②换向手柄“向后”位：表明机车运行方向向后。

③换向手柄“0”位：表明机车运行方向不明。

(2)根据微机显示屏机车运行方向框进行确认

①机车运行方向框显示标识：表明机车运行方向向前。

②机车运行方向框显示标识：表明机车运行方向向后。

③机车运行方向框显示标识：表明机车运行方向不明。

(3)根据智能总线显示屏进行确认(神朔机务段暂时切除此项功能)

①机车运行方向框向前显示绿色圆点：表明机车运行方向向前。

②机车运行方向框向后显示绿色圆点：表明机车运行方向向后。

③机车运行方向框向前、向后均显示灰色圆点：表明机车运行方向不明。

52. 确认高压隔离开关状态的方法

(1)通过目视确认

进入机械间，确认高压隔离开关的状态，鞲鞴杆伸出为高压隔离开关在断开状态(图 6-82)；鞲鞴杆未伸出为高压隔离开关在闭合状态(图 6-83)。

(2)通过微机显示屏确认

①机车配置界面(图 6-84)

进入微机显示屏“机车配置”界面，若高压隔离开关显示黑底色、黄色高压隔离开关闭合标识：表明高压隔离开关处于闭合状态；若高压隔离开关显示黑底色、灰色高压隔离开关断开标识：表明高压隔离开关处于断开状态。

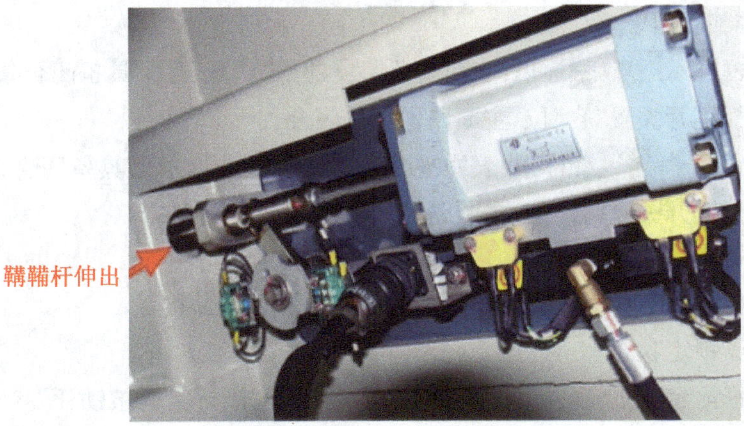

图 6-82　高压隔离开关断开状态

图 6-83　高压隔离开关闭合状态

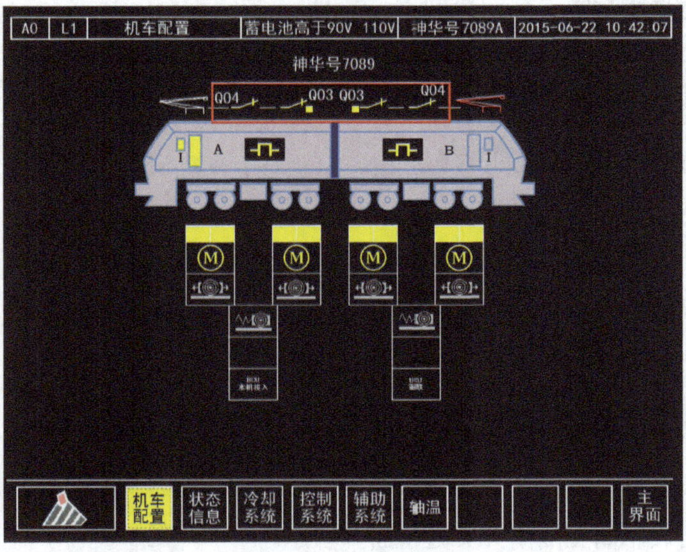

图 6-84　微机显示屏机车配置界面高压隔离开关显示

②状态信息界面(图 6-85)

进入微机显示屏“状态信息”界面，若高压隔离开关框显示黑底色、黄色文字“闭合”：表明高压隔离开关处于闭合状态；若高压隔离开关框显示红底色、黄色文字“断开”：表明高压隔离开关处于断开状态。

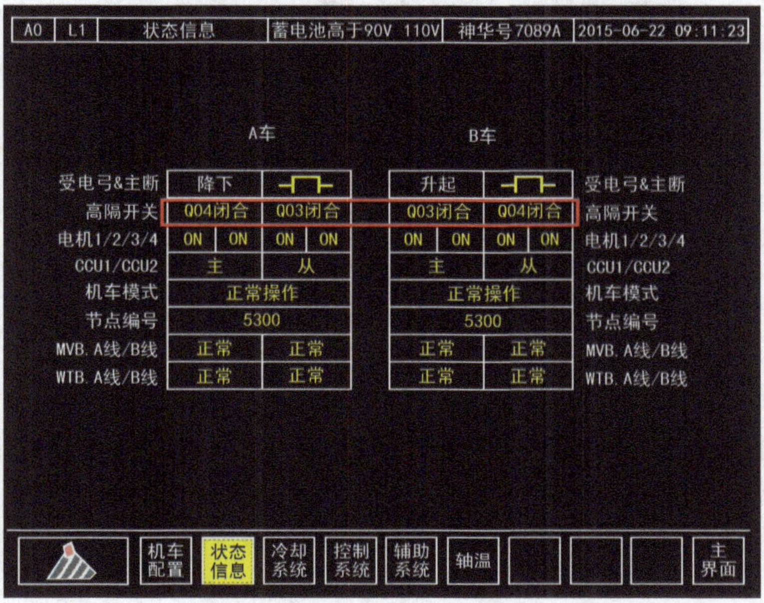

图 6-85 微机显示屏状态信息界面高压隔离开关显示

53. 确认机车空气制动状态的方法

(1)查看司机台制动缸压力表(图 6-86)，可以确认本节机车两转向架制动缸风压。某架制动缸风压为 0，表明该转向架空气制动处于缓解状态。

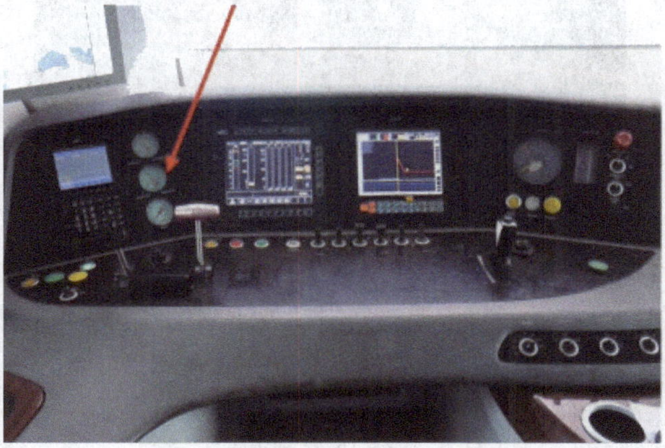

图 6-86 司机台制动缸压力表设置位置

(2)通过查看微机显示屏“机车配置”界面空气制动标识(图 6-87)，确认该台机车四个转向架空气制动状态。

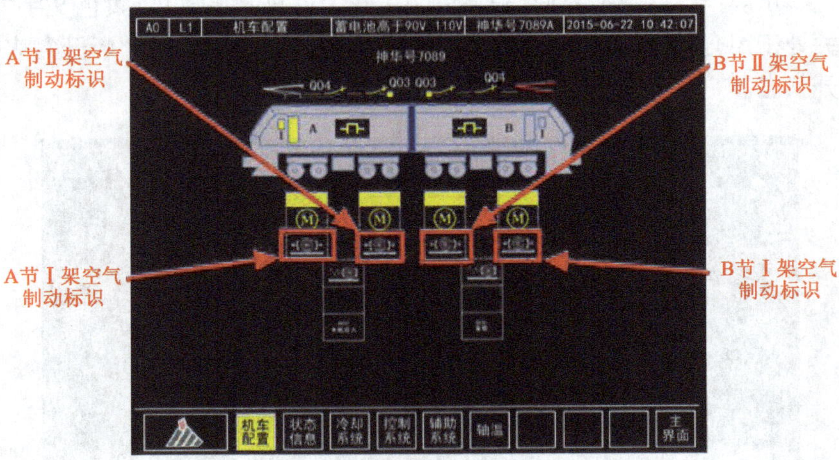

图 6-87　机车配置界面空气制动标识设置位置

空气制动框显示：表明该转向架空气制动处于制动状态；空气制动框显示：表明该转向架空气制动处于缓解状态。

(3)通过查看制动显示屏该台机车四个转向架制动缸风压值(图 6-88)，确认空气制动状态。

某架制动缸风压为 0 kPa，表明该转向架空气制动处于缓解状态。

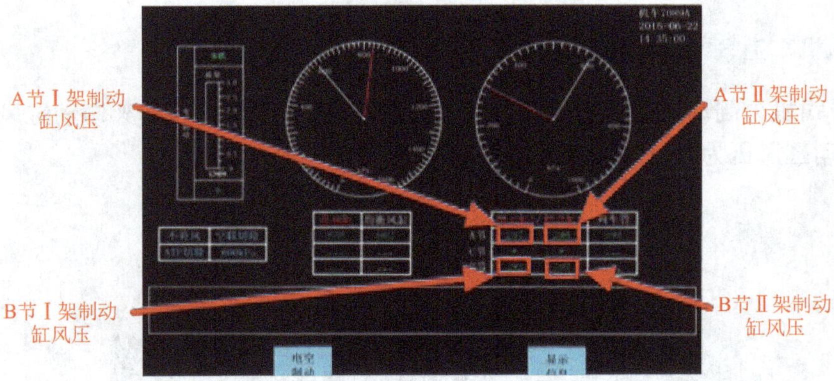

图 6-88　制动显示屏转向架制动缸风压显示

(4)通过查看空气制动指示器(图 6-89)，确认转向架空气制动状态。

空气制动指示器显示红色：表明该架空气制动处于制动状态；空气制动指示器显示绿色：表明该架空气制动处于缓解状态。

(5)在停放制动缓解状态下，活动闸片确认某轮空气制动状态。

闸片可动：表明该轮空气制动处于缓解状态；闸片不可动：表明该轮空气制动处于制动状态。

图 6-89　空气制动指示器设置位置

54. 确认重联阀 93 本/补转换阀位置的方法

(1)在制动柜目视,直接确认重联阀 93 本/补转换阀的位置。

箭头朝上:机车重联阀 93 本补转换阀在"本机"位(图 6-90);箭头朝下:机车重联阀 93 本补转换阀在"补机"位(图 6-91)。

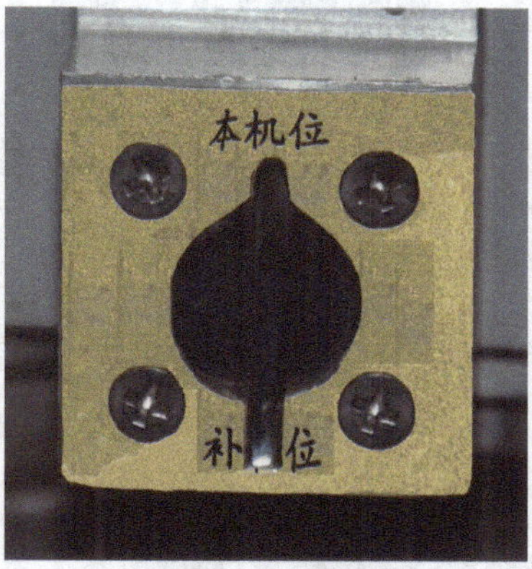

图 6-90　机车重联阀本机位

图 6-91　机车重联阀补机位

(2)通过查看制动显示屏流量计上方文字,确认本节重联阀 93 本/补转换阀位置。

补机:表示本节重联阀 93 本/补转换阀在补机位;本机:表示本节重联阀 93 本/补转换阀在本机位。

(3)通过查看微机显示屏"机车配置"界面确认重联阀 93 本补转换阀位置。

BCU 本机投入:表示本节机车重联阀 93 本/补转换阀在本机位;BCU 重联:表示本节机车重联阀 93 本/补转换阀在补机位。

(4)通过制动柜制动控制单元 BCU 数码管显示,确认重联阀 93 本/补转换阀的位置。

BCU 数码管显示"bCU":表明本节机车重联阀 93 本/补转换阀在本机位;BCU 数码管显示"bcu":表示本节机车重联阀 93 本/补转换阀在补机位。

55. 确认辅助电路三相自动开关位置的方法

以牵引风机 1 三相自动开关=34-Q01 为例。

(1)通过目视确认

进入机械间，到低压电器柜前，确认牵引风机 1 三相自动开关＝34-Q11 位置(垂直状态为闭合位；水平状态为断开位，如图 6-92 所示)。

(2)通过微机显示屏确认

①主界面

微机显示屏故障信息区显示“三相开关”(图 6-93)，表明至少有一个自动开关处于断开位置。

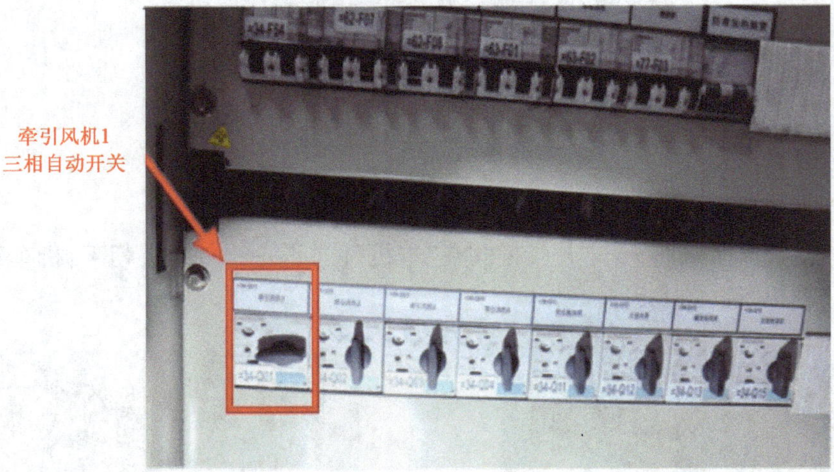

图 6-92　牵引风机 1 三相自动开关在断开位

②进入微机显示屏“辅助系统”界面，查看牵引风机 1 三相自动开关 34-Q01 标识(图 6-94)，若其显示绿色，表明牵引风机 1 三相自动开关处于闭合位；若其显示灰色，表明牵引风机 1 三相自动开关处于断开位。

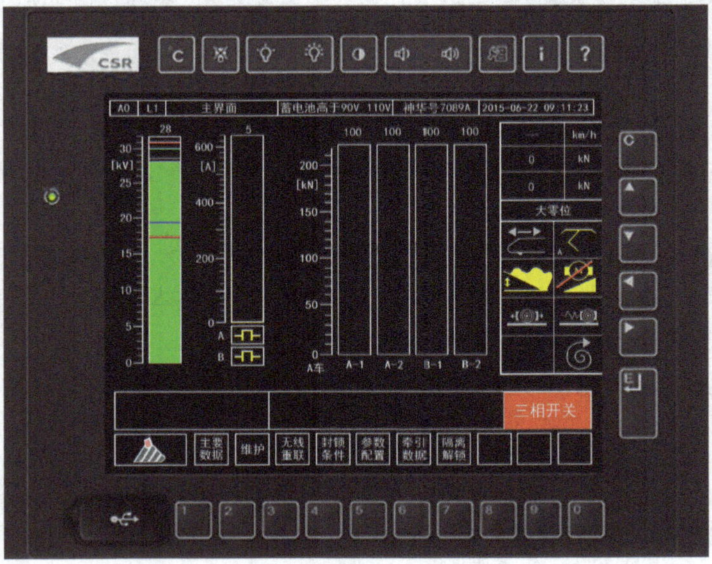

图 6-93　微机显示屏显示三相开关

③进入微机显示屏“当前故障”界面，显示“牵引风机1三相自动开关断开”(图6-95)，表明牵引风机1三相自动开关处于断开位置。

(3)根据牵引风机1三相自动开关断开，牵引电机1即无扭矩输出也可间接判定牵引风机1三相自动开关的位置。

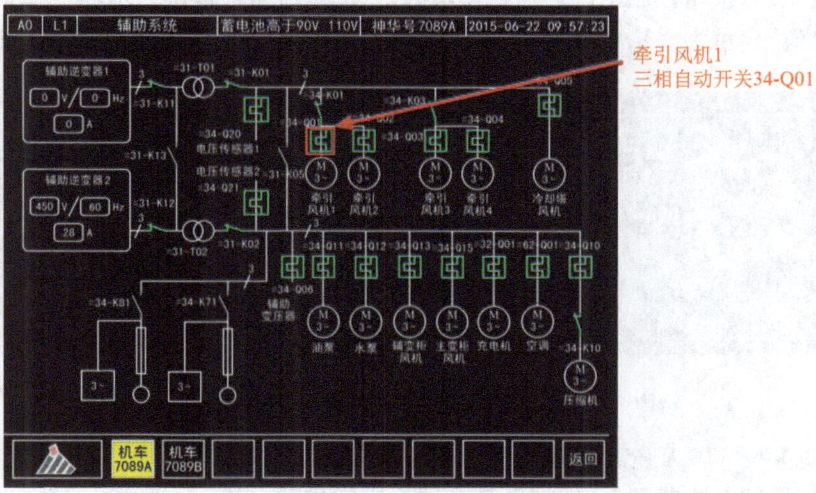

图6-94 微机显示屏辅助系统界面34-Q01标识

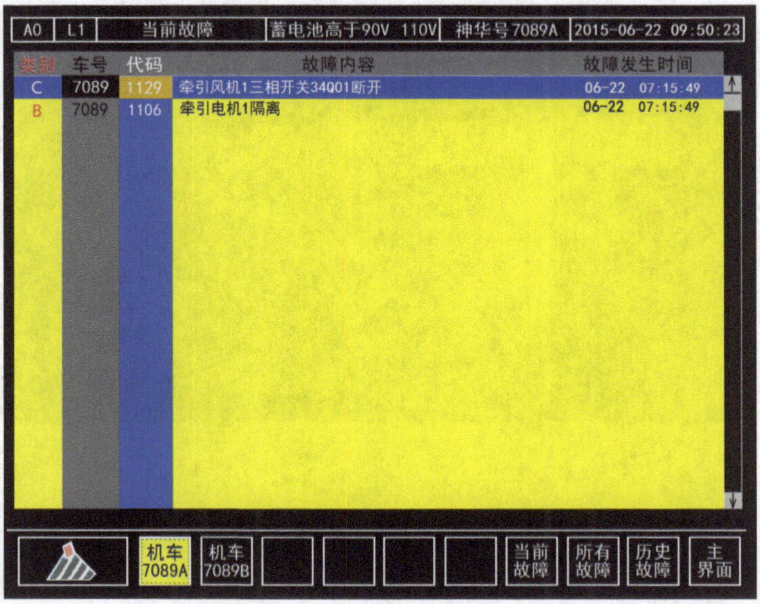

图6-95 34-Q01断开时微机显示屏当前故障界面显示

56. 确认控制电源工作状态方法

(1)蓄电池是否充电的确认方法

升起受电弓、闭合主断路器，待辅助变流器启动完成后：

①确认司机室控制电路电压表、智能总线显示屏"机车智能总线设备数据显示"界面，若其显示控制电压 103 V 以上，且逐步增加到 110 V，则表明蓄电池已处于充电状态。

②进入智能总线显示屏机车充电机数据显示界面，若充电机输出电压 103 V 以上，且充(放)电电流为正值，则表明蓄电池已处于充电状态(神朔机务段暂时切除此项功能)。

③进入机械间，按压控制电源柜监控模块"确认"键，若监控模块显示屏"输出电流"显示有输出、"电池电流"显示为 XXA(为正值，如图 6-96 所示)，则表明蓄电池已处于充电状态。

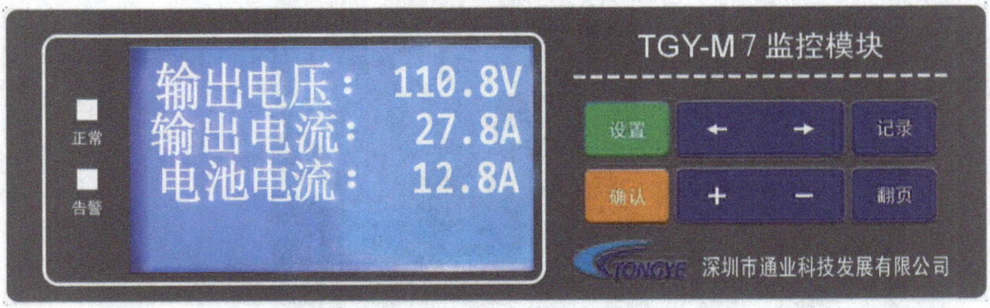

图 6-96　蓄电池处于充电状态时监控模块显示

(2)充电机某一 110 V 充电模块是否工作正常的确认方法

升起受电弓、闭合主断路器，待辅助变流器启动完成后：

确认该 110 V 充电模块的"控制电源"、"工作指示"灯，若其均亮(图 6-97)，则表明该模块工作正常。

图 6-97　110 V 充电模块的控制电源、工作指示灯

57. 确认无人警惕按钮、无人警惕脚踏开关作用的方法

在停车、换向手柄"向前"位、大闸手柄"运转"位，列车管风压在定压状态下：

(1)持续按压无人警惕按钮 120(180)s 后，微机显示屏显示黄底色、红色"警惕"及 20(10)s 倒计时(图 6-98)，且语音提示"无人警惕"，20(10)s 倒计时结束，机车产生惩罚制动，即可表明无人警惕按钮作用良好。

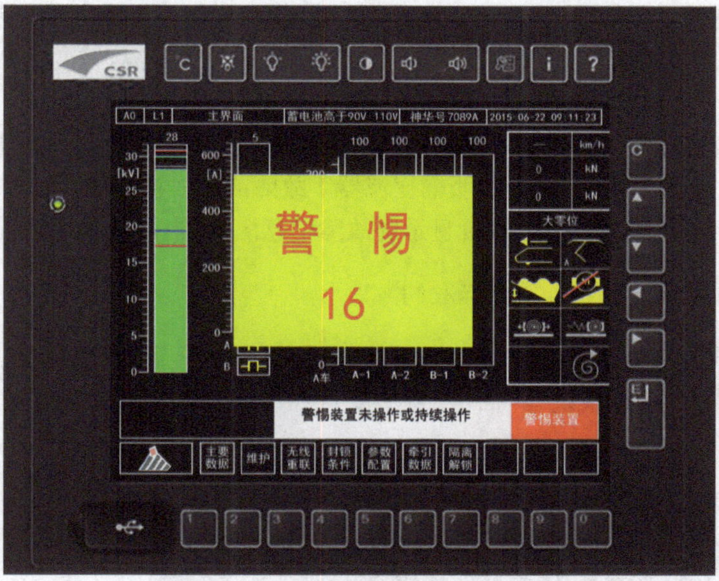

图 6-98　微机显示屏显示黄底色红色警惕

(2)持续踩下无人警惕脚踏开关 120(180)s 后，微机显示屏显示黄底色、红色“警惕”及 20(10)s 倒计时(图 6-98)，且语音提示“无人警惕”，20(10)s 倒计时结束，机车产生惩罚制动，即可表明无人警惕脚踏开关作用良好。

58. 确认辅变流器工作状态的方法

进入微机显示屏“辅助系统”界面(图 6-99)：

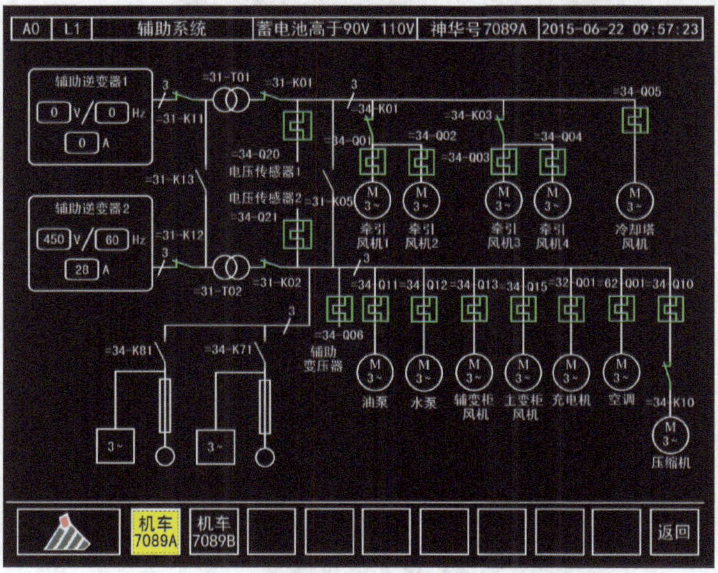

图 6-99　微机显示屏辅助系统界面

(1)若辅变流器 1 接触器=31-K11、辅变流器 2 接触器=31-K12 均显示绿色，即表明辅变流器均处在正常工作状态。

(2)若辅变流器1接触器=31-K11及辅变流器冗余接触器31-K13均显示绿色，辅变流器2接触器=31-K12显示灰色，即表明辅变流器2故障或因故被隔离，辅变流器1处在恒压恒频工作状态。

(3)若辅变流器2接触器=31-K12及辅变流器冗余接触器=31-K13均显示绿色，辅变流器1接触器=31-K11显示灰色，即表明辅变流器1故障或因故被隔离。

(4)若辅变流器故障或隔离在微机显示屏故障信息区及“当前故障”界面也会有所提示。

59. 确认膨胀水箱水位是否符合标准的方法

(1)在微机显示屏主界面点击“主要数据”键，进入“机车配置”界面，在机车配置界面点击“冷却系统”键，进入“冷却系统”界面，查看主变流器1冷却水温度、主变流器2冷却水温度(图6-100)。

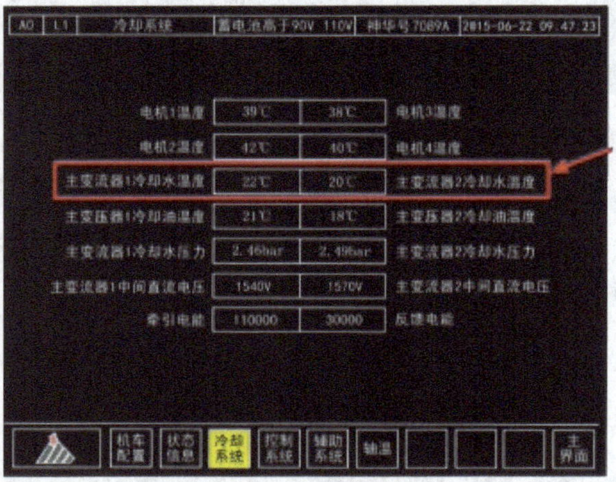

图6-100 冷却系统界面主变流器冷却水温度显示

(2)进入机械间，确认膨胀水箱水位计水位对应的温度(图6-101)。

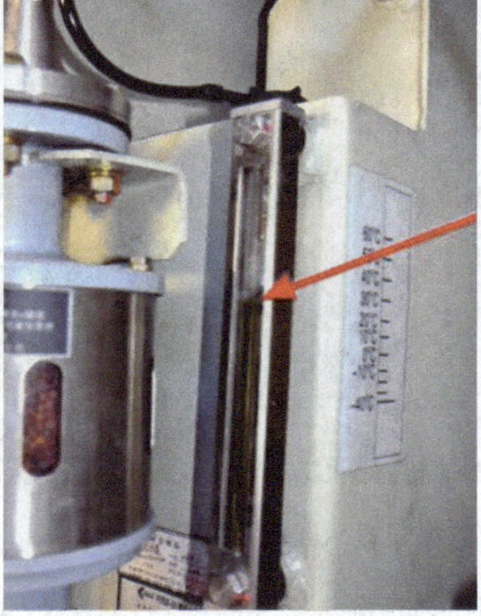

图6-101 膨胀水箱水位计水位对应温度

(3)若膨胀水箱水位计水位对应的温度高于微机显示屏显示的主变流器冷却水温度，则表明膨胀水箱水位符合标准；若膨胀水箱水位计水位对应的温度低于微机显示屏显示的主变流器冷却水温度，则表明膨胀水箱水位低于正常标准，应按规定进行报修。

60. 确认副油箱油位是否符合标准的方法

(1)在微机显示屏主界面点击“主要数据”键，进入“机车配置”界面，在机车配置界面点击“冷却系统”键，进入“冷却系统”界面，查看主变压器1冷却油温度、主变压器2冷却油温度显示，如图6-102所示。

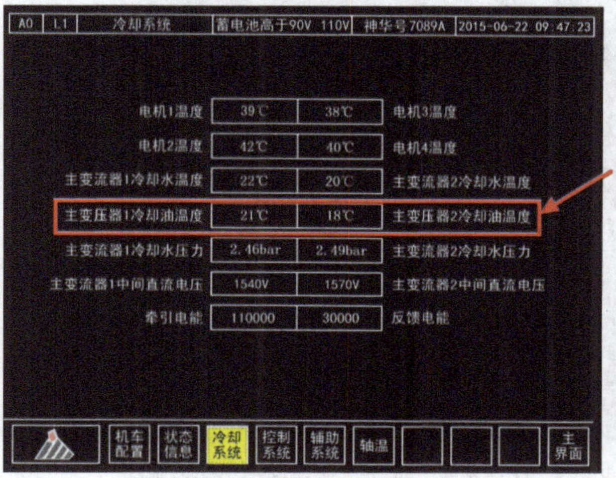

图6-102 冷却系统界面主变压器冷却油温度显示

(2)进入机械间，确认副油箱油位计油位对应的温度(图6-103)。

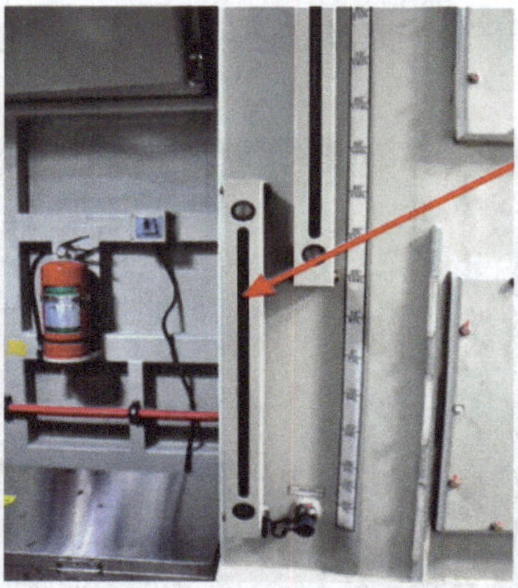

图6-103 副油箱油位计油位对应温度

(3)若副油箱油位计油位对应的温度高于微机显示屏显示的主变压器冷却油温度，则表明副油箱油位符合标准；若副油箱油位计油位对应的温度低于微机显示屏显示的主变压器冷却油温度，则表明副油箱油位低于正常标准，应按规定进行报修。

61. 确认主变流器冷却水压力是否符合标准的方法

在微机显示屏主界面点击“主要数据”键，进入“机车配置”界面，在机车配置界面点击“冷却系统”键，进入“冷却系统”界面，确认主变流器冷却水压力显示，如图 6-104 所示，若主变流器冷却水压力在 2.3～3.3 bar(1 bar=100 kPa)之间，且在本班牵引运行区段主变流器冷却水压力下降不超过 0.2 bar，则说明主变流器冷却水压力符合标准；若不满足以上任何一项，则说明主变流器冷却水压力不符合标准，应按规定维持运行回段报修。

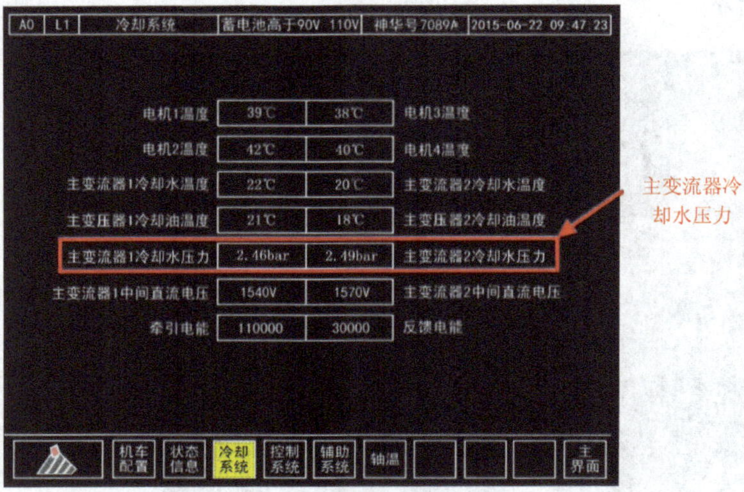

图 6-104　冷却系统界面主变流器冷却水压力显示

62. 确认布赫继电器动作的方法

运行途中，若微机显示屏主界面故障信息区显示“主变压器”(图 6-105)，微机显示屏“主断条件”界面的“主断环硬件回路断开”及“布赫继电器保护”条目底色变为白色(图 6-106)，即可确认布赫继电器动作。

图 6-105　布赫继电器动作微机显示屏主界面显示

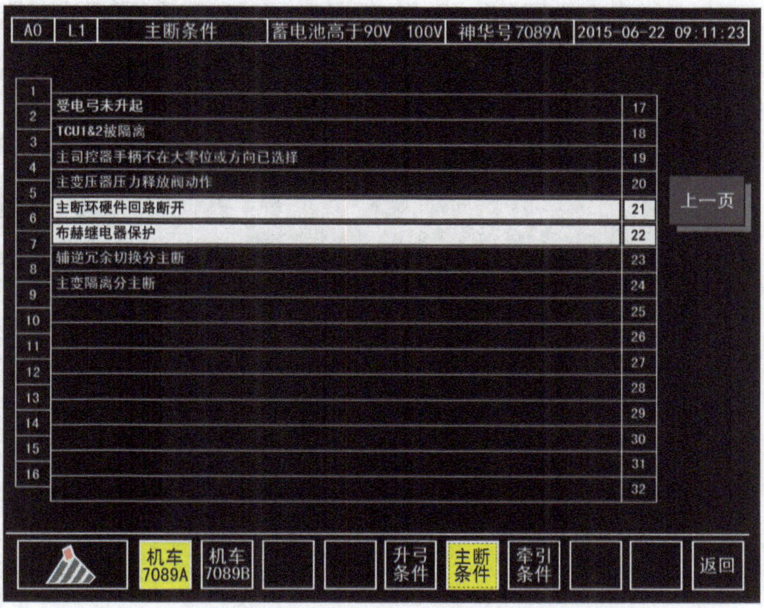

图 6-106 布赫继电器动作主断条件界面显示

63. 确认牵引电机工作状态的方法

(1)微机显示屏故障信息区显示“牵引电机”(图 6-107):表明至少有一台牵引电机故障或被切除。

(2)微机显示屏“机车配置”界面,牵引电机框内显示黄底色:表明牵引电机在正常工作状态;牵引电机框内显示红底色(图 6-108):表明牵引电机故障或已被切除。

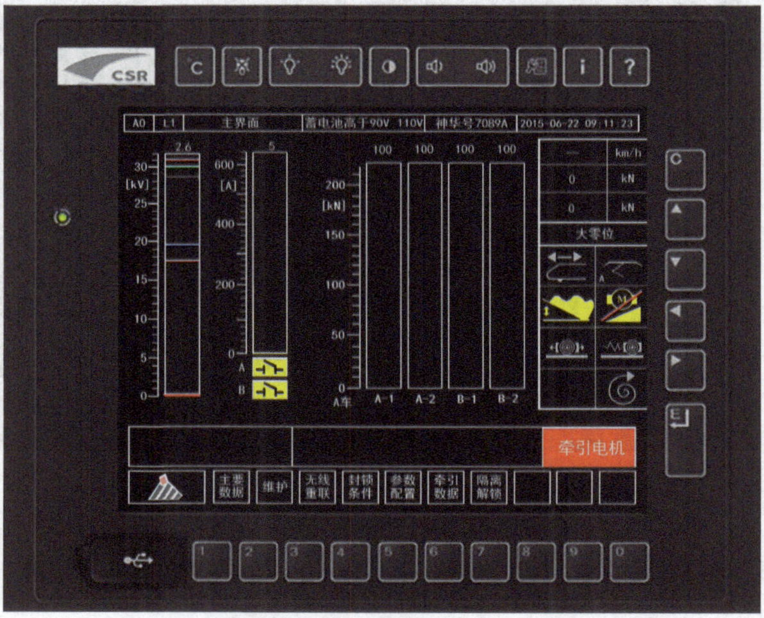

图 6-107 牵引电机切除微机显示屏故障信息区显示

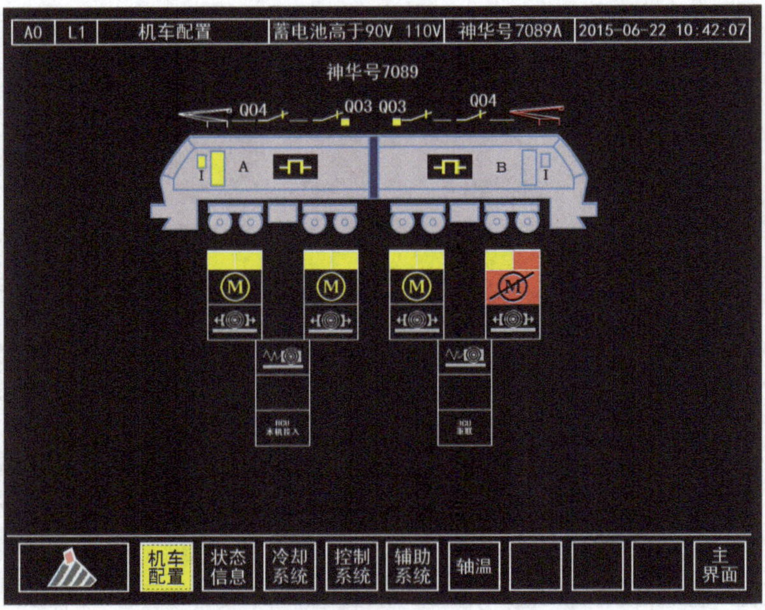

图 6-108　B 节牵引电机 1 切除机车配置界面显示

(3)微机显示屏“状态信息”界面，牵引电机框内显示黄色 ON：表明牵引电机在正常工作状态；牵引电机框内显示红色 OFF(图 6-109)：表明牵引电机故障或已被切除。

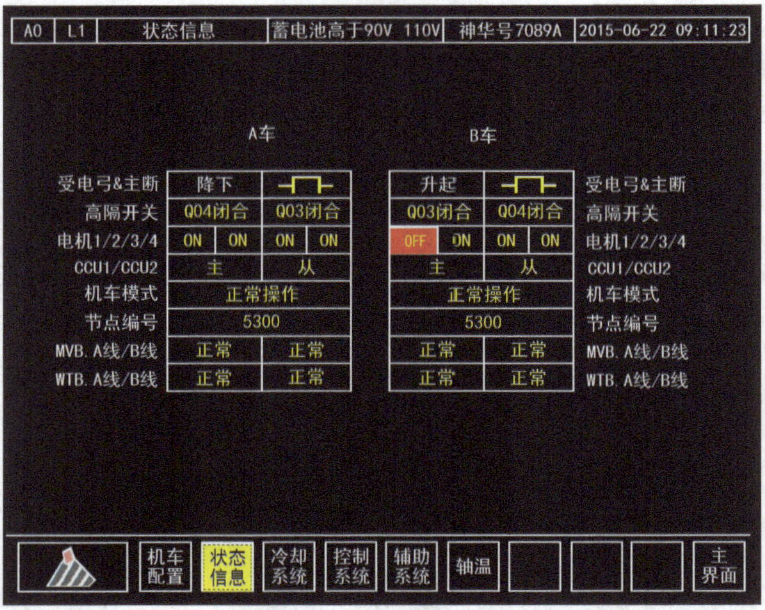

图 6-109　B 节牵引电机 1 切除状态信息界面显示

(4)微机显示屏“当前故障”界面，提示“牵引电机故障”或“牵引电机隔离”，表明牵引电机故障或隔离。

(5)微机显示屏主界面某架牵引力显示仅有其他架 1/2：表明该架有一台牵引电机故障或

被切除。

(6)微机显示屏“牵引数据”界面某台牵引电机无牵引力输出：表明该台牵引电机故障或被切除。

64. 确认主压缩机工作状态的方法

(1)目视、耳听：

进入机械间目视、耳听，确认主压缩机是否处于工作状态。

(2)通过微机显示屏确认：

进入微机显示屏“辅助系统”界面，查看主压缩机接触器=34-K10标识(图6-110)，若其显示绿色，表明其对应的主压缩机处于工作状态；若其显示灰色，表明其对应的主压缩机处于停止工作状态。

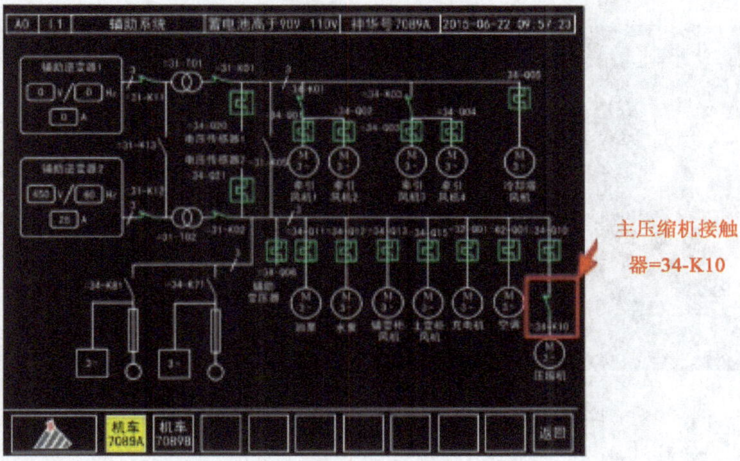

图6-110　辅助系统界面主压缩机接触器标识

(3)结合大闸手柄位置及总风风压的变化也可间接判定主压缩机的工作状态。

65. 确认空气干燥器湿度指示器状态方法

进入机械间，在空气干燥器处查看干燥器湿度指示器颜色，湿度指示器不同颜色表明空气干燥器的不同干燥效果。湿度指示器显示蓝色(图6-111)，表明空气干燥器的干燥功能正常；湿度指示器显示粉红色，表明空气干燥器的干燥功能处于边界状态，应更换干燥剂；湿度指示器显示白色，表明空气干燥器需要进行维护，且需更换湿度指示器。

66. 确认主压缩机空气滤清器需要更换滤芯的方法

进入机械间，在主压缩机处查看空气滤清器清洁指示器(图6-112)，若其显示红色，则按下恢复按钮，空气滤清器清洁指示器红色显示消失，待该主压缩机投入工作时，若空气滤清器清洁指示器再次显示红色，即确定该主压缩机空气滤清器需要更换滤芯。

图 6-111 干燥器湿度指示器显示蓝色

图 6-112 空气滤清器清洁指示器设置位置

67. 确认空气干燥器储气罐(风缸)电动排水阀工作正常的方法

在空气干燥器储气罐(风缸)电动排水阀投入工作后(空气干燥器风缸上标注为“干燥器储气罐”的空气干燥器,其电动排水阀在闭合“蓄电池”自动开关后即投入工作;而空气干燥器风缸上标注为“干燥器风缸”的空气干燥器,其电动排水阀在主压缩机工作时才投入工作),按以下方法进行确认:

(1)自动

观察电动排水阀 ON 灯、OFF 灯(图 6-113),若其能够交替显示,即可确定干燥器储气罐(风缸)电动排水阀工作正常。

(2)手动

在电动排水阀 OFF 灯亮时,按压电动排水阀测试按钮 TEST(图 6-113)后,OFF 灯灭,ON 灯亮,即可确定干燥器储气罐(风缸)电动排水阀工作正常。

68. 车轴监测装置报警后的确认方法

运行途中神华八轴交流机车车轴监测装置报警后,机车乘务员应立即进入智能总线显示屏进行查询,其轴温数据显示界面故障位置对应的指示灯会由绿色变为红色(其中轴承Ⅰ级报警、齿轮Ⅰ级报警以及踏面Ⅰ级报警由绿色变为黄色)，且该报警信息被锁定。此时，乘务员需按压轴温数据显示界面左下方的“故障信息确认清除”键，以清除被锁定的故障报警信息，故障报警信息清除后，车轴监测装置会重新进行检测。若前报警指示灯在按压“故障信息确认清除”键后，不再变红，则说明是因线路不平整等外部原因引起的偶发性故障，可以忽略；若在机车运行过程中，多次按压“故障信息确认清除”键，同一位置的报警指示灯仍然变红，则可确定该车轴监测装置的故障报警信息准确，需要机车乘务员及时对症进行处理。

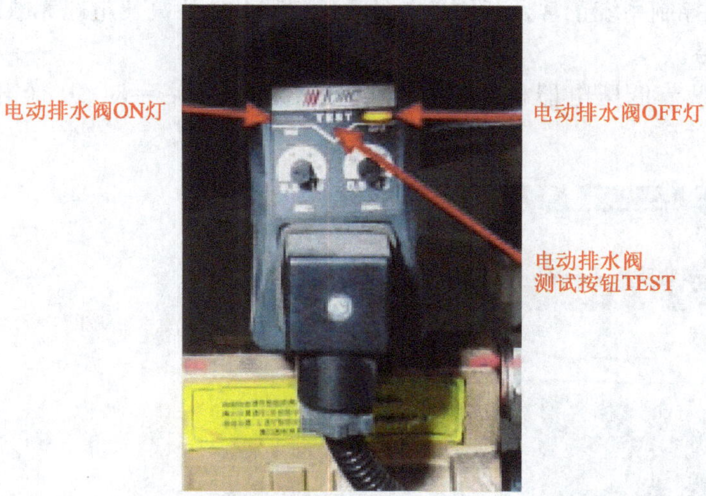

图 6-113　电动排水阀 ON、OFF 灯及测试按钮 TEST 设置位置

69. 人为切除受电弓的方法

(1)正常情况下：

①切除操纵节受电弓：

a. 降下受电弓。

b. 将操纵节受电弓模式转换开关置“后弓”位，如图 6-114 所示。

②切除非操纵节受电弓：

a. 降下受电弓。

b. 将操纵节受电弓模式转换开关置“前弓”位，如图 6-115 所示。

图 6-114　受电弓模式转换开关后弓位

图 6-115　受电弓模式转换开关前弓位

(2)操纵节车顶受电弓高压隔离开关后高压电路故障，切除操纵节受电弓：

①降下受电弓。

②将操纵节受电弓模式转换开关置“单机”位。

③断开操纵节低压电器柜“受电弓/主断”自动开关=21-F01。

70. 人为切除非操纵节机车的方法

(1)非操纵节控制系统正常且车顶受电弓高压隔离开关后高压电路无故障：

①降下受电弓。

②断开非操纵节低压电器柜“主逆水泵”三相自动开关=34-Q12(第五排第 6 个，如图 6-116所示)。

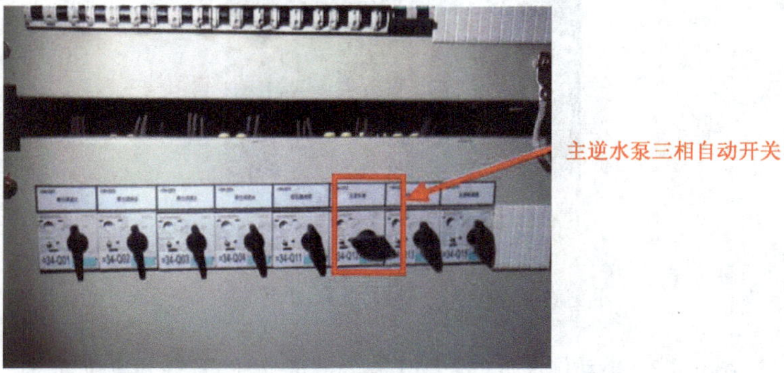

图 6-116　主逆水泵三相自动开关断开位

③闭合两节机车控制电源柜“电源重联”自动开关=32-F11，如图 6-117 所示。

④将操纵节受电弓模式转换开关=21-S02 置“前弓”位，如图 6-115 所示。

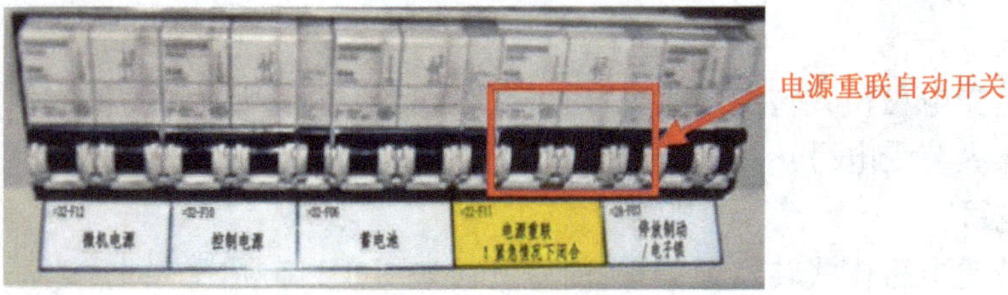

图 6-117　电源重联自动开关闭合位

(2)非操纵节控制系统故障已影响操纵节或车顶受电弓高压隔离开关后高压电路故障：

①降下受电弓。

②断开非操纵节控制电源柜“微机电源”自动开关=32-F12，如图 6-118 所示。

③闭合两节机车控制电源柜“电源重联”自动开关=32-F11，如图 6-117 所示。

④将操纵节受电弓模式转换开关=21-S02 置“前弓”位，如图 6-115 所示。

⑤按压非操纵节制动屏柜停放制动模块上的停放缓解手动按钮(墨绿色如图 6-119 所示)，确认机车停放制动缓解。

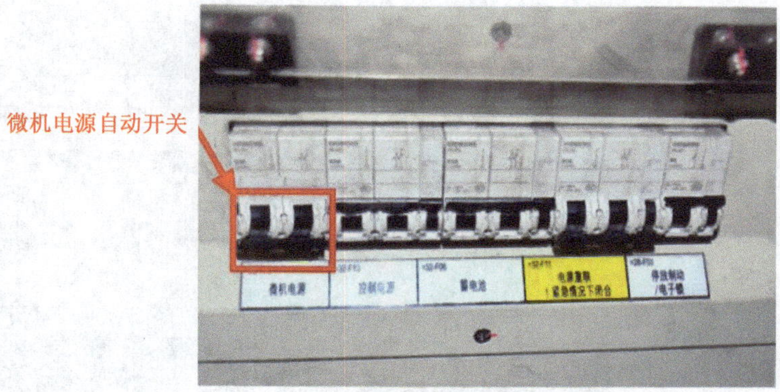

图 6-118　微机电源自动开关断开位

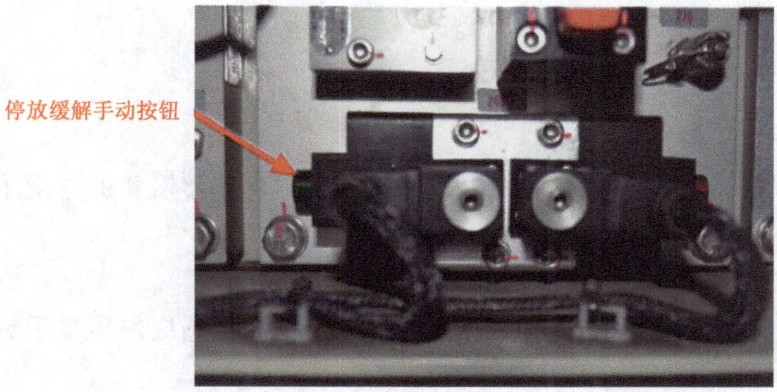

图 6-119　停放缓解手动按钮设置位置

71. 人为切除操纵节机车的方法

(1)操纵节控制系统正常且车顶受电弓高压隔离开关后高压电路无故障：

①断开主断路器。

②断开操纵节低压电器柜“主逆水泵”三相自动开关＝34-Q12,图 6-116。

③闭合两节机车控制电源柜“电源重联”自动开关＝32-F11,如图 6-117 所示。

(2)操纵节车顶受电弓高压隔离开关后高压电路故障：

①降下受电弓。

②将操纵节受电弓模式转换开关置“单机”位，如图 6-120所示。

图 6-120　受电弓模式转换开关单机位

③断开操纵节低压电器柜“受电弓、主断”自动开关＝21-F01(第一排第一个，如图 6-121 所示)。

④闭合两节机车控制电源柜“电源重联”自动开关＝32-F11,如图 6-117 所示。

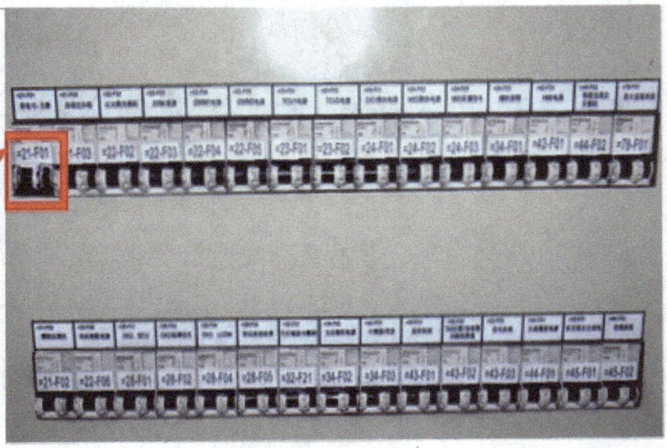

图 6-121　受电弓、主断自动开关断开位

72. 机车车顶接地的判断方法

(1)升弓状态：

车顶放炮(拉弧、异音)，接触网停电，若 3 s 后接触网能够恢复供电，可能为车顶活接地；若 3 s 后，接触网无法恢复供电，可能为车顶死接地。

(2)降弓状态：

在接触网有电情况下，机车微机显示屏、网压表均无感应网压显示或显示值过低，如图 6-122所示。

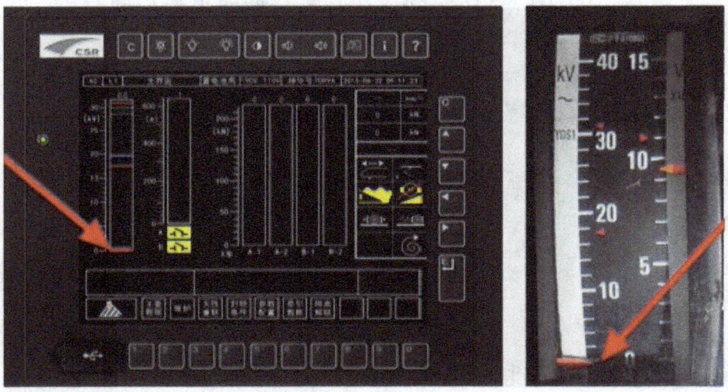

图 6-122　机车微机显示屏、网压表均无感应网压显示

(3)接地节判断：

分别断开两节机车控制电源柜“微机电源”自动开关进行判断：

①分别断开两节机车“微机电源”自动开关，仅有一节机车感应网压恢复正常显示，即可判定为机车感应网压恢复正常显示时所断开“微机电源”自动开关节机车车顶接地。

②分别断开两节机车“微机电源”自动开关，另一节机车感应网压均恢复正常显示，即可判定为两节机车高压隔离开关间接地。

③分别断开两节机车“微机电源”自动开关，另一节机车感应网压均未恢复正常显示，即可

判定为两节机车车顶均接地。

(4)接地节接地部位判断

利用受电弓模式转换开关切除接地节受电弓后，感应网压恢复正常显示，即可判定为为该节机车受电弓高压隔离开关前车顶电路接地，否则，为受电弓高压电压隔离开关以后车顶电路接地或受电弓高压隔离开关前/后车顶电路均接地。

73. 机车车顶接地的划分

(1)整车划分

整车可划分为操纵节车顶接地、非操纵节车顶接地、两节机车高压隔离开关间车顶电路接地及整台机车(两节)车顶接地。

(2)接地节划分

接地节可划分为受电弓高压隔离开关前接地、受电弓高压隔离开关后接地及受电弓高压隔离开关前/后车顶电路均接地。

74. 人为切除主变流器的方法

(1)切除主变流器 1

①断开主断路器。

②断开该节机车低压电器柜“TCU1 电源”自动开关＝23-F01(第一排第七个，如图 6-123 所示)。

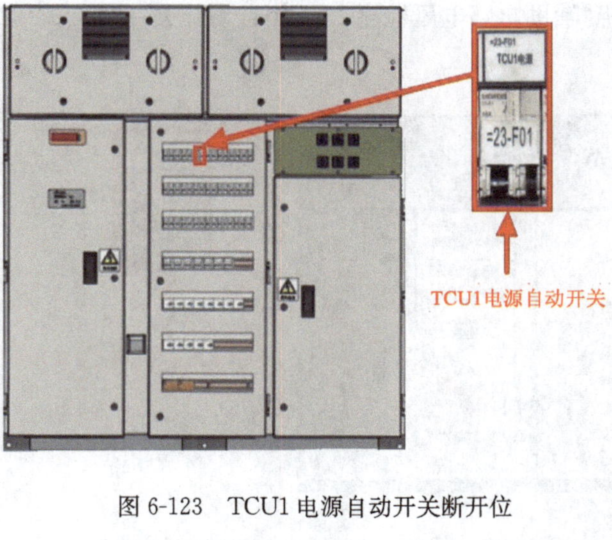

图 6-123 TCU1 电源自动开关断开位

(2)切除主变流器 2

①断开主断路器。

②断开该节机车低压电器柜“TCU2 电源”自动开关＝23-F02(第一排第八个，如图 6-124 所示)。

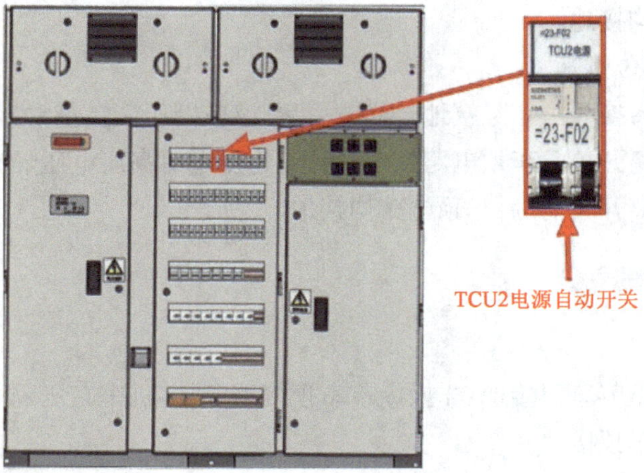

图 6-124　TCU2 电源自动开关断开位

(3)注意事项

①切除主变流器 1 后,牵引电机 1、牵引电机 2、辅变流器 1、主压缩机均被切除。

②切除主变流器 2 后,牵引电机 3、牵引电机 4、辅变流器 2、主压缩机均被切除。

75. 人为切除辅变流器的方法

(1)切除辅变流器 1

①断开主断路器。

②断开低压电器柜“辅助电路电压检测 1”三相自动开关＝34-Q20(第六排倒数第二个,如图 6-125 所示)。

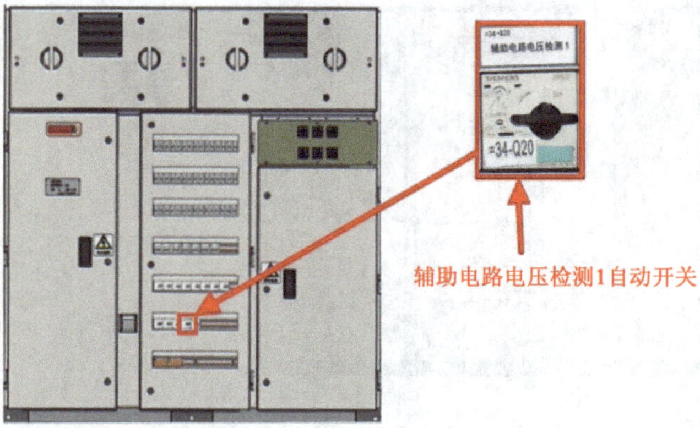

图 6-125　辅助电路电压检测 1 自动开关断开位

(2)切除辅变流器的方法

①断开主断路器。

②断开低压电器柜“辅助电路检测 2”三相自动开关＝34-Q21(第六排最后一个,如图 6-126所示)。

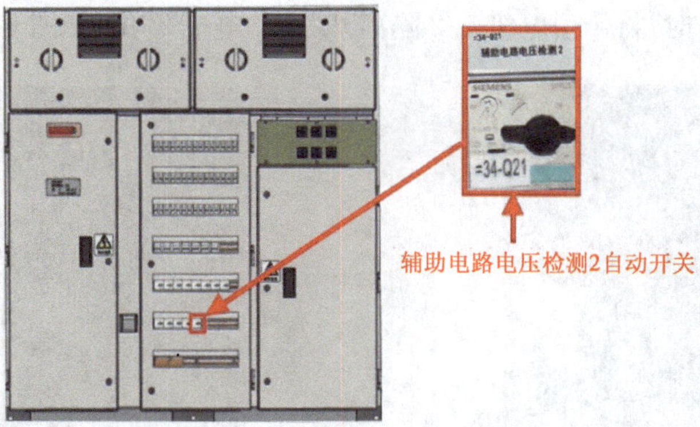

图 6-126 辅助电路电压检测 2 自动开关断开位

(3)注意事项

①切除一台辅变流器后,该节机车辅助机组均工作在恒压恒频状态。

②切除一台辅变流器后,主压缩机也随之被切除。

③神朔机务段神华八轴交流电力机车低压电器柜"辅助电路电压检测 1"自动开关上文字标识还有"主变流器 1"及"电压传感器 1";"辅助电路电压检测 2"自动开关上文字标识还有"主变流器 2"及"电压传感器 2",但其设置位置及作用未变。

76. 人为切除牵引电机的方法

(1)对牵引电机无故障的机车,因特殊需要需将某一牵引电机切除时,可采用将低压电器柜需切除牵引电机对应的牵引风机三相自动开关置断开位的方法进行切除:

①切除牵引电机 1 时,将"牵引风机 1"三相自动开关(图 6-127)置断开位。

②切除牵引电机 2 时,将"牵引风机 2"三相自动开关(图 6-127)置断开位。

③切除牵引电机 3 时,将"牵引风机 3"三相自动开关(图 6-127)置断开位。

④切除牵引电机 4 时,将"牵引风机 4"三相自动开关(图 6-127)置断开位。

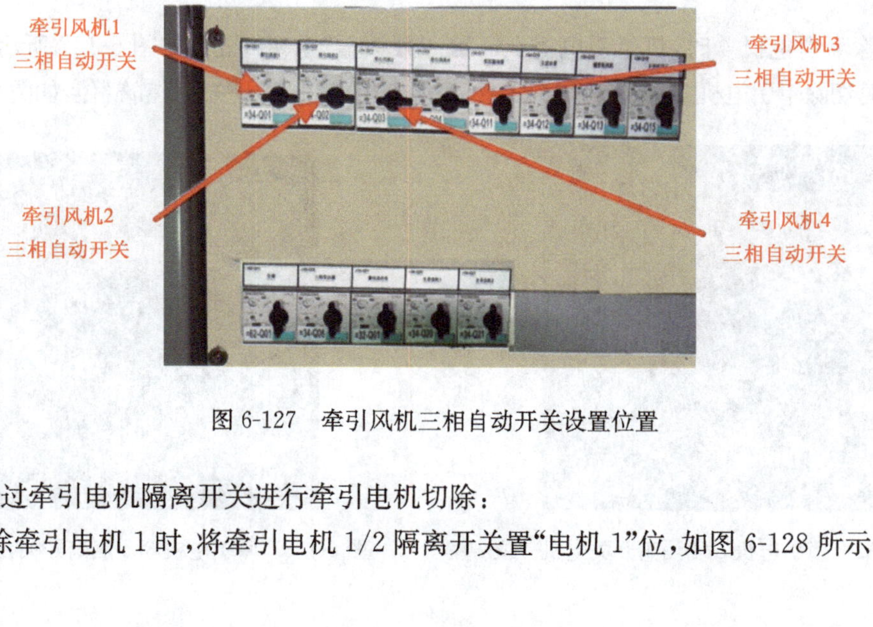

图 6-127 牵引风机三相自动开关设置位置

(2)通过牵引电机隔离开关进行牵引电机切除:

①切除牵引电机 1 时,将牵引电机 1/2 隔离开关置"电机 1"位,如图 6-128 所示。

②切除牵引电机 2 时，将牵引电机 1/2 隔离开关置“电机 2”位，如图 6-129 所示。

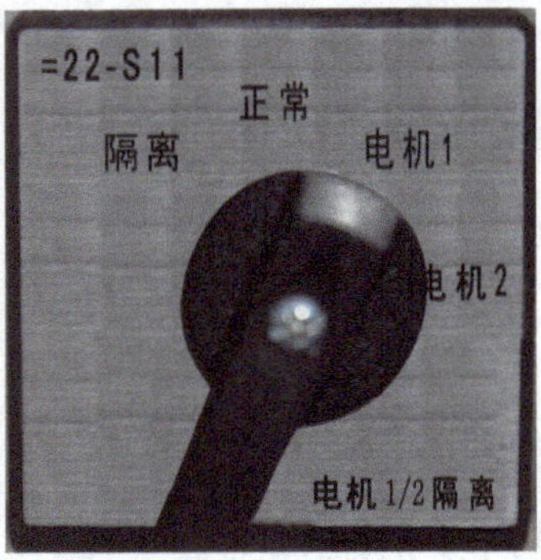

图 6-128　牵引电机 1/2 隔离开关电机 1 位

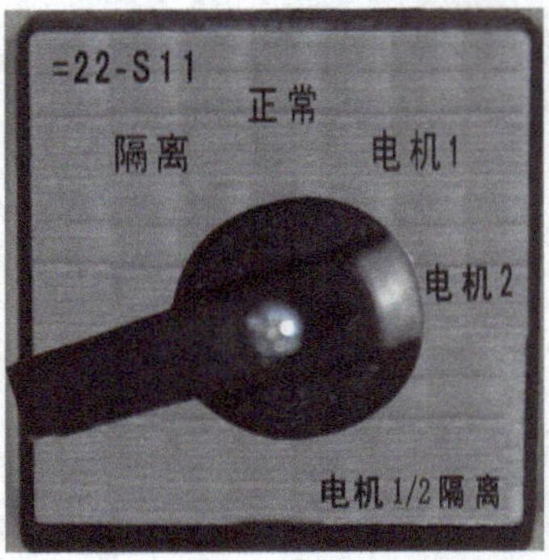

图 6-129　牵引电机 1/2 隔离开关电机 2 位

③同时切除牵引电机 1、牵引电机 2 时，将牵引电机 1/2 隔离开关置“隔离”位，如图 6-130 所示。

④切除牵引电机 3 时，将牵引电机 3/4 隔离开关置“电机 3”位，如图 6-131 所示。

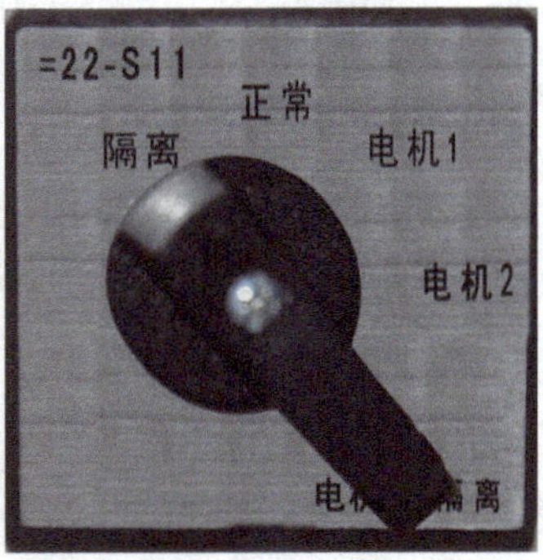

图 6-130　牵引电机 1/2 隔离开关隔离位

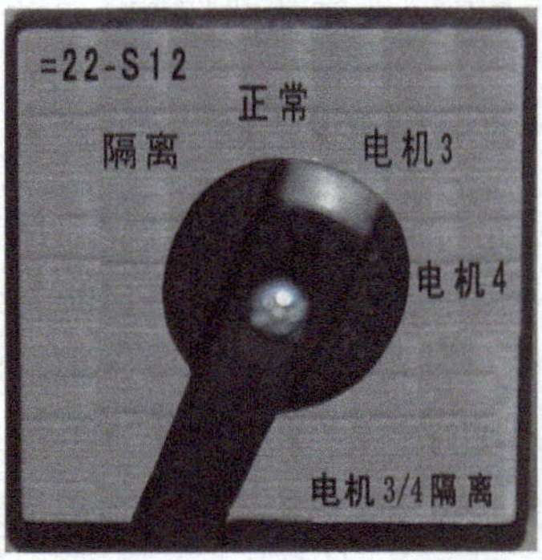

图 6-131　牵引电机 3/4 隔离开关电机 3 位

⑤切除牵引电机 4 时，将牵引电机 3/4 隔离开关置“电机 4”位，如图 6-132 所示。

⑥同时切除牵引电机 3、牵引电机 4 时，将牵引电机 3/4 隔离开关置“隔离”位，如图 6-133 所示。

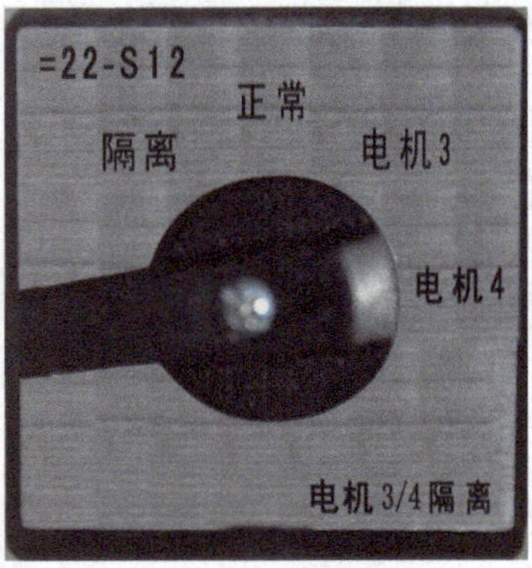

图 6-132　牵引电机 3/4 隔离开关电机 4 位

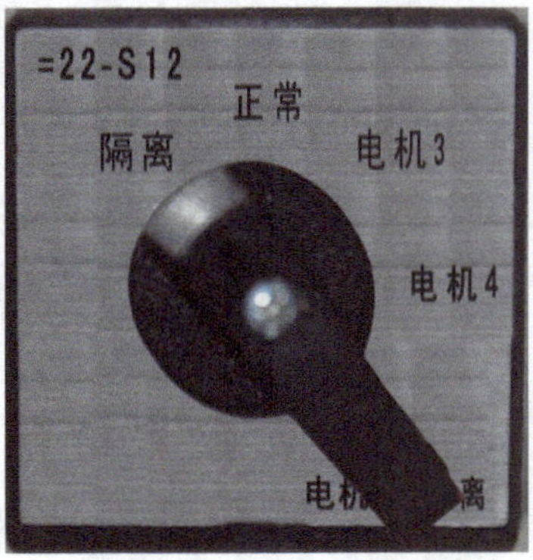

图 6-133　牵引电机 3/4 隔离开关在隔离位

(3)进行切除牵引电机操作,应在调速手柄回“0”位后进行。

77. 人为切除某一辅助电器的方法

运行途中,需要人为切除某一辅助电器时,则把该辅助电器对应的三相(单相交流)自动开关置断开位(例:切除牵引风机 1 时,将牵引风机 1 三相自动开关置断开位)。

78. 保护装置误动作后的恢复方法

运行途中,某一保护装置动作,通过检查未发现确切故障,怀疑保护装置误动作时,可按以下顺序操作,以使保护装置恢复:

(1)重新闭合主断路器;

(2)按压微机复位按钮进行复位操作;

(3)断开再闭合与其相关的自动开关;

(4)进行隔离解锁操作;

(5)进行断/合微机电源自动开关复位操作;

(6)进行断/合蓄电池自动开关复位操作。

按照以上某一方法操作后,若机车保护装置恢复,且故障不再出现,则保护装置误动作的概率较大。

79. 人为切除自动过分相装置时的操作方法

(1)通过自动过分相转换开关进行切除

将信号柜内自动过分相转换开关置“切除”位,如图 6-134 所示。

图 6-134 自动过分相转换开关切除位

(2)通过微机显示屏切除

①在微机显示屏主界面点击“参数配置”键,进入“参数配置”界面,再点击“分相/警惕”键,

进入“分相/警惕”界面，如图 6-135 所示。

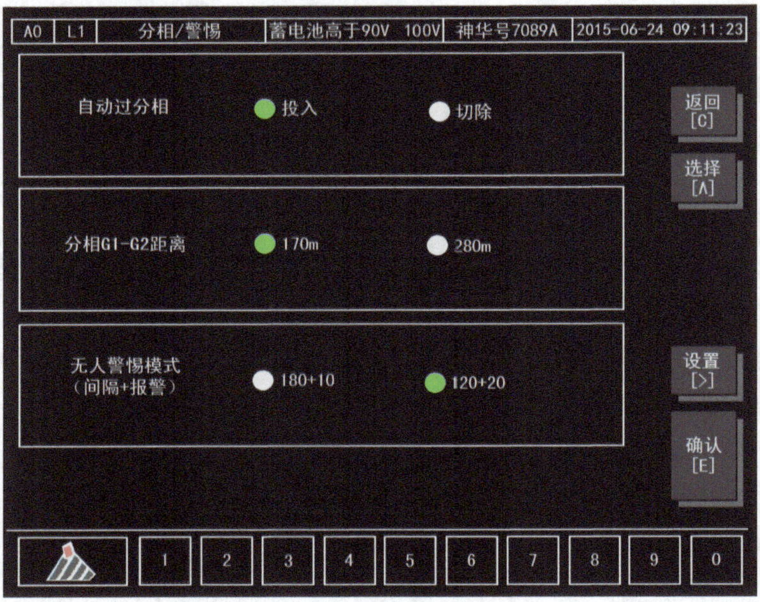

图 6-135　微机显示屏分相/警惕界面

②点击“选择〔Λ〕”键，选择自动过分相投入/切除（使蓝色框框住自动过分相投入/切除），再点击“设置〔>〕键，选择自动过分相切除（使自动过分相框内代表切除的圆点底色变为绿色），再点击“确认〔E〕”、“返回”、“主界面”键，微机显示屏返回主界面，该节机车自动过分相装置即被切除。

(3)通过断开自动开关进行切除

断开低压电器柜“自动过分相”自动开关进行切除（第一排第二个，如图 6-136 所示）。

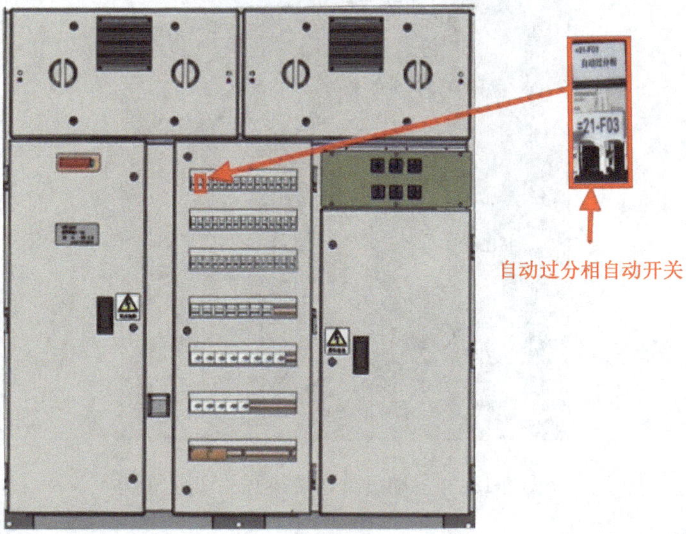

图 6-136　自动过分相自动开关断开位

(4)注意事项

①7096号以后机车,仅可使用上述(2)、(3)项进行切除。

②由于机车A、B节自动过分相装置采用冗余设置,正常情况下,两节自动过分相装置均投入工作,故切除自动过分相装置时,两节机车均需切除,切除一节无效。

80. 人为恢复自动过分相装置时的操作方法

人为恢复自动过分相装置时,应根据原切除自动过分相装置的方式对应进行处理:

(1)若原通过自动过分相转换开关进行切除时,则将信号柜内自动过分相控制器上的自动过分相转换开关离开“切除”位,置与列车运行方向相同的位置。

(2)若原通过微机显示屏切除时,在微机显示屏主界面点击“参数配置”键,进入“参数配置”界面,再点击“分相/警惕”键,进入“分相/警惕”界面。再点击“选择〔∧〕”键,选择自动过分相投入/切除(使蓝色框框住自动过分相投入/切除),再点击“设置〔>〕键”,选择自动过分相投入(使自动过分相框内代表投入的圆点底色变为绿色)后,再点击“确认〔E〕”、“返回”、“主界面”,微机显示屏返回主界面。

(3)若原通过断开自动开关进行切除时,则将低压电器柜“自动过分相”自动开关恢复至闭合位。

(4)注意事项:

①机车A、B节自动过分相装置采用冗余设置,故恢复自动过分相装置时,两节机车均需恢复,恢复一节无效。

②7095号以前机车在重新闭合“自动过分相”自动开关时,主断路器会自动断开,此时,将主断路器扳键开关置“分”位2 s后松手,待微机显示屏主断路器框标识变为“断开、但已满足闭合条件”后,再将主断路器扳键开关置“合”位,主断路器即可闭合。

81. 机车故障复位方式

机车故障复位分按压微机复位按钮复位、断/合微机电源自动开关复位、断/合蓄电池自动开关复位三种方式。由于进行复位操作的前提条件不同(按压微机复位按钮复位需在司机调速手柄回“0”位后进行;断/合微机电源自动开关复位需在停车、降下受电弓后进行;断/合蓄电池自动开关复位需在停车、降下受电弓后进行,且其还可造成列车运行监控记录装置降级),故进行故障复位操作时,应遵循由简到繁的原则,按按压微机复位按钮复位→断/合微机电源自动开关复位→断/合蓄电池自动开关复位的顺序进行,并注意隔离解锁操作的灵活运用。

82. 按压微机复位按钮复位时的操作方法

(1)使用时机

运行途中,遇机车出现故障(机械故障除外),需要使其恢复正常或需将故障处所隔离后维持运行时。

(2)方法

司机调速手柄回“0”位后,按压“微机复位”按钮一次(图6-137);若故障一直存在需要隔离故障设备时，则连续按压“微机复位”三次。

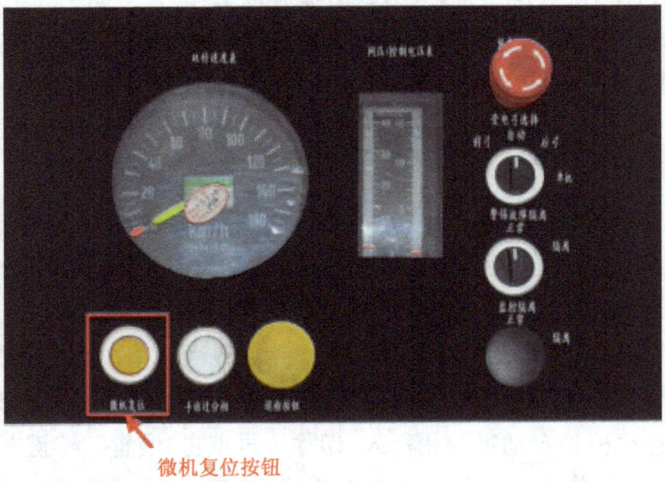

图 6-137　微机复位按钮设置位置

(3)注意事项

①按压“微机复位”按钮的时间应大于 1 s；

②连续按压的间隔时间应大于 2 s。

83. 断/合微机电源自动开关复位时的操作方法

(1)使用时机

运行途中，遇机车出现故障(机械故障除外)，在按压微机复位按钮复位无效后，进行断/合微机电源自动开关复位。

(2)方法

①降下受电弓(重联阀 93 本补转换阀在“本机”位还需停车)。

②断开控制电源柜“微机电源”自动开关(图 6-118)10 s 后再闭合。

84. 断/合蓄电池自动开关复位时的操作方法

(1)使用时机

运行途中，遇机车出现故障(机械故障除外)，在进行按压微机复位按钮复位→断/微机电源自动开关复位无效后，则进行断/合蓄电池自动开关复位操作。其主要消除空气制动、列车运行监控记录装置系统的故障。

(2)方法

在降下受电弓、停车状态下，断开控制电源柜“蓄电池”自动开关(图 6-138)60 s 以上再闭合。

(3)注意事项

①断/合蓄电池自动开关复位后，列车运行监控记录装置会降级，故恢复运行前，切记进行

列车运行监控记录装置的设定、开车操作。

②断开“蓄电池”自动开关，列车管风压将按常用制动减压速度减压到 0 kPa。

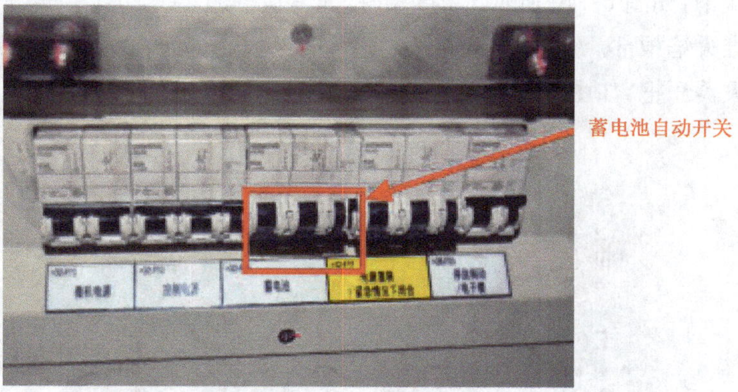

图 6-138 蓄电池自动开关断开位

85. 隔离解锁的操作方法

运行途中，当机车出现故障，微机控制系统自动(或在进行微机复位操作后)会将故障设备切除(隔离)，以便维持运行。若设备故障消除且需要被微机控制系统隔离的设备重新投入工作时，则需进行隔离解锁操作。

隔离解锁操作方法：

在调速手柄“0”位的情况下，按压“隔离解锁”键一次，以对被微机控制系统隔离(锁定)的设备进行解锁。

86. 控制电源跨节供电方法

运行途中，某节控制电源柜(充电机)故障或其他原因造成造成蓄电池不能正常充电及蓄电池故障时，可进行控制电源跨节供电。

控制电源跨节供电方法：

闭合 A、B 两节机车控制电源柜“电源重联”自动开关，如图 6-139 所示。

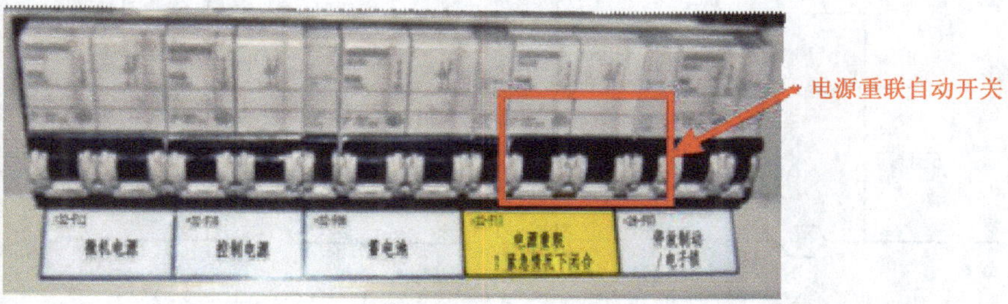

图 6-139 电源重联自动开关闭合位

控制电源跨节供电只能对故障节控制电路供电，但无法对故障节蓄电池进行充电。

87. 手提式水基型(水雾)灭火器使用方法

(1)拔出保险销,如图 6-140 所示。
(2)喷嘴对准火焰根部。
(3)按下灭火器压把,如图 6-141 所示。

图 6-140　拔出保险销

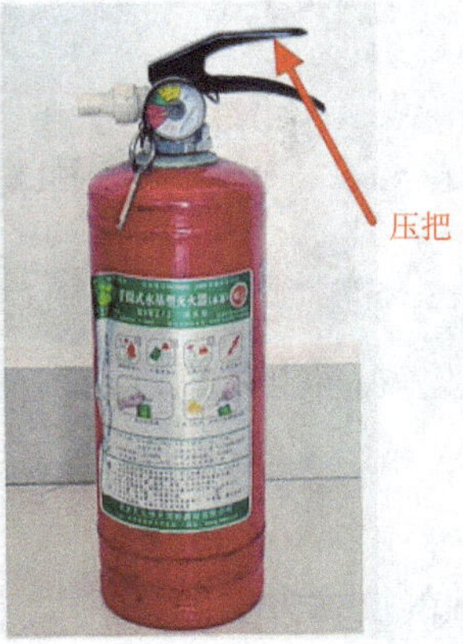

图 6-141　灭火器压把

88. 带电自动过分相方式

带电自动过分相装置实现了在机车通过接触网电分相时,不需乘务员做任何操作(为了减小冲动,机车带载不应超过 100 kN),通过机车(车辆)轮对与地面传感器的共同作用使变电所自动实现分相区的转换。从而实现机车通过接触网电分相时自动化,从而大大减轻了乘务员的工作强度,从设备上杜绝了带电过分相事故,提高了机车通过接触网电分相的安全性。图 6-142为带电分相装置原理图。

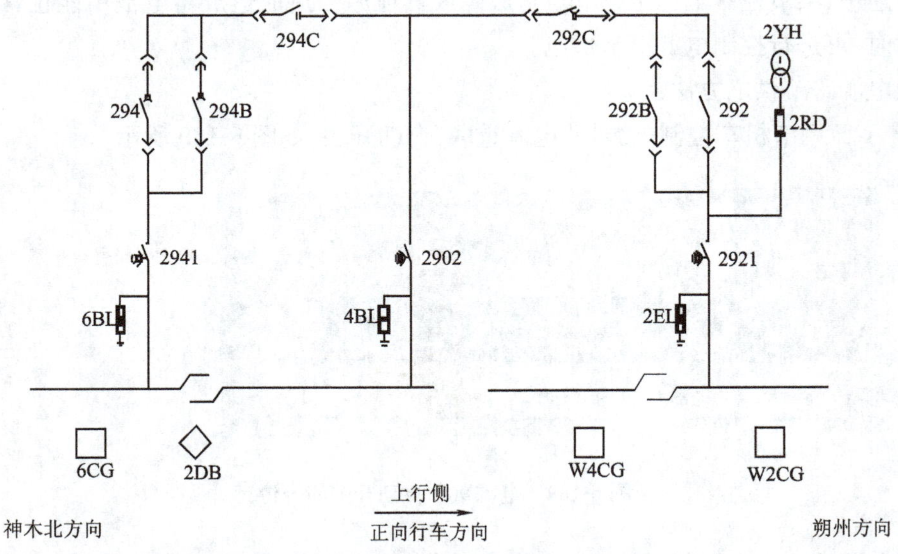

图 6-142　带电自动过分相装置原理图

带电自动过分相装置的作用原理为：当列车头部机车轮对压上 6CG（预告）传感器时，断路器 294 闭合，带电分相装置中性区接触网导线与神木北方向馈线接通；当列车主控机车第一动轮压上 W4CG（掉流）传感器（此时主控、从控机车均在中性区内）时，断路器 294 断开，断路器 292 闭合，带电分相装置中性区接触网导线与朔州方向馈线接通（断路器 294、292 切换时，机车瞬间失电 0.13 s）。当列车尾部最后一辆车轮对出清 W2CG（恢复）传感器时，断路器 292 断开，带电过分相装置的中性区接触网导线延时 4 s 恢复至无车（无电）等待状态。

89. 自动过分相方式

已启动自动过分相区段，当机车接近接触网电分相时，微机控制系统收到由地面自动过分相装置或机车列车运行监控记录装置发出分相预告信息，微机控制系统启动自动过分相程序，微机显示屏信息提示区提示“过分相自动启动”，控制牵引力/制动力按 45 kN/s 速率降到 0 kN后（司机可能已将调速手柄提前回“0”位），主断路器断开，微机显示屏信息提示区提示“过分相主断路器断开”，主断路器框显示主断路器断开标识，此后机车进入无电区，微机显示屏显示接触网失压。待机车通过无电区，微机控制系统收到由地面自动过分相装置或机车列车运行监控记录装置发出恢复信息，且检测到网压正常后，使主断路器闭合，微机显示屏信息提示区提示“过分相成功通过”，机车恢复到过接触网电分相前状态，自动过分相过程完成。

90. 半自动过分相方式

已启动自动过分相区段，如果自动过分相装置发生故障或切除，微机显示屏信息提示区提示“过分相必须手动完成”信息，及在未启动自动过分相区段，在机车接近接触网电分相时，司机将调速手柄退回“0”位，待牵引力/制动力降到 0 kN 后，按压“手动过分相”按钮，微机控制系统启动半自动过分相程序，微机显示屏信息提示区提示“过分相手动启动”，主断路器断开，微机显示屏信息提示区提示“过分相主断路器断开”。此后，机车进入无电区，微机显示屏显示接触网失压，待机车通过无电区，微机控制系统检测到网压正常后，延时一定时间后，使主断路器闭合，微机显示屏信息提示区提示“过分相成功通过”，半自动过分相过程完成。

注意：

通过接触网电分相时，若司机按下“手动过分相”按钮，微机控制系统忽略（终止）自动过分相信号（程序）90 s。

91. 手动过分相方式

已启动自动过分相区段，如果自动过分相装置发生故障或切除，且半自动过分相装置亦故障或在未启用自动过分相区段而半自动过分相装置故障时，需采用手动过分相方式通过接触网电分相。

机车接近接触网电分相时，司机将调速手柄退回“0”位，待牵引力/制动力降到 0 kN，在断电标前，将主断路器扳键开关置“分”位 2 s，使主断路器断开。此后，机车进入无电区，微机显示屏显示接触网失压，待机车通过无电区，接触网网压恢复至正常值，机车头部越过合电标后，司机将主断路器扳键开关置“合”位 2 s，使机车主断路器闭合，手动过分相过程完成。

92. 未无线重联机车通过接触网电分相时的操作方法

正常情况下，未无线重联机车通过接触网电分相时，已启用带电自动过分相区段，则按带电自动过分相的操作方式通过接触网电分相；已启用自动过分相区段，应首先采用自动过分相的操作方式；若自动过分相装置故障或接近分相区，乘务员发现自动过分相装置仍未正常启动或在未启用自动过分相区段，可采用半自动过分相的操作方式；若自动过分相方式与半自动过分相方式均不能顺利通过接触网电分相时，则采用手动过分相的操作方式通过接触网电分相。

93. 无线重联主控机车通过接触网电分相时的操作方法

正常情况下，无线重联主控机车通过接触网电分相时，已启用带电自动过分相区段，则按带电自动过分相的操作方式通过接触网电分相；已启用自动过分相区段，应优先采用自动过分相的操作方式。机车乘务员应认真确认自动过分相装置的工作状态，若自动过分相装置故障或接近接触网电分相，乘务员发现自动过分相装置不能正常启动或在非自动过分相区段，可采用半自动过分相操作方式；若半自动过分相程序也不能正常启动，则立即按手动过分相操作方式通过接触网电分相。

94. 无线重联从控机车通过接触网电分相时的操作方法

正常情况下，无线重联从控机车通过接触网电分相时，已启用带电自动过分相区段，则按带电自动过分相的操作方式通过接触网电分相；已启用自动过分相区段，应优先采用自动过分相的操作方式。若从控机车接近接触网电分相，乘务员发现自动过分相装置仍未正常启动时，从控机车乘务员可根据情况按以下方法进行处理：

（1）从控机车乘务员按压“手动过分相”按钮，使机车主断路器断开，过完接触网电分相后，从控机车主断路器自动闭合。即按半自动过分相操作方式通过接触网电分相。

（2）从控机车乘务员将主断路器扳键开关置“分”位 2 s，使本车机车主断路器断开，通过接触网电分相后，从控机车乘务员要求主车发出闭合主断路器指令，主控机车乘务员需将调速手柄回“0”位，主断路器扳键开关置“合”位 2 s，从控机车主断路器才能闭合，即按手动过分相的操作方式通过接触网电分相（此种过分相方式，需主控机车调速手柄回“0”位，所有机车将失去牵引力，故应慎重采用）。

（3）从控机车乘务员将机车重联转换开关由“重联”位转至“0”位，从控机车主断路器断开，受电弓降下。通过接触网电分相后，从控机车乘务员再将机车重联转换开关由“0”位转回“重联” 位，然后要求主控机车发出升起受电弓、闭合主断路器指令，主控机车乘务员需将调速手柄回“0”，受电弓扳键开关置“升”位，待从控机车受电弓升起，主控机车乘务员再将主断路器扳键开关置“合”位，从控机车主断路器才能闭合。即利用机车重联转换开关通过接触网电分相。（此种过分相方式，需主控机车调速手柄回“0”位，进行升起受电弓、闭合主断路器操作，所有机车失去牵引力的时间更长，更需慎重采用）。

由以上叙述可以看出，无线重联从控机车在通过接触网电分相时，若自动过分相装置不能正常使用，应按半自动过分相操作方式→手动过分相操作方式→利用重联转换开关操作方式的顺序选取通过接触网电分相的操作方式。

95. 万吨无线重联机车通过带电自动分相装置，发现“断”字标转出时的操作方法

万吨无线重联机车通过带电自动过分相装置，发现“断”字标转出，机车乘务员应及时断开主断路器、降下受电弓，长大上坡道待列车速度降至无法维持运行的速度前，及时采取常用减压停车措施，谨防列车后溜；长大下坡道及时采取停车措施。停车后及时进行信息反馈，将机车停车的准确位置(公里标)汇报车站，并将距机车最近的接触网支柱编号汇报车站(因供电部门确定机车停车位置是按机车所对应的接触网支柱编号实现的)，由供电部门判断从二机车是否进入中性区，根据不同的情况采取不同的供电方式，乘务员此时要保持信息畅通，听从车站指挥。

96. 机车运行至带电自动分相装置掉流点未掉流时的操作方法

机车运行至带电自动分相装置掉流点未掉流时，机车乘务员应立即断开主断路器，降下受电弓，长大上坡道待列车速度降至无法维持运行的速度前，及时采取常用减压停车措施，谨防列车后溜；长大下坡道及时采取停车措施。停车后及时进行信息反馈，将机车停车的准确位置(公里标)汇报车站，并将距机车最近的接触网支柱编号汇报车站(因供电部门确定机车停车位置是按机车所对应的接触网支柱编号实现的)，由供电部门确定供电方案，乘务员此时要保持信息畅通，听从车站指挥。

97. 库内接车时的操作方法

(1)闭合两节机车控制电源柜“微机电源”自动开关=32-F12、“控制电源”自动开关=32-F10、“蓄电池”自动开关=32-F06，确认控制电路电压不低于 93 V。

(2)开放两节机车控制风缸塞门 97 和总风缸连接塞门 112，确认机车其他塞门及重联阀 93 本/补转换阀位置正确。

(3)升起受电弓，闭合主断路器，待总风缸风压达到 750 kPa 以上，实施空气制动后撤除止轮器。

(4)确认蓄电池充电电流是否大于 6 A，若大于 6 A，应立即进行汇报。

98. 机车断开蓄电池自动开关停留时的操作方法

(1)施加停放制动。

(2)大闸手柄置“制动”位，待列车管实施最大减压后置“重联”位，小闸手柄置“运转”位，制动器钥匙开关置“关”位取出。

(3)断开主断路器，降下受电弓，换向手柄置“0”位后取出，机车电钥匙回“0”位后取出。

(4)断开两节机车控制电源柜“微机电源”自动开关、“控制电源”自动开关 10 s 后，再断开“蓄电池”自动开关。

(5)关闭两节机车控制风缸塞门 97 和总风缸连接塞门 112。

(6)按规定放置铁鞋防溜。

99. 更换操纵节时的操作方法

(1)施加停放制动。

(2)大闸手柄置“制动”位，待列车管实施最大减压后置“重联”位，小闸手柄置“运转”位，制动器钥匙开关置“关”位取出。

(3)换向手柄回“0”位后取出。

(4)断开主断路器，降下受电弓，机车电钥匙回“0”位后取出。

(5)随身携带机车电钥匙、制动器钥匙开关和换向手柄，进入机械间：

①在A节机车低压电器柜将监控转换开关置与操纵节相对应的位置。

②小号机车将两节机车信号柜内的自动过分相转换开关置与列车运行方向相同位置。

③将原操纵节制动柜中重联阀93本/补转换阀置“补机”位，确认BCU数码显示管显示bcu。

④将操纵节制动柜中重联阀93本/补转换阀置“本机”位，确认BCU数码显示管显示bCU。

(6)进入操纵节司机室：

①机车电钥匙置“合”位

②插入制动器钥匙开关并置“开”位，小闸手柄置“制动”位。

③将换向手柄插入司机控制器并将其置与列车运行方向相同位置。

100. 高压接地开关的转换方法

(1)由“运行”位转至“接地”位

在断开主断路器、降下受电弓后：

①将安全联锁箱操作手把由水平位置（ON位）旋转到垂直位置（OFF位），如图6-143所示。

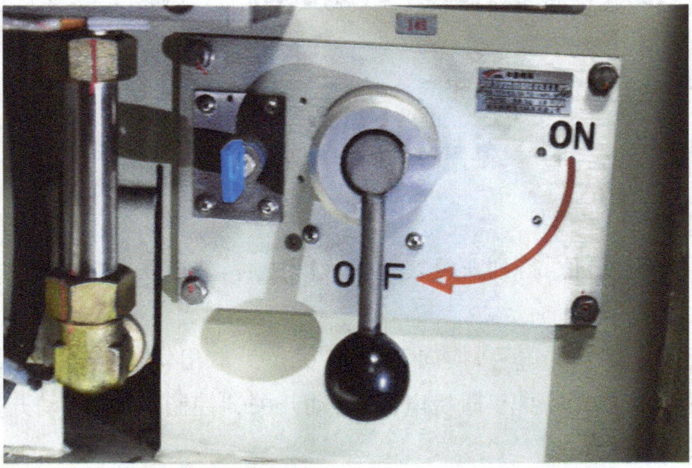

图6-143 安全联锁箱的操作手把OFF位

②将蓝色钥匙顺时针旋转90°至水平状态拔出，如图6-144所示。

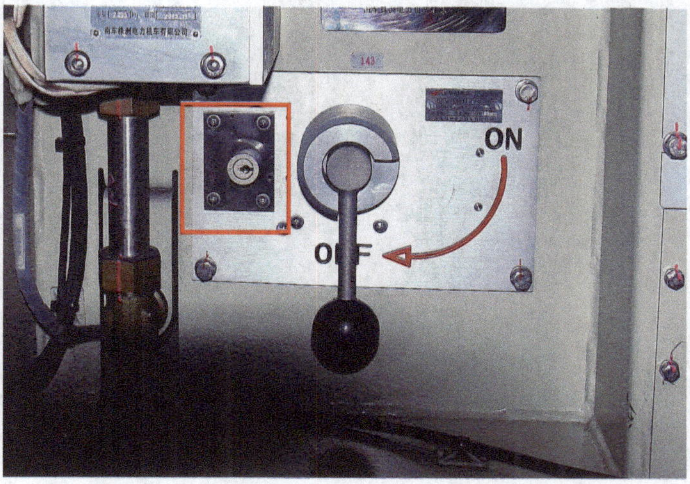

图6-144 蓝色钥匙水平状态拔出

③将蓝色钥匙水平插入高压接地开关蓝色锁内，再顺时针旋转90°至垂直状态，如图6-145所示。

图6-145 蓝色钥匙在高压接地开关上呈垂直状态

④外扳高压接地开关操纵杆并旋转180°至“接地”位，如图6-146所示。

(2)由“接地”位恢复至“运行”位

①确认车顶人孔天窗、牵引变流器(车载牵车变流装置)柜门锁闭器锁闭后，拔出黄色钥匙。

②将黄色钥匙水平状态插入高压接地开关黄色锁内，逆时针旋转90°使三把黄色钥匙均呈垂直状态。

③外扳高压接地开关操纵杆并旋转180°至“运行”位。

④将蓝色钥匙逆时针旋转90°呈水平状态拔出。

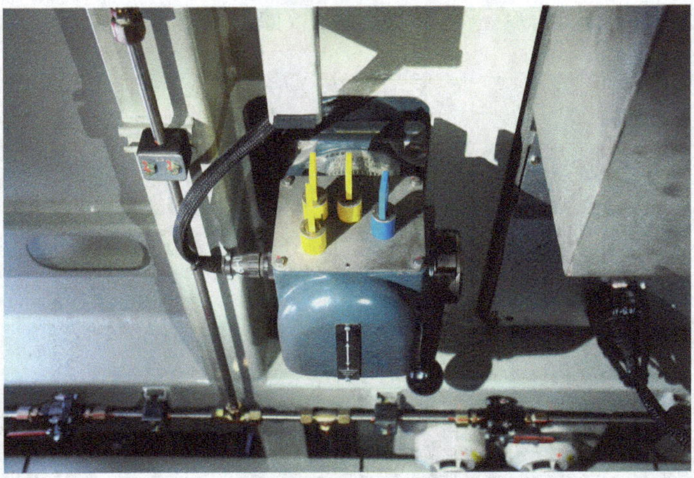

图 6-146 高压接地开关接地位

⑤将蓝色钥匙水平插入安全联锁箱锁孔，逆时针旋转 90°至垂直状态。

⑥将安全联锁箱的操作手把由垂直位置(OFF 位)旋转到水平位置(ON 位)。

101. 登上机车车顶时在车内的操作方法

(1)按照本章第 100 条操作方法将高压接地开关置“接地”位。

(2)将高压接地开关黄色钥匙顺时针旋转 90°至水平状态拔出，如图 6-147 所示。

图 6-147 黄色钥匙水平状态拔出

(3)确认报警器主机面板安全绿灯亮：按压“开门键”，打开电控锁(电控锁故障可用电控锁钥匙将其打开)。

(4)将黄色钥匙水平插入人孔天窗锁闭器的黄色锁芯，逆时针旋转 90°，打开登顶人孔天窗锁闭器。

(5)打开登顶梯锁，放下登顶梯，打开车顶人孔天窗。

注意事项：

需要登顶作业前，运行途中必须得到接触网已停电、允许登上机车车顶的调度命令，且确认已越过停电时间、接触网已经停电、接地线已经挂妥；在库内安全作业区必须办理打开隔离开关手续，且确认接触网已经停电、接地线已经挂妥。

102. 确认机车节点编号的方法

在微机显示屏主界面点击“主要数据”键，进入“机车配置”界面，再点击“状态信息”键，进入“状态信息”界面，确认A节、B节机车编号，如图6-148所示。

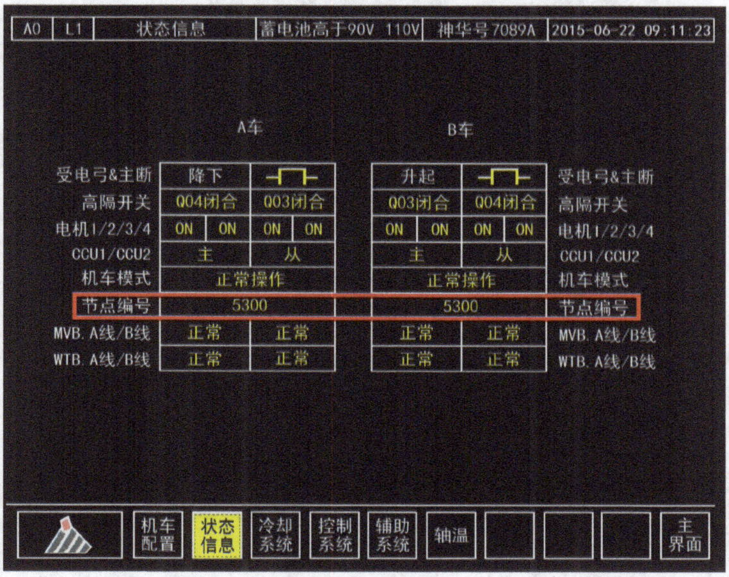

图6-148　状态信息界面机车节点编号显示

(1)闭合控制电源柜自动开关，机车节点编号显示1000；

(2)机车电钥匙置“合”位，机车节点编号显示2300；

(3)受电弓升起后，机车节点编号显示4300；

(4)主断路器闭合后，机车节点编号显示5300。

103. 冬季防止制动系统冻结的方法

(1)保证制动系统防寒加热系统投入工作(确认制动系统防寒加热系统自动开关在“闭合”位、加热装置电路连接良好)。

(2)严格执行日常排水制度(五排、一确认)，及时排除干燥器风缸(储气罐)、总风缸、控制风缸、停放风缸积水及微油过滤器污物。

(3)切除部分主压缩机，提高投入工作的主压缩机温度。

①上行2+1万吨无线重联列车，切除主控机车、从一机车非操纵节主压缩机。

②下行3+0万吨列车，切除从二机车两节及主控机车、从一机车非操纵节主压缩机。

(4)关严中间走廊门，提高机械间温度。

第七章　自动开关断开现象

一、三相自动开关

三相自动开关均设置在低压电器柜上，其在低压电器柜上的设置位置如图7-1所示。

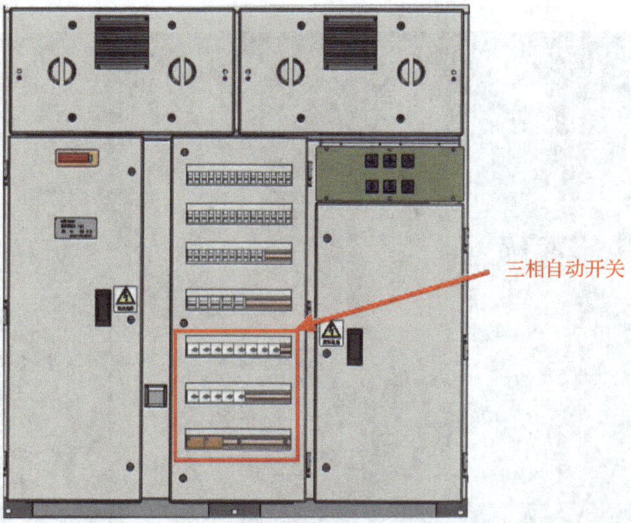

图7-1　三相自动开关设置位置

1. 牵引风机1三相自动开关断开

(1)微机显示屏故障信息区显示“牵引电机”。

(2)微机显示屏“机车配置”界面，提示牵引电机1隔离。

(3)I/O监视数据E33-01接点显示灰色。

(4)微机显示屏“辅助系统”界面，提示牵引风机1自动开关断开(标识变为灰色)。

(5)微机显示屏“当前故障”界面，提示B类，代码1106，牵引电机1隔离；C类，代码1129，牵引风机1三相开关=34-Q01断开。

(6)微机显示屏牵引风机1三相开关断开“处理提示”界面：

①提示“如果可以，请重新闭合三相保护开关=34-Q01，通知维护人员，检查牵引风机1三相保护开关=34-Q01”。

②按压“$V=0$”键，提示同①。

③按压“$V>0$”键，提示“牵引风机1三相保护开关=34-Q01断开，此时，牵引电机1完全无法获得冷却风源；如果牵引电机1温度上升到限制值，牵引电机1将采取相应保护”。

(7)牵引电机1无扭矩输出。

2. 牵引风机2三相自动开关断开

(1)微机显示屏故障信息区显示“牵引电机”。

(2)微机显示屏“机车配置”界面，提示牵引电机 2 隔离。

(3)I/O 监视数据 E33-02 接点显示灰色。

(4)微机显示屏“辅助系统”界面，提示牵引风机 2 自动开关断开(标识变为灰色)。

(5)微机显示屏“当前故障”界面，提示 B 类，代码 1107，牵引电机 2 隔离；C 类，代码 1130，牵引风机 2 三相开关=34-Q02 断开。

(6)微机显示屏牵引风机 2 三相开关断开“处理提示”界面：

①提示“如果可以，请重新闭合三相保护开关=34-Q02，通知维护人员，检查牵引风机 2 三相保护开关=34-Q02”。

②按压“$V=0$”键，提示同①。

③按压“$V>0$”键，提示“牵引风机 2 三相保护开关=34-Q02 断开，此时，牵引电机 2 完全无法获得冷却风源；如果牵引电机 2 温度上升到限制值，牵引电机 2 将采取相应保护”。

(7)牵引电机 2 无扭矩输出。

3. 牵引风机 3 三相自动开关断开

(1)微机显示屏故障信息区显示“牵引电机”。

(2)微机显示屏“机车配置”界面，提示牵引电机 3 隔离。

(3)I/O 监视数据 E33-03 接点显示灰色。

(4)微机显示屏“辅助系统”界面，提示牵引风机 3 自动开关断开(标识变为灰色)。

(5)微机显示屏“当前故障”界面，提示 B 类，代码 1112，牵引电机 3 隔离；C 类，代码 1131，牵引风机 3 三相开关=34-Q03 断开。

(6)微机显示屏牵引风机 3 三相开关断开“处理提示”界面：

①提示“如果可以，请重新闭合三相保护开关=34-Q03，通知维护人员，检查牵引风机 3 三相保护开关=34-Q03”。

②按压“$V=0$”键，提示同①。

③按压“$V>0$”键，提示“牵引风机 3 三相保护开关=34-Q03 断开，此时，牵引电机 3 完全无法获得冷却风源；如果牵引电机 3 温度上升到限制值，牵引电机 3 将采取相应保护”。

(7)牵引电机 3 无扭矩输出。

4. 牵引风机 4 三相自动开关断开

(1)微机显示屏故障信息区显示“牵引电机”。

(2)微机显示屏“机车配置”界面，提示牵引电机 4 隔离。

(3)I/O 监视数据 E33-04 接点显示灰色。

(4)微机显示屏“辅助系统”界面，提示牵引风机 4 自动开关断开(标识变为灰色)。

(5)微机显示屏“当前故障”界面，提示 B 类，代码 1111，牵引电机 4 隔离；C 类，代码 1132，牵引风机 4 三相开关=34-Q04 断开。

(6)微机显示屏牵引风机 4 三相开关断开“处理提示”界面：

①提示“如果可以，请重新闭合三相保护开关=34-Q04，通知维护人员，检查牵引风机 4 三相保护开关=34-Q04”。

②按压“$V=0$”键，提示同①。

③按压"$V>0$"键，提示"牵引风机 4 三相保护开关＝34-Q04 断开，此时，牵引电机 4 完全无法获得冷却风源；如果牵引电机 4 温度上升到限制值，牵引电机 4 将采取相应保护"。

(7)牵引电机 4 无扭矩输出。

5. 变压器油泵三相自动开关断开

(1)微机显示屏故障信息区显示"三相开关"。

(2)微机显示屏"辅助系统"界面，提示油泵三相自动开关断开(标识变为灰色)。

(3)I/O 监视数据 E33-08 接点显示灰色。

(4)微机显示屏"当前故障"界面，提示：C 类，代码 1136，变压器油泵三相开关＝34-Q11 断开；C 类，代码 1061，油流故障(油温低于 12 ℃，不提示该条故障)。

(5)微机显示屏，变压器油泵三相开关断开"处理提示"界面：

①提示"如果可以，请重新闭合三相保护开关＝34-Q11，通知维护人员，检查油泵三相保护开关＝34-Q11"。

②按压"$V=0$"键，提示同①。

③按压"$V>0$"键，提示"油泵三相保护开关＝34-Q11 断开。此时，主变压器冷却油不流动，如果主变压器温度上升到限制值，机车将降功率运行"。

(6)微机显示屏"牵引条件"界面，"油流或油泵三相开关断开"条目底色变为白色，该节机车牵引封锁。

6. 主逆水泵三相自动开关断开

(1)主断路器断开。

(2)微机显示屏故障信息区显示"主变流器"。

(3)微机显示屏"机车配置"、"状态信息"界面，提示该节机车牵引电机全部隔离。

(4)I/O 监视数据 E33-09 接点显示灰色。

(5)微机显示屏"辅助系统"界面，提示主逆水泵三相自动开关断开(标识变为灰色)；牵引风机 1、2 接触器＝34-K01 断开；牵引风机 3、4 接触器＝34-K03 断开。

(6)微机显示屏"当前故障"界面，提示 C 类，代码 1137 主变水泵三相开关＝34＝Q12 断开；B 类，代码 1105/1109，TCU1/2 隔离；B 类，代码 1106/1107/1112/1111，牵引电机 1/2/3/4 隔离。

(7)微机显示屏主变水泵三相开关＝34-Q12 断开"处理提示"界面：

①提示"如果可以，请重新闭合三相保护开关＝34-Q12，通知维护人员，检查主变流器水泵三相保护开关＝34-Q12"。

②按压"$V=0$"键，提示同①。

③按压"$V>0$"键，提示"变流器水泵三相保护开关＝34-Q12 断开，此时，变流器水泵不工作，水不流动，如果主变流器水温度上升到限制值，机车将降功率运行"。

7. 辅变柜风机三相自动开关断开

(1)微机显示屏故障信息区显示"三相开关"。

(2)微机显示屏“辅助系统”界面，提示辅变柜风机三相自动开关断开(标识变为灰色)。

(3)I/O 监视数据 E33-10 接点显示灰色。

(4)微机显示屏“当前故障”界面，提示 C 类，代码 1138，辅助变压器柜风机三相开关＝34-Q13 断开。

(5)微机显示屏“处理提示”界面：

①提示“如果可以，请重新闭合三相开关＝34-Q13，通知维护人员，检查辅助变压器柜三相开关＝34-Q13”。

②按压“$V=0$”键，提示同①。

③按压“$V>0$”键，提示“辅助变压器柜风机三相开关＝34-Q13 断开，此时，辅助变压器柜风机不工作，如果辅助变压器温度上升到限制值，机车将分主断并隔离相对应的辅助变压器，辅助系统进行冗余配置模式运行”。

8. 主逆柜风机三相自动开关断开

(1)微机显示屏故障信息区显示“三相开关”。

(2)微机显示屏“辅助系统”界面，提示变流柜风机三相自动开关断开(标识变为灰色)。

(3)I/O 监视数据 E33-11 接点显示灰色。

(4)微机显示屏“当前故障”界面，提示 C 类，代码 1139，变流柜风机三相开关＝34-Q15 断开。

(5)微机显示屏“处理提示”界面：

①提示：“如果可以，请重新闭合三相开关＝34-Q15，通知维护人员，检查主变流柜风机三相开关＝34-Q15”。

②按压“$V=0$”键，提示同①。

③按压“$V>0$”键，提示“变流柜风机三相保护开关＝34-Q15 断开，此时，变流柜风机不工作，如果变流柜温度上升到限制值，机车将降功率运行”。

9. 空调三相自动开关断开

(1)微机显示屏故障信息区显示“三相开关”。

(2)微机显示屏“辅助系统”界面，提示空调三相自动开关＝62-Q01 断开(标识变为灰色)。

(3)I/O 监视数据 E33-13 接点显示灰色。

(4)微机显示屏“当前故障”界面，提示 C 类，代码 1141，空调三相自动开关＝62-Q01 断开。

(5)进入微机显示屏“处理提示”界面：

①提示“如果可以，请重新闭合三相开关＝62-Q01，通知维护人员，检查空调三相开关＝62-Q01”。

②按压“$V=0$”键，提示同①。

③按压“$V>0$”键，提示“三相开关＝62-Q01 断开，此时，空调不工作，影响工作环境”。

(6)空调失去电源，停止工作。

10. 三相变压器三相自动开关断开

(1)微机显示屏故障信息区显示“三相开关”。

(2)微机显示屏“辅助系统”界面，提示辅助变压器三相自动开关＝34-Q06 断开。

(3)I/O 监视数据 E33-06 接点显示灰色。

(4)微机显示屏“当前故障”界面，提示 C 类，代码 1134，440/260 V 变压器三相开关断开。

(5)微机显示屏“处理提示”界面：

①提示“如果可以，请重新闭合三相保护开关＝34-Q06，通知维护人员，检查辅助变压器三相保护开关＝34-Q06”。

②按压“$V=0$”键提示同①。

③按压“$V>0$”键，提示“检测到辅助变压器三相保护开关＝34-Q06 断开”。

(6)AC 230 V 电器(低压电器柜第四排自动开关所控制电器)全部失去电源。

注意：该条所提的辅助变压器应为三相变压器

11. 蓄电池充电三相自动开关断开

(1)微机显示屏故障信息区显示“三相开关”。

(2)微机显示屏“辅助系统”界面，提示充电机三相自动开关＝32-Q01 断开(标识变为灰色)。

(3)I/O 监视数据 E33-12 接点显示灰色。

(4)微机显示屏“当前故障”界面，提示 C 类，代码 1140，充电机三相开关＝32-Q01 断开。

(5)微机显示屏“处理提示”界面：

①提示“如果可以，请重新闭合三相开关＝32-Q01，通知维护人员，检查充电机三相开关＝32-Q01”。

②按压“$V=0$”键，提示同①。

按压“$V>0$”键，提示“充电机三相自动开关＝32-Q01 断开，此时，充电机不工作，如果充电机不工作，蓄电池电压降低到一定值，机车将断开主断路器，采用另外一节机车供电”。

(6)控制电源柜停止工作，蓄电池不充电。

12. 辅助电路检测 1 三相自动开关断开

(1)主断路器断开。

(2)微机显示屏故障信息区显示“辅逆”。

(3)微机显示屏“辅助系统”界面，提示电压传感器 1(辅助电路电压检测 1)三相自动开关＝34-Q20 断开(标识变为灰色)，辅变流器 1 被切除。

(4)I/O 监视数据 E33-15 接点显示灰色。

(5)微机显示屏“当前故障”界面，提示 B 类，代码 1108，辅逆 1 隔离；C 类，代码 1143，电压传感器 1(辅助电路电压检测 1)三相开关＝34-Q20 断开。

(6)微机显示屏电压传感器 1(辅助电路电压检测 1)三相开关＝34-Q20 断开“处理提示”界面：

①提示“如果可以，请重新闭合三相开关＝34-Q20，通知维护人员，检查三相保护开关＝34-Q20”。

②按压“$V=0$”键，提示同①。

③按压“$V>0$”键，提示“电压传感器1(辅助电路电压检测1)三相开关＝34-Q20断开，此时，电压传感器采集数据有误”。

13. 辅助电路检测2三相自动开关断开

(1)主断路器断开。

(2)微机显示屏故障信息区显示“辅逆”。

(3)微机显示屏“辅助系统”界面，提示电压传感器2(辅助电路电压检测2)三相自动开关＝34-Q21断开(标识变为灰色)，辅变流器2被切除。

(4)I/O监视数据E33-16接点显示灰色。

(5)微机显示屏“当前故障”界面，提示B类，代码1110，辅逆2隔离；C类，代码1144，电压传感器2(辅助电路电压检测2)三相开关＝34-Q21断开。

(6)微机显示屏电压传感器2(辅助电路电压检测2)三相开关＝34-Q21断开“处理提示”界面：

①提示“如果可以，请重新闭合三相开关＝34-Q21，通知维护人员，检查三相保护开关＝34-Q21”。

②按压“$V=0$”键，提示同①。

③按压“$V>0$”键，提示“电压传感器2(辅助电路电压检测2)三相开关＝34-Q21断开，此时，电压传感器采集数据有误”。

14. 冷却塔风机三相自动开关断开

(1)微机显示屏故障信息区显示“三相开关”。

(2)微机显示屏“辅助系统”界面，提示冷却塔风机三相自动开关＝34-Q05断开(标识变为灰色)。

(3)I/O监视数据E33-05接点显示灰色。

(4)微机显示屏“当前故障”界面，提示C类，代码1133，冷却塔风机三相开关＝34-Q05断开。

(5)微机显示屏“处理提示”界面：

①提示“如果可以，请重新闭合三相保护开关＝34-Q05，通知维护人员，检查冷却塔风机三相保护开关＝34-Q05”。

②按压“$V=0$”键，提示同①。

③按压“$V>0$”键，提示“冷却塔风机三相保护开关＝34-Q05断开，此时，主变压器冷却油和主变流器冷却水完全无法获得冷却风源。如果主变压器冷却油温度和主变流器冷却水温度上升到限制值，机车将降功率运行”。

注意事项：

①运行途中，若冷却塔风机停止工作，主变流器的冷却水温度就会逐渐升高，当其温度大于55 ℃时，该节机车主变流器降功率50%运行；当其温度超过60 ℃时，该节机车主变流器封锁。

②运行途中，若冷却塔风机停止工作，主变压器的冷却油温度就会逐渐升高，当其温度大

于 85 ℃时，该节机车主变流器降功率运行；当其温度超过 90 ℃时，该节机车主变流器封锁。

③冷却塔风机停止工作，若主变流器冷却水温度、主变压器冷却油温度升高，引起机车保护动作后，只要冷却塔风机重新投入工作，主变流器的冷却水温度及主变压器的油温就会迅速降低，当主变流器冷却水温度、主变压器冷却油温度低于 52 ℃、85 ℃时，主变流器即可恢复正常工作。

15. 主压缩机三相自动开关断开

(1)微机显示屏故障信息区显示“三相开关”。

(2)微机显示屏“辅助系统”界面，提示压缩机三相自动开关=34-Q10 断开(标识变为灰色)。

(3)I/O 监视数据 E33-07 接点显示灰色。

(4)微机显示屏“当前故障”界面，提示 C 类，代码 1135，主压缩机三相开关=34-Q10 断开。

(5)微机显示屏“处理提示”界面：

①提示“如果可以，请重新闭合三相保护开关=34-Q10，通知维护人员，检查主压缩机三相保护开关=34-Q10”。

②按压“$V=0$”键，提示同①。

③按压“$V>0$”键，提示“主压缩机三相保护开关=34-Q10 断开，此时，主压缩机不可用，导致总风缸压力偏低时，供风较慢或停止供风，机车因总风缸压力偏低会导致牵引封锁”。

注意：神华八轴交流机车每节机车设置一台主压缩机，且机车设有总风联管，神朔机务段大多采用两台以上机车重联运行，故切除一台主压缩机并不会影响列车运行。就是单台机车牵引，只要合理利用空压机扳键开关“强泵”位，能够保证在缓解列车制动前，总风缸风压在 900 kPa 以上，就不会影响列车运行。

二、交流 220 V 单相自动开关(图 7-2)

交流 220 V 自动开关除制动柜防寒加热 220 V 自动开关设置在制动柜外，其余均设置在低压电器柜上。低压电器柜交流 220 V 自动开关设置位置如图 7-2(a)所示；制动柜防寒加热 220 V 自动开关在制动柜上的设置位置如图 7-2(b)所示。

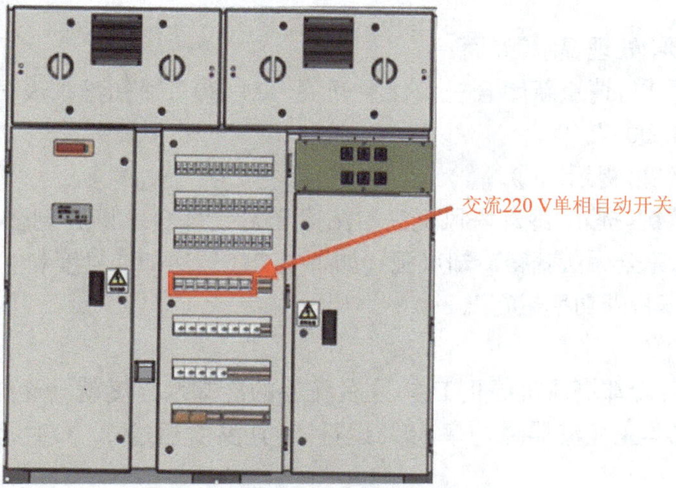

(a) 低压电器柜交流 220 V 自动开关设置位置

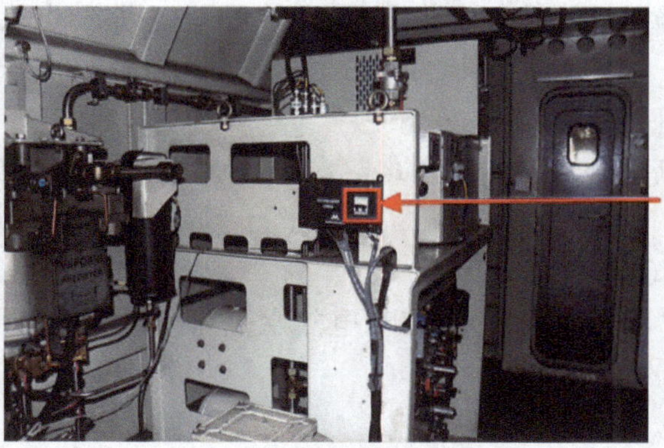

(b) 制动柜防寒加热 220 V 自动开关设置位置

图 7-2　220 V 自动开关设置位置

1. 电热水壶自动开关断开

(1)微机显示屏故障信息区显示“三相开关”。

(2)I/O 监视数据 E37-21 接点显示灰色

(3)微机显示屏“当前故障”界面，提示 C 类，代码 1176，司机室风扇/电热水壶/暖风机/脚部加热自动开关断开。

(4)进入微机显示屏“处理提示”界面：

①提示“如果可以，请重新闭合司机室风扇/电热水壶/暖风机/脚部加热自动开关，通知维护人员”。

②按压“$V=0$”键，提示同①。

③按压“$V>0$”键，提示“检测到司机室风扇/电热水壶/暖风机/脚部加热自动开关断开”。

(5)司机室电热水壶插座失去电源。

2. 暖风机 220 V 自动开关断开

(1)微机显示屏故障信息区显示“三相开关”。

(2)I/O 监视数据 E37-21 接点显示灰色。

(3)微机显示屏“当前故障”界面，提示 C 类，代码 1176，司机室风扇/电热水壶/暖风机/脚部加热自动开关断开。

(4)进入微机显示屏“处理提示”界面：

①提示“如果可以，请重新闭合自动开关-62-F07，通知维护人员”。

②按压“$V=0$”键，提示同①。

③按压“$V>0$”键，提示“检测到暖风机自动开关=62-F07 断开”。

(5)司机室取暖器均失去电源。

3. 司机室脚部加热器自动开关断开

(1)微机显示屏故障信息区显示“三相开关”。

(2)I/O 监视数据 E37-21 接点显示灰色。

(3)微机显示屏“当前故障”界面，提示C类，代码1176，司机室风扇/电热水壶/暖风机/脚部加热自动开关断开。

(4)进入微机显示屏“处理提示”界面：

①提示“如果可以，请重新闭合司机室风扇/电热水壶/暖风机/脚部加热自动开关，通知维护人员”。

②按压“$V=0$”键，提示同①。

③按压“$V>0$”键，提示“检测到司机室风扇/电热水壶/暖风机/脚部加热自动开关断开”。

(5)司机室膝炉失去电源。

注意：司机室脚部加热器自动开关=67-F08，根据其作用应准确称为司机室膝炉自动开关。

4. 前窗加热自动开关断开

(1)微机显示屏故障信息区显示“三相开关”。

(2)I/O监视数据E37-23接点显示灰色。

(3)微机显示屏“当前故障”界面，提示C类，代码1177，窗加热电源=63-F01断开。

(4)进入微机显示屏“处理提示”界面：

①提示“如果可以，请重新闭合自动开关=63-F01，通知维护人员”。

②按压“$V=0$”键，提示同①。

③按压“$V>0$”键，提示“检测到窗加热电源=63-F01断开”。

(5)前窗加热装置失去电源。

5. 屏柜加热自动开关断开

(1)微机显示屏无显(提)示。

(2)屏柜加热失去电源。

6. 微波炉自动开关断开

(1)微机显示屏无显(提)示。

(2)微波炉失去电源。

7. 制动柜防寒加热自动开关断开

(1)微机显示屏无显(提)示。

(2)制动柜加热装置失去电源。

三、110 V自动开关

(一)控制电源柜

控制电源柜110 V自动开关设置位置，如图7-3所示。

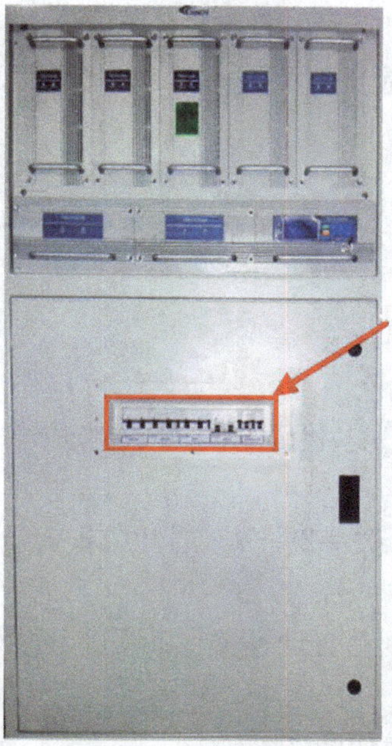

图 7-3　控制电源柜自动开关设置

1. 微机电源自动开关断开

(1)主断路器断开、受电弓降下。
(2)产生惩罚制动。
(3)微机显示屏、智能总线显示屏黑屏。
(4)低压电器柜第一排自动开关全部失去电源。

2. 控制电源自动开关断开

(1)主断路器断开、受电弓降下。
(2)列车管按常用制动速度减压到 0 kPa。
(3)机车自动实施停放制动。
(4)机车控制电路除停放制动电路外全部失去电源。
(5)司机室显示屏全部黑屏。

3. 蓄电池自动开关断开

(1)低压状态,机车失去控制电源。

(2)高压状态,蓄电池被切除,行车暂时不受影响。若通过接触网电分相或其他原因造成机车失去高压,机车即会失去控制电源。

①微机显示屏故障信息区显示“三相开关”。

②I/O 监视数据 E37-32 接点显示灰色。

③微机显示屏“当前故障”界面,提示 C 类,代码 1159,蓄电池自动开关=32-F06 断开。

④微机显示屏“处理提示”界面:

a. 提示“如果可以,请重新闭合自动开关=32-F06,通知维护人员”。

b. 按压“$V=0$”键，提示同①。

c. 按压“$V>0$”键，提示“检测到蓄电池自动开关=32-F06 断开”。

4. 停放制动/电子锁自动开关断开

(1)断开控制电源柜“控制电源”自动开关，停放制动不会自动施加。

(2)高压报警器、电控锁失去电源。

(3)微机显示屏故障信息区显示“三相开关”。

(4)I/O 监视数据 E37-27 接点显示灰色。

(5)微机显示屏“当前故障”界面，提示 C 类，代码 1180，停放制动/电子锁电源=28-F03 断开。

(6)微机显示屏“处理提示”界面：

①提示“如果可以，请重新闭合自动开关=28-F03，通知维护人员”。

②按压“$V=0$”键，提示同①。

③按压“$V>0$”键，提示“检测到停放制动自动开关=28-F03 断开”。

(二)低压电器柜

低压电器柜 110 V 自动开关设置位置如图 7-4 所示。

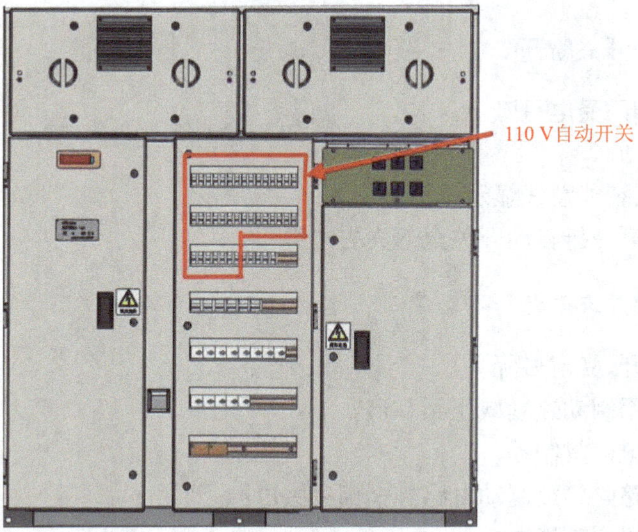

图 7-4　低压电器柜 110 V 自动开关设置位置

1. 受电弓/主断自动开关断开

(1)主断路器断开、受电弓降下(若断开非升弓节自动开关，受电弓不降)。

(2)微机显示屏故障信息区显示“受电弓”。

(3)受电弓模式转换开关在“自动”位，操纵节受电弓/主断自动开关断开，微机显示屏信息提示区提示“自动模式下本车受电弓隔离，自动选择后车弓”；受电弓模式转换开关在“前弓”位，操纵节受电弓/主断自动开关断开，微机显示屏信息提示区提示“选择本车受电弓，本车弓禁止重新选择模式”。

(4)I/O 监视数据 E37-01 接点显示灰色。

(5)进入微机显示屏“当前故障”界面，提示B类，代码1056，受电弓隔离；C类，代码1161，受电弓/主断自动开关＝21-F01断开。

(6)进入微机显示屏受电弓/主断自动开关＝21-F01断开“处理提示”界面：

①提示“如果可以，请重新闭合自动开关＝21-F01”通知维护人员”。

②按压“$V=0$”键，提示同①。

③按压“$V>0$”键，提示“检测到受电弓/主断自动开关＝21-F01断开”。

2. 自动过分相自动开关断开

(1)微机显示屏故障信息区显示“分相装置”。

(2)微机显示屏信息提示区提示“过分相必须手动完成”。

(3)I/O监视数据E37-03接点显示灰色。

(4)进入微机显示屏“当前故障”界面，提示C类，代码1189，分相装置故障。

(5)进入微机显示屏“处理提示”界面：

①提示“分相装置故障，只能进行手动过分相”。

②按压“$V=0$”键，提示同①。

③按压“$V>0$”键，提示“产生该故障的原因可能如下，断开/闭合分相装置电源”。

3. 以太网交换机自动开关断开

(1)微机显示屏故障信息区显示“三相开关”。

(2)I/O监视数据E37-04接点显示灰色。

(3)进入微机显示屏“当前故障”界面，提示C类，代码1201，网络交换机自动开关＝22-F02断开。

4. ERM电源自动开关断开

(1)微机显示屏故障信息区显示“机车总线”。

(2)进入微机显示屏“控制系统”界面，ERM变为红底色。

(3)I/O监视数据E37-08接点显示灰色。

(4)进入微机显示屏“当前故障”界面，提示B类，代码1098，ERM通信故障；C类，代码1165，ERM电源自动开关＝22-F03断开。

(5)进入微机显示屏ERM电源自动开关＝22-F03断开“处理提示”界面：

①提示“如果可以，请重新闭合自动开关＝22-F03，通知维护人员”。

②按压“$V=0$”键，提示同①。

③按压“$V>0$”键，提示“检测到ERM电源自动开关＝22-F03”断开。

5. GWM1电源自动开关断开

(1)微机显示屏故障信息区显示“三相开关”。

(2)I/O监视数据E37-06接点显示灰色。

(3)进入微机显示屏“控制系统”界面，CCU1变为红底色。

(4)进入微机显示屏“当前故障”界面，提示C类，代码1163，GWM1电源自动开关＝22-

F04 断开。

(5)进入微机显示屏"处理提示"界面:

①提示"如果可以,请重新闭合自动开关=22-F04,通知维护人员"。

②按压"$V=0$"键,提示同①。

③按压"$V>0$"键,提示"检测到 GWM1 电源自动开关=22-F04 断开"。

(6)进入微机显示屏"状态信息"界面,CCU1 显示"断开"。

(7)有时会出现断开主断路器、降下受电弓的现象。

6. GWM2 电源自动开关断开

(1)微机显示屏故障信息区显示"三相开关"。

(2)进入微机显示屏"控制系统"界面,CCU2 变为红底色。

(3)I/O 监视数据 E37-07 接点未显示绿色。

(4)进入微机显示屏"当前故障"界面,提示 C 类,代码 1164,GWM2 电源自动开关=22-F05断开。

(5)进入微机显示屏"处理提示"界面:

①提示"如果可以,请重新闭合自动开关=22-F05,通知维护人员"。

②按压"$V=0$"键,提示同①。

③按压"$V>0$"键,提示"检测到 GWM2 电源自动开关=22-F05 断开"。

(6)进入微机显示屏"状态信息"界面,CCU2 显示"断开"。

(7)有时会出现断开主断路器、降下受电弓的现象。

7. TCU1 电源自动开关断开

(1)主断路器断开。

(2)微机显示屏故障信息区显示"辅逆"。

(3)进入微机显示屏"控制系统"界面,TCU1 变为红底色。

(4)I/O 监视数据 E37-10 接点显示灰色。

(5)进入微机显示屏"当前故障"界面,提示 B 类,代码 1105,TCU1 隔离;B 类,代码 1106,牵引电机 1 隔离;B 类,代码 1107,牵引电机 2 隔离;C 类,代码 1167,TCU1 电源自动开关=23-F01 断开;C 类,代码 1108,辅逆 1 隔离;C 类,代码 1087,TCU1 通信故障;C 类,代码 1088,TCU1 网卡板通信故障。

(6)进入微机显示屏 TCU1 电源自动开关=23-F01 断开"处理提示"界面:

①提示"如果可以,请重新闭合自动开关=23-F01,通知维护人员"。

②按压"$V=0$"键,提示同①。

③按压"$V>0$"键,提示"检测到 TCU1 电源自动开关=23-F01 断开"。

(7)进入微机显示屏"机车配置"、"状态信息"界面,均提示牵引电机 1、2 隔离。

(8)进入微机显示屏"辅助系统"界面,提示辅变流器 1 隔离。

8. TCU2 电源自动开关断开

(1)主断路器断开。

(2)微机显示屏故障信息区显示“辅逆”。

(3)I/O 监视数据 E37-11 接点显示灰色。

(4)进入微机显示屏“控制系统”界面，TCU2 变为红色。

(5)进入微机显示屏“当前故障”界面，提示 B 类，代码 1109，TCU2 隔离；B 类，代码 1112，牵引电机 3 隔离；B 类，代码 1111，牵引电机 4 隔离；C 类，代码 1168，TCU2 电源自动开关＝23-F02 断开；C 类，代码 1110，辅逆 2 隔离；C 类，代码 1089，TCU2 通信故障；C 类，代码 1090，TCU2 网卡板通信故障。

(6)进入微机显示屏 TCU2 电源自动开关＝23-F02 断开“处理提示”界面：

①提示“如果可以，请重新闭合自动开关＝23-F02，通知维护人员”。

②按压“$V=0$”键，提示同①。

③按压“$V>0$”键，提示“检测到 TCU2 电源自动开关＝23-F02 断开”。

(7)进入微机显示屏“机车配置”、“状态信息”界面，均提示牵引电机 3、4 隔离。

(8)进入微机显示屏“辅助系统”界面，显示辅变流器 2 隔离。

9. CIO 模块电源自动开关断开

(1)主断路器断开、受电弓降下。

(2)微机显示屏故障信息区显示“机车总线”或“三相开关”。

(3)I/O 监视数据 E37-12 接点显示灰色。

(4)进入微机显示屏“当前故障”界面，提示 C 类。代码 1169，CIO 模块电源自动开关＝24-F01 断开；C 类，代码 1073，DXM11 通信故障；C 类，代码 1074，DIM12 通信故障；C 类，代码 1075，AXM13 通信故障。

(5)进入微机显示屏 CIO 电源自动开关＝24-F01 断开“处理提示”界面：

①提示“如果可以，请重新闭合自动开关＝24-F01，通知维护人员”。

②按压“$V=0$”键，提示同①。

③压“$V>0$”键，提示“检测到 CIO 模块电源自动开关＝24-F01 断开”。

(6)进入微机显示屏“控制系统”界面，DX11、DI12、AX13 均显示红底色。

10. MIO 模块电源自动开关断开

(1)主断路器断开、受电弓降下。

(2)产生惩罚制动。

(3)微机显示屏主断路器框显示“主断路器断开且已被锁死”标识，故障信息区显示“主断”。

(4)进入微机显示屏“当前故障”界面，提示 A 类。代码 1041，主断卡合；B 类，代码 1108，辅逆 1 隔离；B 类，辅逆 2 隔离；B 类，代码 1106、1197、1111、1112，牵引电机 1、2、3、4 隔离；B 类，代码，1143、1144，电压传感器 1、2 三相开关断开等。

(5)进入微机显示屏“控制系统”界面，DX31-36、DI37、DX38 全部显示红底色。

(6)进入微机显示屏“机车配置”、“状态信息”界面，提示本节高压隔离开关全部断开、牵引电机全部隔离、主断路器断开且已被锁死。

(7)进入微机显示屏“辅助系统”界面，提示三相自动开关全部断开。

11. MIO 反馈信号自动开关断开

(1)主断路器断开、受电弓降下。

(2)微机显示屏显示红底色白字“请司机检查所有车蓄电池电压都大于 77 V,若大于 77 V,请按确认按键并继续行车;若小于 77 V,请紧急进行处理”。按确认键后,恢复正常主界面,本节主断路器框显示“主断路器断开且已被锁死”标识。

(3)进入微机显示屏“当前故障”界面,提示多种故障。

(4)进入微机显示屏“机车配置”、“状态信息”界面,提示本节高压隔离开关全部断开、牵引电机全部隔离、主断路器断开且已被锁死。

(5)进入微机显示屏“辅助系统”界面,提示三相自动开关、接触器全部断开。

12. 辅机控制自动开关断开

(1)主断路器断开。

(2)微机显示屏故障信息区显示“接触器”。

(3)I/O 监视数据 E37-15 接点显示灰色。

(4)进入微机显示屏“当前故障”界面,提示 B 类,代码 1002,变压变频接触器 31K01 卡分;B 类,代码 1004,恒压恒频接触器 31K02 卡分;B 类,代码 1008,辅助变流器 1 接触器 31K11 卡分;B 类,代码 1010,辅助变流器 2 接触器 31K12 卡分;B 类,代码 1018,牵引风机 1/2 接触器 34K01 卡分;B 类,代码 1020,牵引风机 3/4 接触器卡分;B 类,代码 1108,辅逆 1 隔离;B 类,代码 1110,辅逆 2 隔离;C 类,代码 1035,接触器控制电路电源断开。

(5)进入微机显示屏“辅助系统”界面,提示辅机系统接触器全部断开。

13. HMI 电源自动开关断开

微机显示屏黑屏。

14. 智能总线及交换机自动开关断开

(1)微机显示屏故障信息区显示“三相开关”或“机车总线”。

(2)进入微机显示屏“当前故障”界面,提示 C 类,代码 1202,智能总线及交换机电源自动开关=44-F02 断开。

(3)I/O 监视数据 E37-30 接点显示灰色

(4)智能总线显示屏黑屏。

15. 防火监视系统自动开关断开

(1)防火监视系统全部失电。

(2)视频显示屏提示该节防火系统均通信错误。

16. 辅助压缩机自动开关断开

(1)微机显示屏故障信息区显示“三相开关”。

(2)I/O 监视数据 E37-02 接点显示灰色。

(3)进入微机显示屏“当前故障”界面，提示C类，代码1148，“辅助压缩机故障”；C类，代码1162，辅助压缩机自动开关=21-F02断开。

(4)进入微机显示屏辅助压缩机自动开关=21-F02断开“处理提示”界面。

①提示“如果可以，请重新闭合自动开关=21-F02，通知维护人员”。

②按压“V=0”键，提示同①。

③按压“V>0”键，提示“检测到辅助压缩机自动开关=21-F02断开”。

17. 司机钥匙电源自动开关断开

(1)主断路器断开、受电弓降下。

(2)微机显示屏故障信息区显示“三相开关”。

(3)I/O监视数据E37-09接点显示灰色。

(4)进入微机显示屏“当前故障”界面，提示C类，代码1166，司机钥匙电源自动开关=22-F06断开。

(5)进入微机显示屏“处理提示”界面：

①提示“如果可以，请重新闭合自动开关=22-F06，通知维护人员”。

②按压“V=0”键，提示同①。

③按压“V>0”键，提示“检测到司机钥匙电源自动开关=22-F06断开”。

(6)监控显示屏黑屏。

18. DK2　BCU自动开关断开

(1)列车管按常用制动速度减压到0 kPa。

(2)微机显示屏故障信息区显示“三相开关”。

(3)I/O监视数据E37-13接点显示灰色。

(4)进入微机显示屏“当前故障”界面，提示C类，代码1170，制动控制电路/DK2信号/监控电源自动开关断开；C类，代码1095，BCU通信故障。

(5)进入微机显示屏制动控制电路/DK2信号/监控电源自动开关断开“处理提示”界面：

①提示“如果可以，请重新闭合自动开关=28-F01，通知维护人员”。

②按压“V=0”键，提示同①。

③按压“V>0”键，提示“检测到自动开关=28-F01断开”。

(6)进入微机显示屏“控制系统”界面，BCU显示红底色。

(7)微机显示屏“机车配置”界面，BCU状态无显示。

(8)司机台制动指示绿灯灭。

(9)制动显示屏提示“通信中断”，无数值显示。

19. DK2检测信号自动开关断开

(1)产生惩罚制动。

(2)微机显示屏全屏显示红底色白字“停放制动隔离塞门关闭，请机械缓解停放制动，并请按‘E’键确认”。确认后，微机显示屏恢复，该节空气制动、停放制动标识均显示锁死标识，微机显示屏信息提示区提示：Ⅰ、Ⅱ架制动缸隔离塞门关闭、辅助风缸塞门关闭、停放制动隔离塞门关闭。

(3)微机显示屏故障信息区显示“三相开关”或“隔离塞门”。

(4)I/O 监视数据 E37-13 接点显示灰色

(5)进入微机显示屏“机车配置”界面，提示该节空气制动、停放制动均锁死。

(6)进入微机显示屏“当前故障”界面，提示 C 类，代码 1122/1123，Ⅰ/Ⅱ架制动缸塞门关闭；C 类，代码 1125，停放制动隔离塞门关闭；C 类，代码 1170，制动控制电路/DK2 信号/监控电源自动开关断开。

(7)进入微机显示屏制动控制电路/DK2 信号/监控电源自动开关断开“处理提示”界面：

①提示“如果可以，请重新闭合制动控制电路/DK2 信号/监控电源自动开关，通知维护人员”。

②按压“$V=0$”键，提示同①。

③按压“$V>0$”键，提示“检测到制动控制电路/DK2 信号/监控电源自动开关断开”。

(8)制动显示屏提示确认制动缸塞门。

20. DK2 LCDM 自动开关断开

制动显示屏黑屏。

21. 制动系统防寒自动开关断开

制动系统防寒 110 V 失去电源。

22. 行灯插座/冷藏箱自动开关断开

行灯插座/冷藏箱失去电源。

23. 主压缩机电源自动开关断开

(1)微机显示屏故障信息区显示“自动开关”或“主压缩机”。

(2)I/O 监视数据 E37-15 接点显示灰色。

(3)进入微机显示屏“当前故障”界面，提示 C 类，1127，主压缩机故障，1035，接触器控制电路电源断开。

(4)主压缩机停止工作。

24. 干燥器/风笛自动开关断开

(1)干燥器、风笛失去电源(风笛不响)

(2)微机显示屏故障信息区显示“自动开关”。

(3)I/O 监视数据 E37-15 接点显示灰色。

(4)进入微机显示屏“当前故障”界面，提示 C 类、代码 1035、接触器控制电路电源断开。

25. 监控系统自动开关断开

(1)监控显示屏黑屏。

(2)微机显示屏故障信息区显示“三相开关”。

(3)I/O 监视数据 E37-14 接点显示灰色。

(4)进入微机显示屏“当前故障”界面，提示“C 类、代码 1171、监控系统/TAX2 自动开关断开”(7096 以后机车还提示“C 类、代码 1189、分相装置故障”)。

(5)进入微机显示屏监控系统/TAX2 自动开关断开“处理提示”界面：

①提示“如果可以，请重新闭合自动开关=43-F01，通知维护人员”。

②按压“$V=0$”键，提示同①。

③按压“$V>0$”键，提示“检测自动开关=43-F01 断开”。

26. TAX2 箱/语音盒功能拓展盒自动开关断开

(1)列尾控制盒失去电源。

(2)微机显示屏故障信息区显示“三相开关”。

(3)I/O 监视数据 E37-14 接点显示灰色。

(4)进入微机显示屏“当前故障”界面，提示 C 类、代码 1171、监控系统/TAX2 自动开关断开。

(5)进入微机显示屏监控系统/TAX2 自动开关断开“处理提示”界面：

①提示“如果可以，请重新闭合监控系统/TAX2 自动开关，通知维护人员”。

②按压“$V=0$”键，提示同①。

③按压“$V>0$”键，提示“检测到监控系统/TAX2 自动开关断开”。

27. 信号系统自动开关断开

(1)语音提示“信号异常”。

(2)微机显示屏故障信息区显示“三相开关”。

(3)I/O 监视数据 E37-31 接点显示灰色。

(4)进入微机显示屏“当前故障”界面，提示“C 类、代码 1203、信号系统自动开关=43-F03 断开”。

28. 无线重联电源自动开关断开

(1)OCE、DTE 失去电源，无线重联解编(从 1、从 2 断开主断路器、降下受电弓)。

(2)微机显示屏故障信息区显示“三相开关”。

(3)I/O 监视数据 E37-16 接点显示灰色。

(4)进入微机显示屏“当前故障”界面，提示 C 类、代码 1172、无线重联自动开关=44-F01 断开；C 类、代码 1101、OCE 通信中断。

(5)进入微机显示屏无线重联自动开关=44-F01 断开“处理提示”界面：

①提示“如果可以，请重新闭合自动开关=44-F01，通知维护人员”。

②按压“$V=0$”键，提示同①。

③按压“$V>0$”键，提示“检测到无线重联自动开关=44-F01 断开”。

29. 机车综合无线电自动开关断开

(1)机车综合无线电失去电源，MMI 黑屏。

(2)微机显示屏故障信息区显示“三相开关”。

(3)I/O 监视数据 E37-20 接点显示灰色。

(4)进入微机显示屏“当前故障”界面，提示 C 类、代码 1175、机车综合通信设备自动开关=45-F01 断开。

(5)进入微机显示屏机车通信设备自动开关=45-F01 断开“处理提示”界面：

①提示“如果可以，请重新闭合自动开关=45-F01，通知维护人员”。

②按压“$V=0$”键，提示同①。

③按压“$V>0$”键，提示“检测到机车综合通信设备自动开关=45-F01 断开”。

30. 视频系统自动开关断开

(1)视频显示屏黑屏。

(2)微机显示屏故障信息区显示“三相开关”。

(3)I/O 监视数据 E37-28 接点显示灰色。

(4)进入微机显示屏“当前故障”界面，提示 C 类、代码 1157、视频系统自动开关=45-F02 断开。

(5)进入微机显示屏视频系统自动开关=45-F02 断开“处理提示”界面：

①提示“如果可以，请重新闭合自动开关=45-F02，通知维护人员”。

②按压“$V=0$”键，提示同①。

③按压“$V>0$”键，提示“检测到视频系统自动开关=45-F02 断开”。

31. 能耗检测无线电传输系统自动开关断开

(1)控制电源柜能耗表无显示。

(2)综合柜机车运行监测数据无线传输装置失去电源。

32. 走行部检测自动开关断开

(1)信号柜走行部检测主机失去电源。

(2)微机显示屏故障信息区显示“三相开关”。

(3)I/O 监视数据 E37-29 接点显示灰色。

(4)进入微机显示屏“当前故障”界面，提示 C 类、代码 1158，走行部监测系统自动开关=47-F01 断开。

(5)进入微机显示屏走行部监测系统自动开关=47-F01 断开“处理提示”界面：

①提示“如果可以，请重新闭合自动开关=47-F01，通知维护人员”。

②按压“$V=0$”键，提示同①。

③按压“$V>0$”键，提示“检测到走行部监测系统自动开关=47-F01 断开”。

33. 外部照明自动开关断开

(1)标志灯、辅助照明灯均不亮。

(2)微机显示屏故障信息区显示“三相开关”。

(3)I/O 监视数据 E37-17 接点显示灰色。

(4)进入微机显示屏“当前故障”界面，提示 C 类、代码 1173、车外照明自动开关断开。

(5)进入微机显示屏“处理提示”界面：

①提示“如果可以，请重新闭合车外照明自动开关，通知维护人员”。

②按压“$V=0$”键，提示同①。

③按压“$V>0$”键，提示“检测到车外照明自动开关断开”。

34. 头灯照明自动开关断开

(1)头灯不亮。

(2)微机显示屏故障信息区显示“三相开关”。

(3)I/O 监视数据 E37-17 接点显示灰色。

(4)进入微机显示屏“当前故障”界面，提示 C 类、代码 1173、车外照明自动开关=51-F02 断开。

(5)进入微机显示屏“处理提示”界面：

①提示“如果可以，请重新闭合自动开关=51-F02，通知维护人员”。

②按压“$V=0$”键，提示同①。

③按压“$V>0$”键，提示“检测到车外照明自动开关=51-F02 断开”。

35. 司机室照明自动开关断开

(1)司机室照明灯不亮。

(2)微机显示屏故障信息区显示“三相开关”。

(3)I/O 监视数据 E37-25 接点显示灰色。

(4)进入微机显示屏“当前故障”界面，提示 C 类、代码 1179、车内/司机室照明/机械间走廊灯自动开关断开。

(5)进入微机显示屏“处理提示”界面：

①提示“如果可以，请重新闭合车内/司机室照明/机械间走廊灯自动开关，通知维护人员”。

②按压“$V=0$”键，提示同①。

③按压“$V>0$”键，提示“检测到车内/司机室照明/机械间走廊灯自动开关断开”。

36. 机械间走廊灯自动开关断开

(1)机械间照明灯不亮。

(2)微机显示屏故障信息区显示“三相开关”。

(3)I/O 监视数据 E37-25 接点显示灰色。

(4)进入微机显示屏“当前故障”界面，提示 C 类、代码 1179、车内/司机室照明/机械间走廊灯自动开关断开。

(5)进入微机显示屏“处理提示”界面：

①提示“如果可以，请重新闭合车内/司机室照明/机械间走廊灯自动开关，通知维护人员”。

②按压“$V=0$”键，提示同①。

③按压“$V>0$”键，提示“检测到车内/司机室照明/机械间走廊灯自动开关断开”。

37. 司机室风扇自动开关断开

(1)微机显示屏故障信息区显示“三相开关”。

(2)I/O 监视数据 E37-21 接点显示灰色

(3)微机显示屏“当前故障”界面,提示 C 类,代码 1176,司机室风扇/电热水壶/暖风机/脚部加热自动开关断开。

(4)进入微机显示屏“处理提示”界面:

①提示“如果可以,请重新闭合司机室风扇/电热水壶/暖风机/脚部加热自动开关,通知维护人员”。

②按压“$V=0$”键,提示同①。

③按压“$V>0$”键,提示“检测到司机室风扇/电热水壶/暖风机/脚部加热自动开关断开”。

(5)司机室风扇失去电源。

38. 撒砂/轮喷自动开关断开

(1)撒砂、轮喷失去电源。

(2)微机显示屏故障信息区显示“三相开关”。

(3)I/O 监视数据 E37-19 接点显示灰色。

(4)进入微机显示屏“当前故障”界面,提示 C 类、代码 1174、撒砂/轮缘润滑自动开关=72-F01 断开。

(5)进入微机显示屏“处理提示”界面:

①提示“如果可以,请重新闭合自动开关=72-F01,通知维护人员”。

②按压“$V=0$”键,提示同①。

③按压“$V>0$”键,提示“检测到撒砂/轮缘润滑自动开关=72-F01 断开”。

(三)高压互感器自动开关(图 7-5)

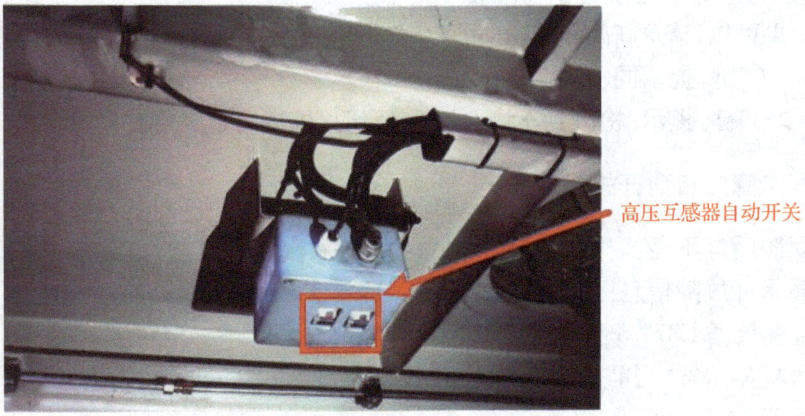

图 7-5 高压互感器自动开关设置位置

1. 升弓节微机网压检测高压电压互感器自动开关断开

(1)主断路器断开。

(2)微机显示屏无网压显示。

(3)微机显示屏故障信息区显示“接触网”。

(4)微机显示屏“当前故障”界面提示:B类,代码1046,原边电压偏低一级保护;B类,代码1045,原边电压偏低一级报警;C类,代码1204,高压互感器次边断开。

2. 升弓节网压表高压互感器自动开关断开

(1)操纵节司机室网压表无网压显示。

(2)微机显示屏故障信息区显示“高压互感器”。

(3)微机显示屏故障信息区提示“高压互感器次边断开”。

3. 非升弓节高压互感器自动开关断开

(1)微机显示屏故障信息区显示“高压互感器”。

(2)微机显示屏故障信息区提示“高压互感器次边断开”。

四、24 V自动开关

24 V自动开关均设置在低压电器柜上,其在低压电器柜上的设置位置如图7-6所示。

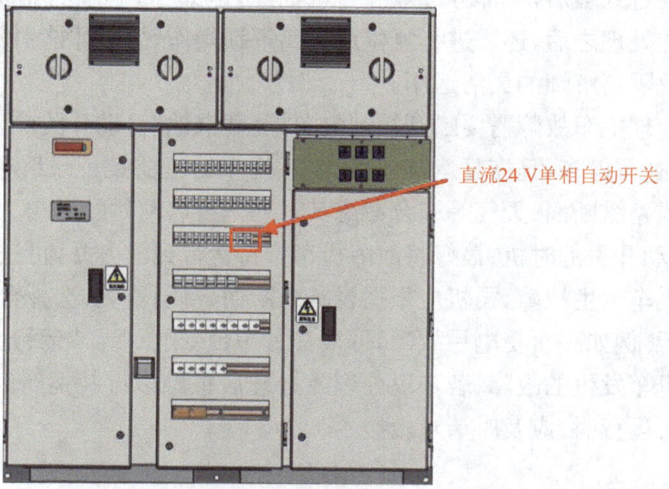

图7-6　直流24 V单相自动开关设置位置

1. 辅助照明24 V自动开关断开

辅灯、标志灯均不亮,但能听到对应的接触器闭合声。

2. 仪表灯24 V自动开关断开

仪表/指示灯不亮。

3. 观察窗24 V自动开关断开

观察窗加热装置失去电源。

第八章　应急故障处理

一、机车应急故障处理应遵循的原则

(1)运行途中遇机车出现故障时，司机应沉着冷静，首先根据显示屏显(提)示，列车运行状态及学习司机的检查汇报，大致区分、判定机车故障的严重程度，立即采取断开主断路器、降下受电弓、停车、调速手柄回“0”位等不同措施后再做后续处理。如发生弓网事故、机车火灾，应首先采取断开主断路器、降下受电弓、立即停车等措施。

(2)万吨无线重联机车运行在长大上坡道区间，若某节机车故障引起主断路器断开时，暂不进行处理，待维持运行到能进入前方站时再进行处理。

(3)故障处理过程中应考虑处理方法是否会引起机车产生惩罚制动。

(4)运行途中机车出现非机械方面故障，可按顺序进行复位操作，以使机车故障消除。

(5)机车故障经过处理后，大部分故障会自动消除，但如“布赫继电器动作”、“本车受电弓升弓故障”等故障在处理之后，还需进行复位或隔离解锁操作，故障才能消除，故在故障处理过程中，应注意复位及隔离解锁的灵活运用。

(6)运行途中处理机车故障需要断开控制电源柜“蓄电池”自动开关前，司机一定要考虑到该操作一定会导致列车停车，且恢复运行前，还需对列车运行监控记录装置重新进行设定；并需根据牵引重量、线路纵断面、天气等综合考虑其对列车再启动时的影响。慎重选择断开控制电源柜“蓄电池”自动开关的时机，最好将故障机车维持运行到前方站，再进行此项操作。

(7)运行途中机车发生故障，司机应根据线路纵断面、牵引重量，选择合理的处理时机及方法，尽可能维持运行，例如一台受电弓故障，可换升另一台受电弓维持运行。

(8)运行途中机车发生的故障，若难以处理或处理后也难以维持运行时，应尽量维持到前方站，确实无法维持运行时，应及时请求救援。

二、应急故障处理

1. 运行途中遇车顶“放炮”，接触网失电时的处理方法

运行途中遇车顶“放炮”，接触网失电时应立即停车、断开主断路器、降下受电弓，并根据当时情况，尽可能利用有利地形对车顶进行检查，若发现车顶异物或“放炮”部件有可能在运行中掉落、侵线时，则按规定申请接触网停电，上车顶处理后维持运行；若未发现异常或无法对车顶进行检查时，则按以下方法进行处理：

(1)若接触网有电，但机车微机显示屏、网压表均无感应网压显示时，说明机车车顶有接地处所，此时，可按第六章第 72 条“机车车顶接地的判断方法”判断出接地处所，再按本章第 10 条“运行途中遇机车车顶接地时的处理方法”进行处理。

(2)若接触网有电，机车微机显示屏、网压表感应网压均显示正常时，则升起受电弓、闭合主断路器，进行牵引试验：试验正常即可恢复运行；试验异常，根据情况对症进行处理。

2. 运行途中遇接触网异常摆动时的处理方法

运行途中遇接触网异常摆动时，按以下方法进行处理：

(1)立即采取停车措施、断开主断路器，降下受电弓。值乘司机立即通过列车运行监控记录装置及时锁定故障发生地点，学习司机立即后部瞭望，确认弓网状态。

(2)停车后，立即检查受电弓是否受损。若刮弓，按本章第 3 条“运行途中遇机车受电弓被刮坏时的处理方法”进行处理；未刮弓时，应换弓维持运行。并及时向列车调度员或车站值班员进行汇报。在半自动闭塞区段，若使用一切通信工具均不能完整汇报时，到前方站应压标停车向车站值班员汇报。

3. 运行途中遇机车受电弓被刮坏时的处理方法

运行途中，机车受电弓被刮坏(刮弓)时、应立即断开主断路器、降下受电弓、停车，司机在采取停车措施的同时并通过列车运行监控记录装置锁定故障发生的地点，停车后，及时对弓网进行检查：

(1)未造成车顶接地时，应注意观察受电弓被刮坏的程度，在保证运行中不会掉落的情况下，换弓维持运行。

(2)造成接地或运行中可能会造成接地时，应尽量利用车顶隔离开关，以将车顶接地点(或可能接地点)甩开后维持运行。

(3)若刮弓严重，不能排除再运行时会出现顶电或受电弓掉落的情况时，应按规定登上车顶进行检查处理后，尽量维持运行到前方站，若车顶故障难以处理或处理后也无法运行时，应及时请求救援。

(4)检查处理时，应注意收集造成受电弓被刮坏的物证。

(5)及时向列车调度员或车站值班员进行汇报。若使用一切通信工具均不能完整汇报时，半自动闭塞区段可运行到前方站，压标停车向列车调度员或车站值班员进行汇报。

(6)为了保证刮弓不被误判，途中遇自动降弓装置动作必须立即停车。

(7)发生弓网事故，应严格按照中国神华神朔铁路分公司《行车组织规则》第 142 条发生弓网故障应急处理办法进行处理。

4. 运行途中遇受电弓自动降下时的处理方法

运行途中遇司机未发出降弓指令但受电弓降下时，一般可分为两种情况：一种是因发生弓网事故、滑板腔漏风造成自动降弓装置动作，受电弓降下，此时微机显示屏提示自动降弓装置动作；一种是因受电弓控制系统及其本身故障造成受电弓降下(俗称掉弓)。

运行途中遇自动降弓装置动作，应立即采取停车措施，若发生弓网事故，严格按照中国神华神朔铁路分公司《行车组织规则》第 142 条发生弓网故障应急处理办法进行处理；若未发生弓网事故，仅因滑板腔风管本身漏风造成自动降弓装置动作时，换弓维持运行即可。

运行途中发生掉弓，应设法重新升起受电弓或换升另一受电弓后继续运行。

5. 运行途中遇避雷器炸裂时的处理方法

运行途中遇避雷器炸裂时，根据不同情况分别按以下方法进行处理：

(1)前避雷器炸裂

利用受电弓模式转换开关切除该节受电弓维持运行。

(2)后避雷器炸裂

①非操纵节

按照第六章第70条非操纵节控制系统故障已影响操纵节或车顶受电弓高压隔离开关后高压电路故障时切除非操纵节的方法，切除非操纵节机车维持运行。

②操纵节

按照第六章第71条操纵节车顶受电弓高压隔离开关后高压电路故障时切除操纵节的方法，切除操纵节后维持运行。

6. 运行途中遇高压电压互感器炸裂、烧损时的处理方法

运行途中遇高压电压互感器炸裂、烧损时，利用受电弓模式转换开关切除该节受电弓，并断开该节机车两个高压电压互感器自动开关后维持运行。

7. 运行途中遇受电弓高压隔离开关闸刀接触不良、放电时的处理方法

运行途中遇受电弓高压隔离开关闸刀接触不良、放电时，则利用受电弓模式转换开关切除该节受电弓后维持运行。

8. 运行途中遇机车高压隔离开关闸刀接触不良或高压跳线烧损、接地时的处理方法

运行途中遇机车高压隔离开关闸刀接触不良或高压跳线烧损、接地时，则将操纵节机车受电弓模式转换开关置“单机”位(图8-1)维持运行。

图8-1　受电弓模式转换开关单机位

9. 运行途中遇主断路器炸裂、烧损或接地时的处理方法

(1)非操纵节

按照第六章第70条非操纵节控制系统故障已影响操纵节或车顶受电弓高压隔离开关后高压电路故障时切除非操纵节的方法，切除非操纵节机车维持运行。

(2)操纵节

按照第六章第71条操纵节车顶受电弓高压隔离开关后高压电路故障时切除操纵节的方法，切除操纵节后维持运行。

10. 运行途中遇机车车顶接地时的处理方法

运行途中遇机车车顶接地时，应立即采取断开主断路器、降下受电弓、停车措施，停车后利用有利地形对机车车顶进行确认，若继续运行有可能造成部件掉落或侵线时，需按规定申请接触网停电后登上车顶进行处理，否则，按照第六章第72条机车车顶接地的判断方法，判断出机车车顶接地处所后，按以下方法进行处理：

(1)某节机车受电弓高压隔离开关前接地

受电弓高压隔离开关前(受电弓、前避雷器、高压电压互感器)接地，利用受电弓模式转换开关切除该节受电弓后维持运行(高压电压互感器炸裂、接地，还应断开其高压互感器自动开关)。

(2)受电弓高压隔离开关后接地或受电弓高压隔离开关前后均接地

①非操纵节

按照第六章第70条非操纵节控制系统故障已影响操纵节或车顶受电弓高压隔离开关后高压电路故障时切除非操纵节的方法，切除非操纵节机车维持运行。

(2)操纵节

按照第六章第71条操纵节车顶受电弓高压隔离开关后高压电路故障时切除操纵节的方法，切除操纵节后维持运行。

(3)两机车高压隔离开关间接地

两机车高压隔离开关间接地时，则将操纵节受电弓模式转换开关置“单机”位(图8-1)维持运行。

(4)两节机车车顶均接地

①切除该台机车能够维持运行时，切除该台机车(断开控制电源柜“蓄电池”自动开关；按压制动柜停放缓解手动按钮，确认停放制动装置缓解)维持运行。

②切除该台机车不能维持运行时，立即向行管人员进行汇报，按其指示办理。

11. 运行途中遇主断路器发生卡合时的处理方法

主断路器卡合：即微机控制系统已向主断路器送出断开信号，但微机控制系统长时间未收到主断路器断开的反馈信号。通俗讲，就是主断路器断不开而卡在闭合位。

运行途中遇通过接触网电分相时主断路器断不开，即发生卡合故障，无线重联运行的机车应立即将机车重联转换开关置“0”位或立即降下受电弓，非无线重联运行的机车应立即降下受电弓，谨防带电过分相。通过接触网电分相后，尽量维持运行到前方站再进行处理。

处理方法：

(1)切除故障节机车能够维持运行时，按照车顶受电弓高压隔离开关后高压电路故障时，切除故障节机车的方法，切除故障节后维持运行。

(2)切除故障节机车无法维持运行时

①关闭故障节主断路器风路塞门145进行试验，试验结束后，开放塞门145，如图8-2所示。

图8-2　主断路器风路塞门145开放位

②断开控制电源柜“微机电源”自动开关(图8-3)10 s后再闭合，进行断/合微机自动开关复位操作。

③断开控制电源柜“蓄电池”自动开关(图8-4)60 s再闭合，进行断/合蓄电池自动开关复位操作。

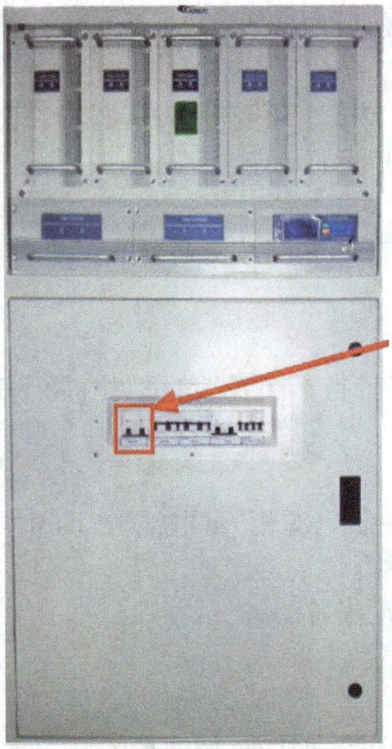

图 8-3 微机电源自动开关设置位置

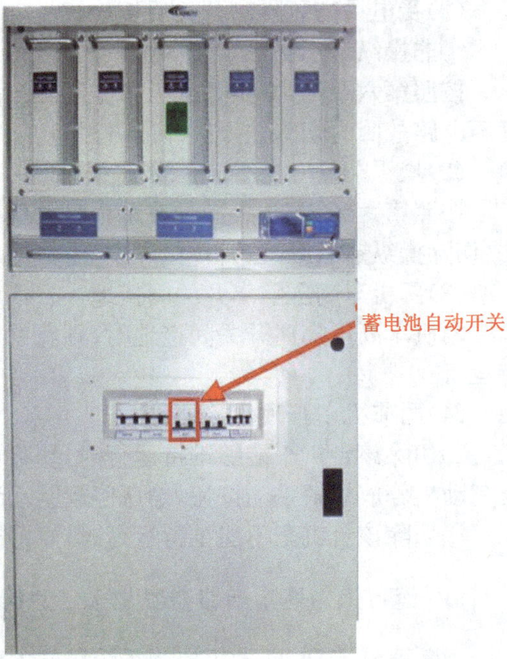

图 8-4 蓄电池自动开关设置位置

④经以上处理，仍无法维持运行时，立即向行管人员汇报，按其指示办理。

12. 运行途中遇微机显示屏提示“110 V 接地”时的处理方法

运行途中遇微机显示屏故障信息区显示“110 V”(图 8-5)，当前故障界面提示“110 V 接地”时(图 8-6)，立即进行走廊巡视，若未发现 110 V 自动开关断开，也未未发现有烧损、短路、焦糊味等其他异状时，可维持运行回段报修。

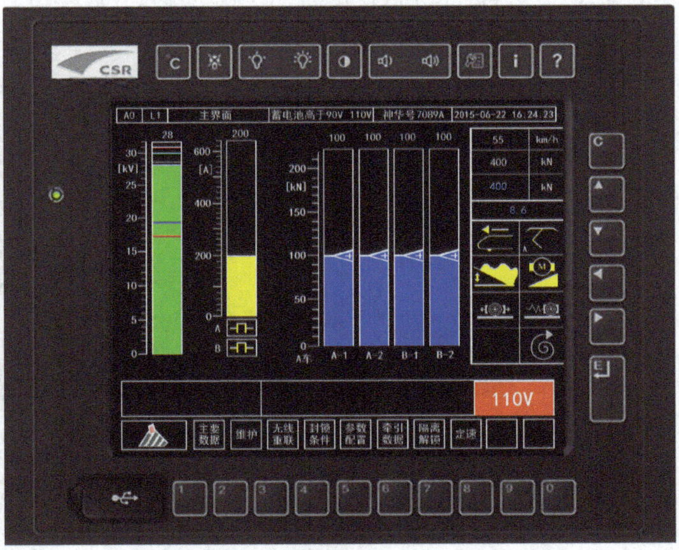

图 8-5 微机显示屏故障信息区显示 110 V

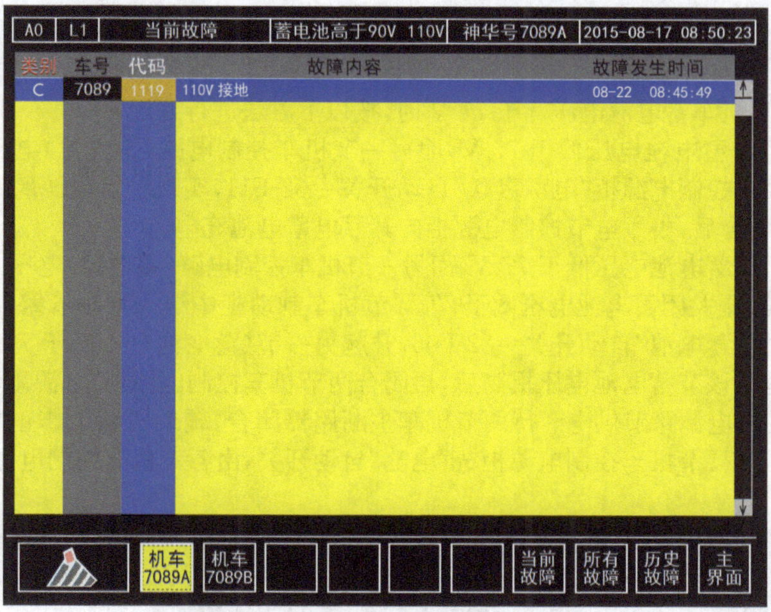

图 8-6　当前故障界面提示 110 接地

13. 运行途中遇蓄电池电压低于 90 V 时的处理方法

运行途中遇机车蓄电池电压低于 90 V(图 8-7)时，应立即升起受电弓、闭合主断路器对蓄电池进行充电，若该节控制电源柜因故无法对蓄电池充电时，则将两节机车控制电源柜“电源重联”自动开关=32-F11 置闭合位，实现控制电源跨节供电，防止该节蓄电池电压继续下降，影响列车正常运行。

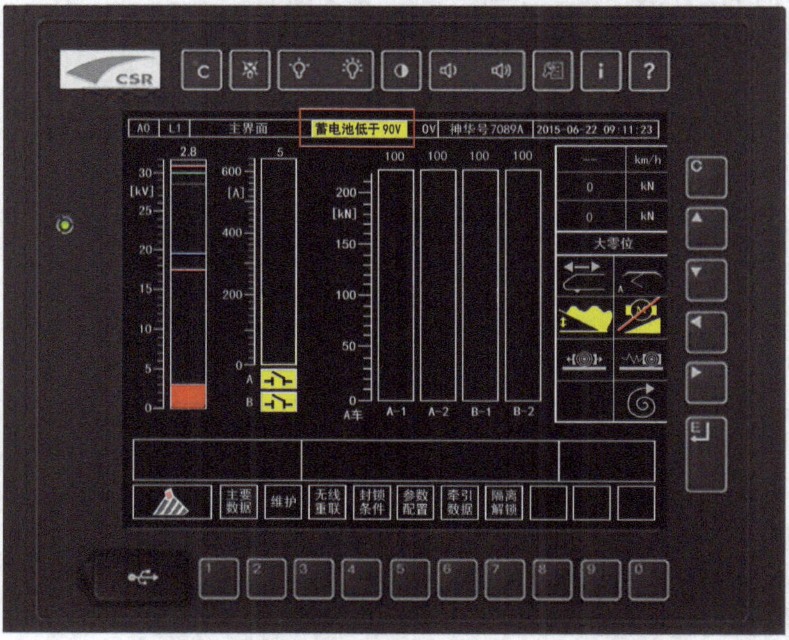

图 8-7　微机显示屏提示蓄电池电压低于 90 V

14. 运行途中遇机车蓄电池电压低于 77 V 时的处理方法

运行途中遇机车蓄电池电压低于 77 V 时，按以下方法进行处理。

(1)一节机车蓄电池电压低于 77 V，而另一节机车控制电路(蓄电池)电压在 90 V 以上时，闭合两节机车控制电源柜“电源重联”自动开关＝32-F11，实现控制电源跨节供电，待两节机车主断路器闭合后，由亏电节控制电源柜向其亏电蓄电池充电。

(2)一节机车蓄电池电压低于 77 V，而另一节机车控制电路(蓄电池)电压在 90 V 以下但在 77 V 以上时，则关闭蓄电池电压低于 77 V 节机车制动柜中继阀列车管塞门 115(图 8-8)、断开控制电源柜“蓄电池”自动开关＝32-F06，升起另一节(蓄电池电压高于 77 V 节)受电弓、闭合主断路器，待该节蓄电池电压提高后，再闭合两节机车控制电源柜“电源重联”自动开关＝32-F11，实现控制电源跨节供电。待两节机车主断路器闭合，辅助机组工作正常后，再闭合蓄电池电压低于 77 V 节机车控制电源柜“蓄电池”自动开关，由各节机车控制电源柜向各节机车蓄电池充电。

(3)两节机车蓄电池电压均低于 77 V，若机车停在车站且时间充足时，可进行以下尝试：

①关闭两节机车制动柜中继阀列车管塞门 115，如图 8-8 所示。

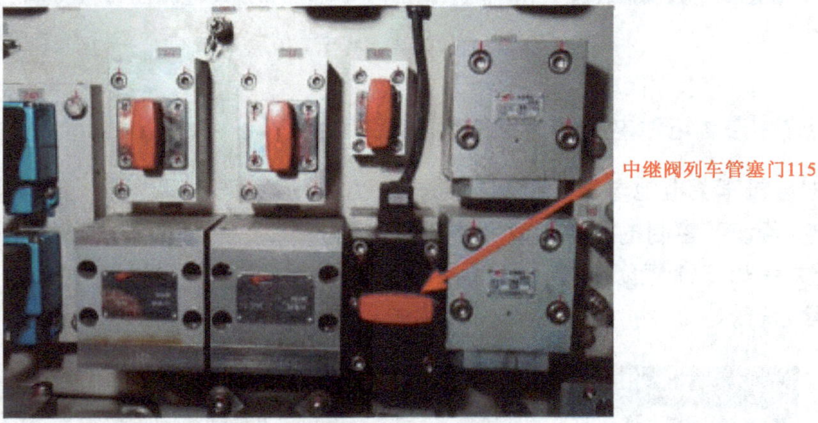

图 8-8　中继阀列车管塞门 115 关闭位

②断开两节机车控制电源柜“蓄电池”自动开关＝32-F06(图 8-9)并持续一定时间，等待蓄电池电压自动回升。

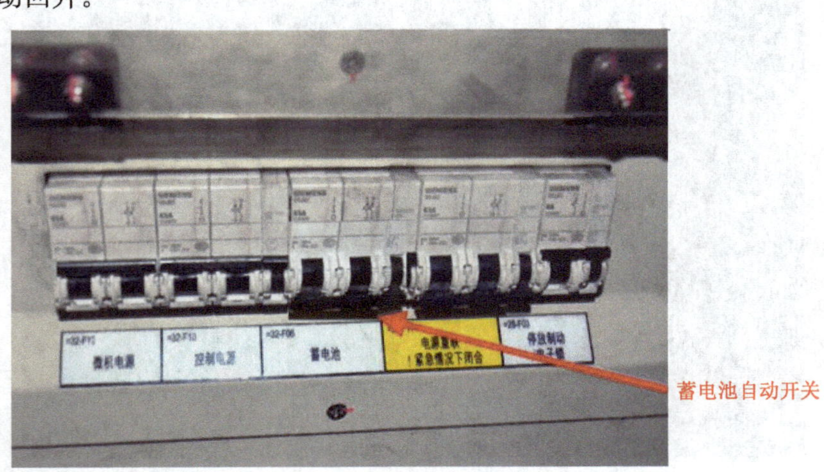

图 8-9　蓄电池自动开关断开位

③断开蓄电池电压稍高节不影响控制电源柜工作的自动开关，再闭合该节蓄电池自动开关=32-F06，若蓄电池电压高于 77 V，则进行升起受电弓、闭合主断路器操作，待本节蓄电池电压提高后，再恢复该节机车所有自动开关正常位。

④闭合两节机车控制电源柜“电源重联”自动开关=32-F11，实现控制电源跨节供电。待两节机车主断路器闭合，辅助机组工作正常后，再闭合另一节机车控制电源柜“蓄电池”自动开关，由各节机车控制电源柜向各节机车蓄电池充电。

15. 运行途中遇微机显示屏故障时的处理方法

运行途中遇微机显示屏故障时，可断开低压电器柜“HMI 电源”自动开关（第一排倒数第三个，如图 8-10 所示）10 s 再闭合进行复位操作。若故障仍不能消除，则不再进行处理，随时注意观察机车工作状态及列车速度变化，谨慎操纵，维持运行回段报修。

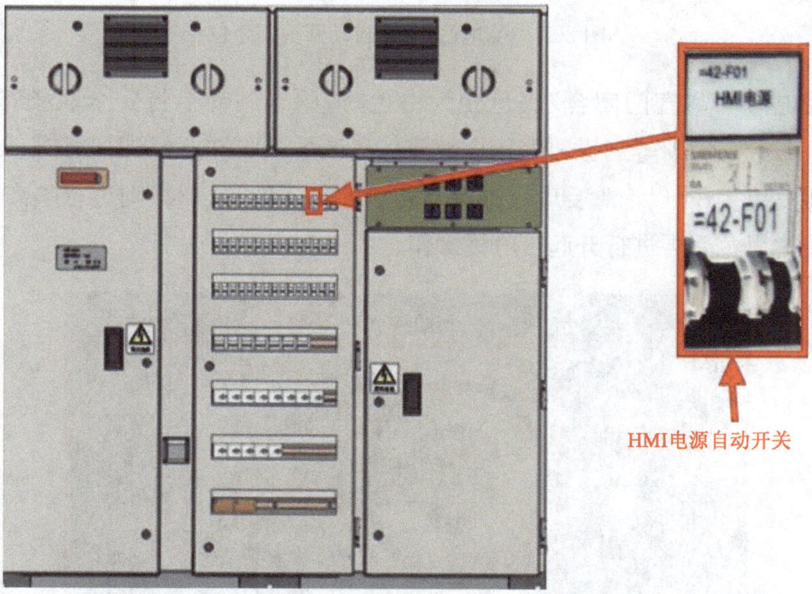

图 8-10 HMI 电源自动开关断开位

16. 运行途中遇受电弓升不起来时的处理方法

运行途中遇某节机车受电弓升不起来时，正常情况下应立即利用受电弓模式转换开关，换升另一节机车受电弓维持运行；若另一节机车受电弓已切除或也升不起来时，则进入微机显示屏“升弓条件”界面，根据底色变为白色条目对症进行处理：

(1)若“主断/受电弓自动开关断开”底色变为白色时，则到低压电器柜检查、活动“受电弓/主断”自动开关=21-F01，使其处于闭合状态(图 8-11)，待该条目底色变为黑色后再进行升起受电弓操作。

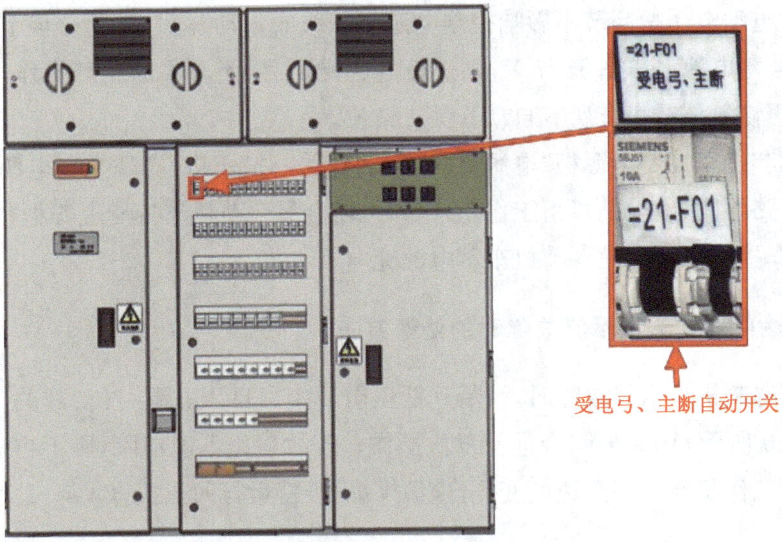

图 8-11　受电弓/主断自动开关闭合位

(2)若“受电弓隔离塞门闭合”底色变为白色时，则到制动柜将安全联锁箱操作手柄置“ON”位(图 8-12)。若操作后，微机显示屏故障信息区显示“受电弓”(图 8-13)，则需进行按压微机复位按钮复位操作，以消除受电弓故障。若故障仍不能消除时，则进行隔离解锁操作，待该条目底色变为黑色后再进行升起受电弓操作。

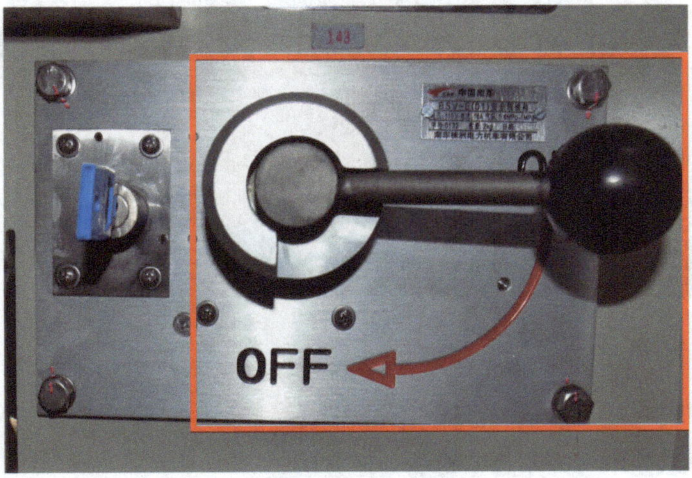

图 8-12　安全联锁箱操作手柄 ON 位

(3)若“没有充足气压”底色变为白色时，检查、确认控制风路总风塞门 140、控制风缸塞门 97 开放(图 8-14)，控制风缸排水塞门 168 关闭后(图 8-15)，将受电弓扳键开关置“升”位，辅助压缩机启动泵风，待控制风路风压升高(风压达到 650 kPa，辅助压缩机自动停止工作)，该条目底色变为黑色后再进行升起受电弓操作。

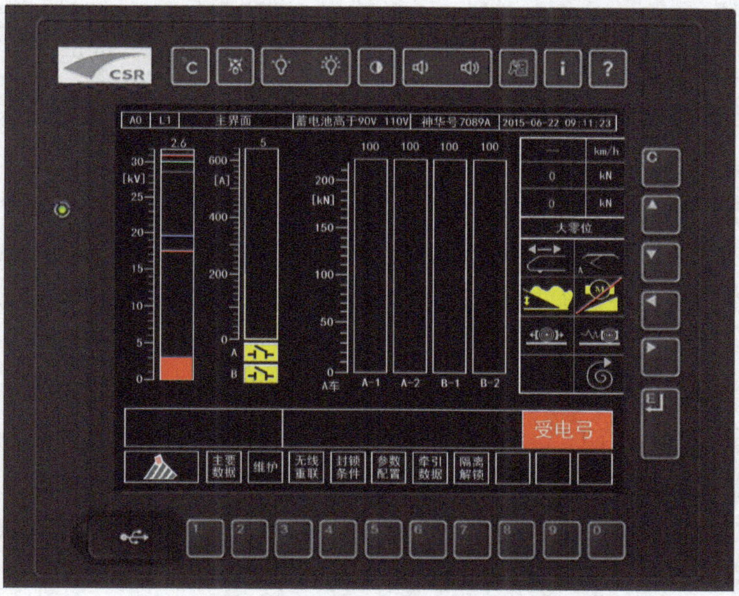

图 8-13　微机显示屏故障信息区显示受电弓

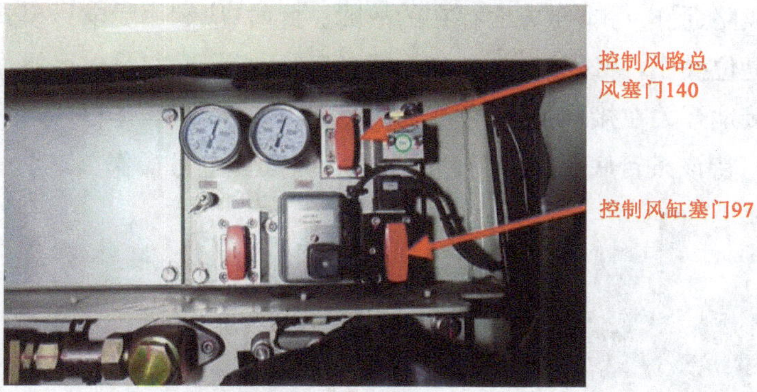

图 8-14　控制风路总风塞门 140、控制风缸塞门 97 开放位

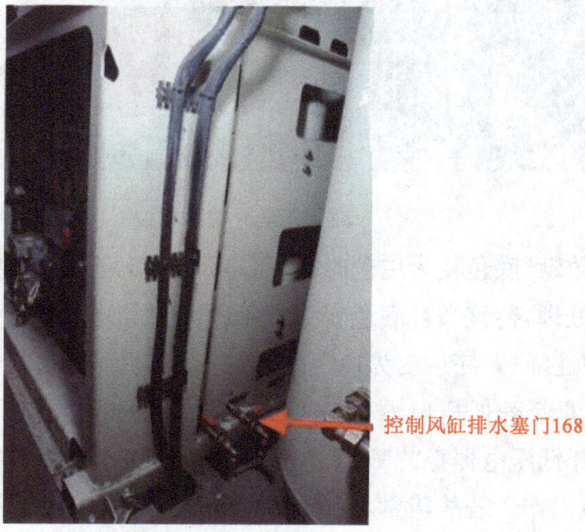

图 8-15　控制风缸排水塞门 168 关闭位

(4)若"升弓 15 min 内主断未闭合或无网压"底色变为白色时，其说明了受电弓降下的原因，此时进行复位操作，待该条目底色变为黑色后再进行升起受电弓操作。

(5)若"降弓指令"底色变为白色时，则需检查、消除机车存在的所有降下受电弓指令，待该条目底色变为黑色后再进行升起受电弓操作。

(6)若"顺序控制降弓"底色变为白色时，说明司机虽未直接发出降弓指令，但在执行某一控制指令时，必须在降下受电弓的情况下才能进行、或因其他保护条件使微机控制系统自动降下了受电弓。此时，只需将机车电钥匙回"0"位再置"合"位，待该条目底色变为黑色后再进行升起受电弓操作。

(7)若"蓄电池电压低于 77 V"底色变为白色时，检查、消除引起蓄电池电压低的原因，闭合两节机车控制电源柜"电源重联"自动开关＝32-F11，待该条目底色变为黑色后再进行升起受电弓操作(参照本章第 14 条"运行途中遇机车蓄电池电压低于 77 V 时的处理方法"进行处理)。

(8)若"本车受电弓隔离"底色变为白色时，在消除受电弓被隔离的原因后，进行复位、隔离解锁操作，待该条目底色变为黑色后再进行升起受电弓操作。

(9)若"本车受电弓故障"底色变为白色时，说明受电弓控制电路正常，大多数为受电弓电空阀本身、受电弓风路、受电弓本身方面存在的故障。此时，应利用受电弓模式转换开关，切除该受电弓，再进行复位操作，待该条目底色变为黑色后，再进行升起受电弓操作。

(10)若"高压接地开关在接地位"底色变为白色时，应按规定操作程序，将高压接地开关置"运行"位(图 8-16)，待该条目底色变为黑色后再进行升起受电弓操作。

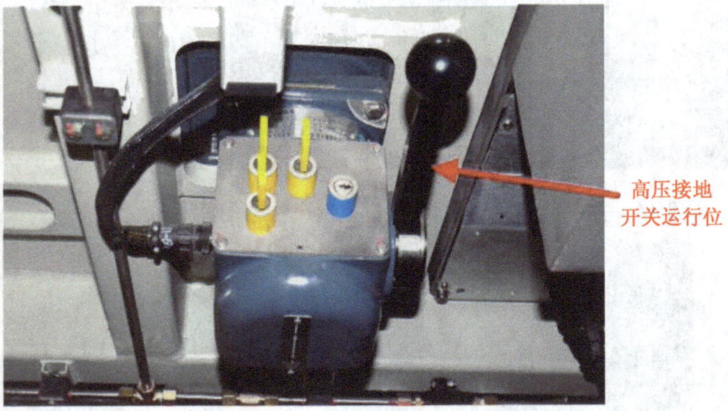

图 8-16　高压接地开关运行位

(11)若"主断卡合故障"底色变为白色时，参照本章第 11 条"运行途中遇主断路器发生卡合时的处理方法"进行处理，待该条目底色变为黑色后再进行升起受电弓操作。

(12)若"TCU 保护性降弓"底色变为白色时，则进入微机显示屏"当前故障"界面，若其显示与 TCU1 相关故障，即断开低压电器柜"TCU1 电源"自动开关 10 s 再闭合；若其显示与 TCU2 相关故障，即断开低压电器柜"TCU2 电源"自动开关 10 s 再闭合，待该条目底色变为黑色后再进行升起受电弓操作。若故障重新出现，则断开低压电器柜故障对应的"TCU 电源"自动开关(图 8-17)，切除对应主变流器维持运行。

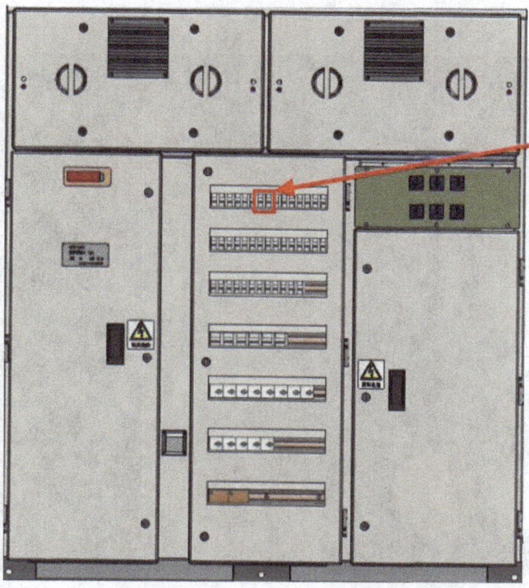

图 8-17　TCU 电源自动开关设置位置

(13)若“存在外部供电或不在正常模式”底色变为白色时，检查确认机车无外部供电及到低压电器柜检查、确认机车模式选择开关在“正常”位(图 8-18)，待该条目底色变为黑色后再进行升起受电弓操作。

(14)若“过分相禁止双弓”底色变白时，检查、确认机车仅能升起操纵节或非操纵节受电弓，待该条目底色变为黑色后再进行升弓操作。

(15)若“CCU 与 TCU1/2 通信故障”底色变为白色时，则检查、恢复与其相关的自动开关，进行断/合微机电源自动开关复位操作，待该条目底色变为黑色后再进行升起受电弓操作。

(16)若“高压隔离开关重新配置”底色变为白色时，应等待高压隔离开关重新配置完成。若长时间配置不完成，确认机车重联转换开关在“0”位(图 8-19)、进行复位、隔离解锁操作，待该条目底色变为黑色后再进行升起受电弓操作。

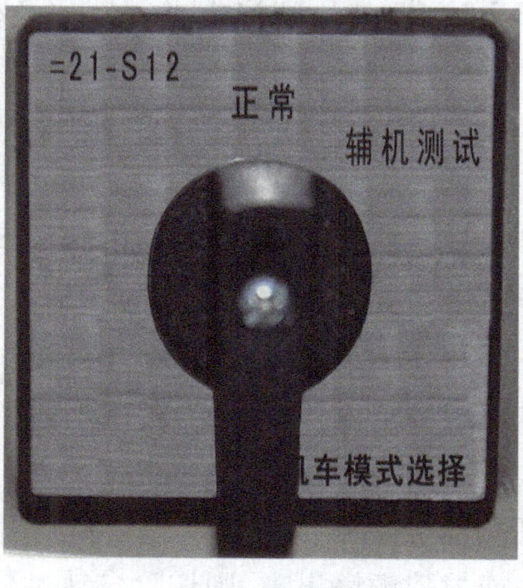

图 8-18　机车模式选择开关在正常位

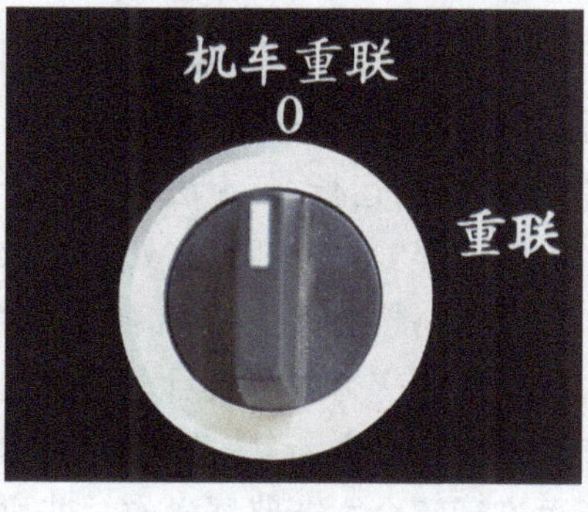

图 8-19　机车重联转换开关在 0 位

(17)若“紧急按钮动作”底色变为白色时，则检查、恢复(逆时针旋转紧急按钮)两端司机室紧急制动按钮至“运行”位(图 8-20)，待该条目底色变为黑色后再进行升起受电弓操作。

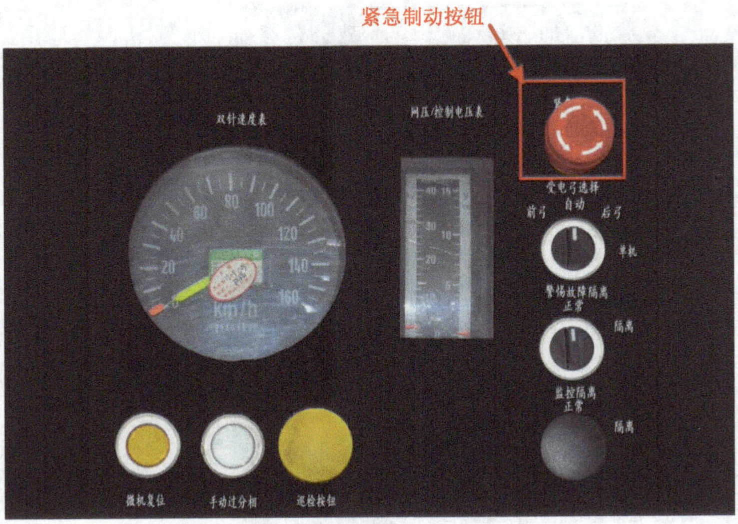

图 8-20　紧急制动按钮运行位

(18)若“TCU1 和 TCU2 均隔离”底色变为白色时，则查找、消除引起 TCU1、TCU2 均被隔离的原因，至少恢复一架牵引控制单元正常工作，待该条目底色变为黑色后再进行升起受电弓操作。

(19)若“油温过高禁高压”底色变为白色时，立即进入微机显示屏“冷却系统”界面，若主变压器油温高，则检查、确认变压器油泵三相自动开关、冷却塔风机三相自动开关在闭合位，待变压器油温降低，该条目底色变为黑色后重新进行升起受电弓操作

(20)若“列车未占用”底色变为白色时，则将机车电钥匙回“0”位后在置“合”位，待该条目底色变为黑色后再进行升起受电弓操作。

(21)若“TCU 分主断 30 min 之内连续出现 3 次”底色变为白色时，则切除故障的主变流器，进行复位操作，待该条目底色变为黑色后再进行升起受电弓操作。

若无底色变为白色条目或经以上处理受电弓仍无法升起时，则依次进行复位及隔离解锁操作后，重新进行升起受电弓操作。

17. 运行途中遇主断路器不闭合时的处理方法

运行途中遇某节机车主断路器不闭合时，若该节机车主断路器不闭合能够维持运行时，可暂不处理，继续维持运行；若无法维持运行或已运行到停车站等有条件进行处理时，司机应立即查看微机显示屏“当前故障”、“处理提示”界面，按其提示对应进行处理后，进行闭合主断路器操作。若主断路器仍无法闭合，则点击微机显示屏“封锁条件”、“主断条件”键，进入“主断条件”界面，根据底色变为白色条目对症进行处理：

(1)若“过分相分主断”底色变为白色时，将主断路器扳键开关置“分”位，待该条目底色变为黑色后再进行闭合主断路器操作。若故障不消失或故障频繁出现，则切除自动过分相装置，采用半自动过分相方式或手动过分相方式通过接触网电分相，维持运行回段报修。

(2)若“网压过低分主断”底色变为白色时，应立即查看司机台网压表，若司机台网压表显示网压高于 17.5 kV，换升另一受电弓，待该条目底色变为黑色后再进行闭合主断路器操作；

若司机台网压表也显示网压过低(低于 17 kV)时,则等待网压恢复正常,该条目底色变为黑色后再进行闭合主断路器操作。

(3)若"网压过高分主断"底色变为白色时,应立即查看司机台网压表,若司机台网压表显示网压低于 31 kV,换升另一受电弓,待该条目底色变为黑色后再进行闭合主断路器操作;若司机台网压表也显示网压过高(高于 31.5 kV)时,则等待网压恢复正常,该条目底色变为黑色后再进行闭合主断路器操作。

(4)若"TCU 分主断"底色变为白色时,应根据微机显示屏"当前故障"界面提示,断开再闭合故障对应的低压电器柜"TCU 电源 1"或"TCU 电源 2"自动开关,待该条目底色变为黑色后重新进行闭合主断路器操作[万吨列车运行在长大上坡道区间时按本章第 20 条"万吨列车运行在长大上坡道区间,微机显示屏故障信息区'主变流器 1(2)'闪红或'辅逆'闪红,某节机车主断路器断开时的处理方法"进行处理]。

(5)若"分主断指令"底色变为白色时,则确认主断路器扳键开关在正常位,消除所有断开主断路器指令,待该条目底色变为黑色后再进行闭合主断路器操作。

(6)若"CCU 冗余切换分主断"底色变为白色时,说明主断路器是因 CCU 冗余切换断开的,在进行复位操作,待该条目底色变为黑色后重新进行闭合主断路器操作。

(7)若"顺序分主断"底色变为白色时,说明司机虽未直接发出断开主断路器的指令,但在执行其他控制指令时,其必须在断开主断路器的情况下才能进行,故微机控制系统自动进行了断开主断路器保护。待重新按顺序操作,在受电弓升起后进行闭合主断路器操作即可。

(8)若"TCU1/2 被隔离禁主断"底色变为白色时,则检查、处理牵引变流器及其控制单元故障,至少恢复一架牵引控制单元正常工作,待该条目底色变为黑色后重新进行闭合主断路器操作。

(9)若"变压器油温过低"底色变为白色时,设法提高变压器油温,待变压器油温提高,该条目底色变为黑色后重新进行闭合主断路器操作。

(10)若"变压器油温过高"底色变为白色时,立即进入微机显示屏"冷却系统"界面,若主变压器 1、2 油温高且显示一致,则检查、确认变压器油泵三相自动开关、冷却塔风机三相自动开关在闭合位(图 8-21),待变压器油温降低到 85 ℃以下,该条目底色变为黑色后重新进行闭合主断路器操作。

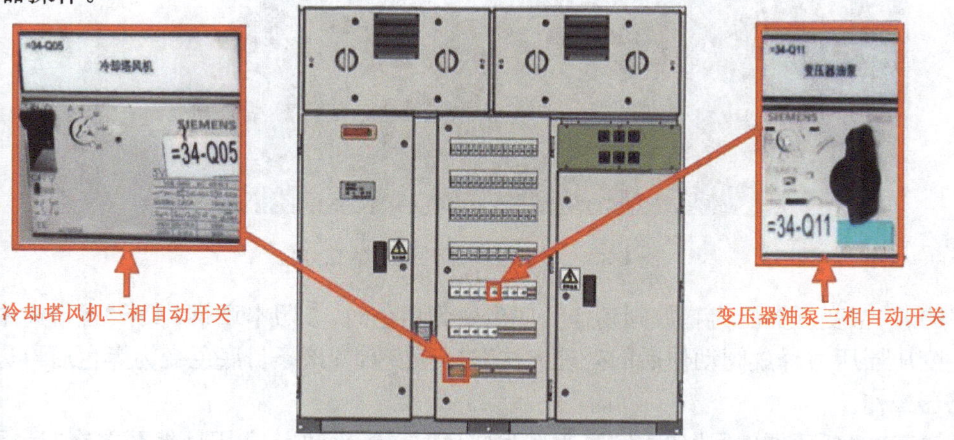

图 8-21 变压器油泵、冷却塔风机三相自动开关在闭合位

(11)若"主断闭合/断开故障"底色变为白色时,则确认制动柜主断路器风路塞门 145 在开放状态,进行复位、隔离解锁操作,待该条目底色变黑后重新进行闭合主断路器操作。

(12)若"主变流器水位保护"底色变为白色时,立即进入微机显示屏"冷却系统"界面,查看主变流器冷却水温度,并进行走廊巡视,查看膨胀水箱水位,若膨胀水箱水位过低,切除该节机车维持运行;若膨胀水箱水位符合标准,可根据实际情况维持运行,待进入站内或有机会时进行复位操作,待该条目底色变为黑色后重新进行闭合主断路器操作。

(13)若"保护性 RDC 断开请求"底色变为白色时,进行复位操作,待该条目底色变为黑色后重新进行闭合主断路器操作。

(14)若"保护性降弓分主断"底色变为白色时,进入微机显示屏"当前故障"界面按其提示,检查、消除引起保护性降弓分主断的原因、进行复位或隔离操作,待该条目底色变为黑色后重新进行闭合主断路器操作。

(15)若"辅助系统重新配置"底色变为白色时,稍等,待辅助系统重新配置完成。若长时间配置无法完成,则进行复位、隔离解锁或隔离操作,待该条目底色变为黑色后再进行闭合主断路器操作。

(16)若"受电弓未升起"底色变为白色时,检查、消除受电弓未升起的原因,待受电弓升起,该条目底色变为黑色后重新进行闭合主断路器操作。

(17)若"TCU1/TCU2 被隔离"底色变为白色时,则查找、消除引起 TCU1、TCU2 均被隔离的原因,至少恢复一架牵引控制单元正常工作,待该条目底色变为黑色后重新进行闭合主断路器操作。

(18)若"主司机控制器手柄不在大零位"底色变为白色时,则检查、确认司机控制器调速手柄在"0"位(图 8-22),待该条目底色变为黑色后再进行闭合主断路器操作。

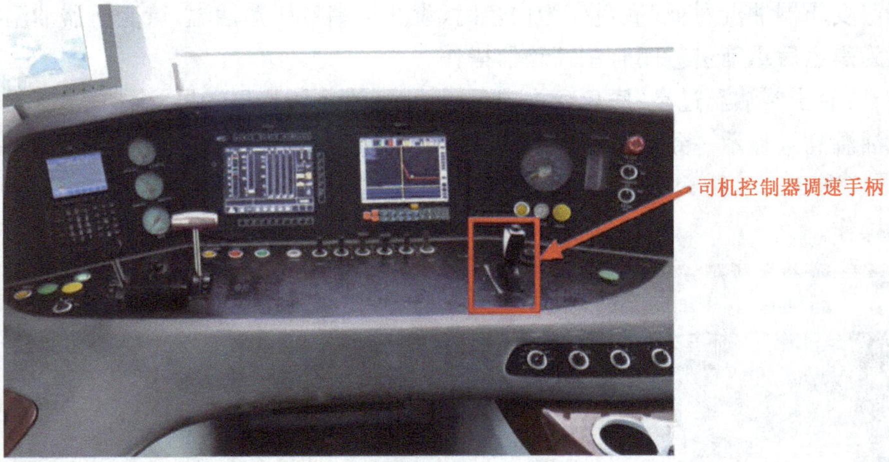

图 8-22　司机控制器调速手柄在 0 位

(19)若"主变压器压力释放阀动作",底色变为白色时,参照本章第 24 条"运行途中遇某节机车主变压器压力释放阀动作后的处理方法"进行处理,待该条目底色变为黑色后再进行闭合主断路器操作。

(20)若"主断环硬件回路断开"底色变为白色时,检查、确认高压接地开关在"运行"位、紧急按钮"运行"位、安全联锁箱操作手柄"ON"位、低压电器柜"受电弓/主断"自动开关在闭合位、布赫继电器复位，待该条目底色变为黑色后再进行闭合主断路器操作。

(21)若“布赫继电器动作”底色变为白色时，查看布赫继电器检查口是否有气体冒出，如果有气体冒出，切除该节机车维持运行；如果没有气体冒出，旋转布赫继电器复位旋钮进行复位操作，再进行按压微机复位按钮复位操作，待故障消除、该条目底色变为黑色后再进行闭合主断路器操作(参照本章第 23 条“运行途中遇布赫继电器动作时的处理方法”进行处理)。

(22)若“辅逆冗余切换分主断”底色变为白色时，说明主断路器是因辅变流器切换而断开的，在消除、处理、隔离故障辅变流器或进行复位操作，待该条目底色变为黑色后再进行闭合主断路器操作。

(23)若“主变隔离分主断”底色变为白色时，如果主变流器隔离后能够维持运行时，进行按压微机复位按钮复位操作，待该条目底色变黑后再进行闭合主断路器操作；无法维持运行时，则断开/闭合低压电器柜“TCU 电源”自动开关，待该条目底色变为黑色后重新进行闭合主断路器操作。

若无底色变为白色条目或经以上处理主断路器仍无法闭合时，则依次进行复位及隔离解锁操作后，重新进行闭合主断路器操作。

18. 运行途中遇某节机车牵引力无法正常发挥时的处理方法

运行途中遇某节机车牵引力无法正常发挥时，若该节机车牵引力无法正常发挥可以维持运行时，可暂不进行处理，继续维持运行；若无法维持运行或已运行到停车站等有条件进行处理时，司机应立即查看微机显示屏“当前故障”、“处理提示”界面，按其提示对应进行处理后，重新进行牵引操作。若牵引力仍无法正常发挥，则点击微机显示屏“封锁条件”、“牵引条件”键，进入“牵引条件”界面，根据底色变白条目对症进行处理：

(1)若“有设定力而无实际力”底色变为白色时，立即将调速手柄回到“0”位，待该条目底色变为黑色后重新进行牵引操作。

(2)若“主断断开”底色变为白色时，应设法闭合主断路器，待该条目底色变为黑色后重新进行牵引操作。

(3)若“蓄电池电压低于 77 V”底色变为白色时，则检查、消除引起蓄电池电压低的原因，闭合两节机车控制电源柜“电源重联”自动开关，待该条目底色变为黑色后重新进行牵引操作(参照本章第 14 条“运行途中遇机车蓄电池电压低于 77 V 时的处理方法”进行处理)。

(4)若“重联车牵引封锁请求”底色变为白色时，单机牵引时检查、消除非操纵节机车牵引封锁请求(注意确认非操纵节机车停放制动是否缓解)，待该条目底色变为黑色后重新进行牵引操作；多台机车无线重联牵引运行时通知其他机车检查、消除牵引封锁请求原因并检查确认无线通信正常，待该条目底色变为黑色后重新进行牵引操作。

(5)若“变压器油温故障”变为白色时，立即进入微机显示屏“冷却系统”界面查看主变压器油温(图 8-23)，若油温高于 90 ℃，应在消除油温高的原因，待变压器油温降低到 85 ℃以下、该条目底色变黑后重新进行牵引操作；若油温低于 85 ℃，进行复位操作，待该条目底色变为黑色后重新进行牵引操作。

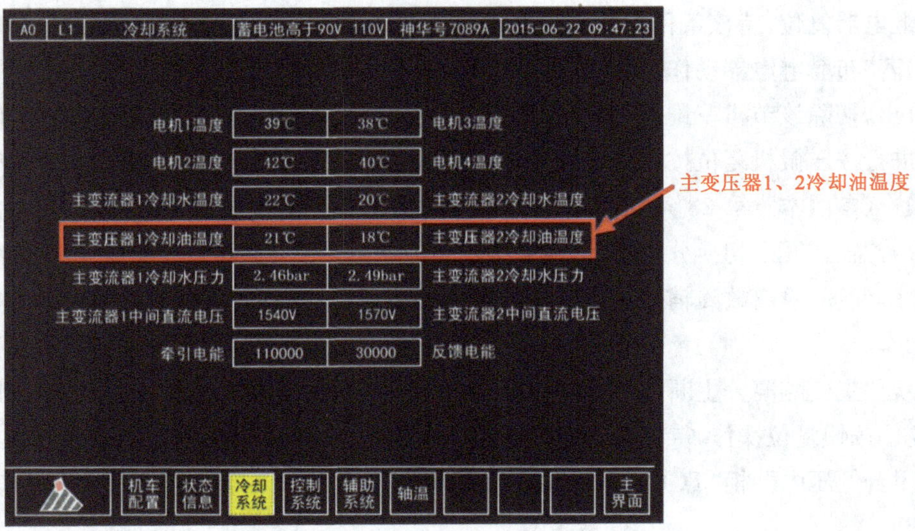

图 8-23　冷却系统界面主变压器油温显示

(6)若“TCU 牵引封锁”底变为白色时，应断开主断路器、调速手柄回“0”位，断开低压电器柜“TCU1 电源”、“TCU2 电源”自动开关(图 8-24)10 s 再闭合后，进行按压微机复位按钮复位操作。待该条目底色变为黑色后重新进行牵引操作[万吨列车运行在长大上坡道区间时按本章第 20 条“万吨列车运行在长大上坡道区间，微机显示屏故障信息区‘主变流器 1(2)’闪红或‘辅逆’闪红，某节机车主断路器断开时的处理方法”进行处理]。

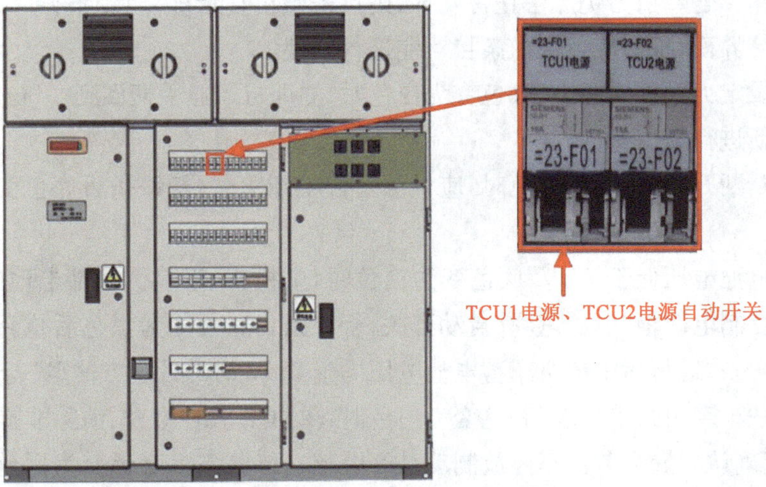

图 8-24　TCU1 电源、TCU2 电源自动开关设置位置

(7)若“方向未选择”底色变为白色时，操作换向手柄，使机车运行方向选择“向前”或“向后”位，待该条目底色变为黑色后重新进行牵引操作。

(8)若“油流故障或油泵三相开关断开”底色变为白色时，检查、确认变压器油泵三相开关在闭合位(图 8-25)，消除油流故障原因待该条目底色变为黑色后重新进行牵引操作。

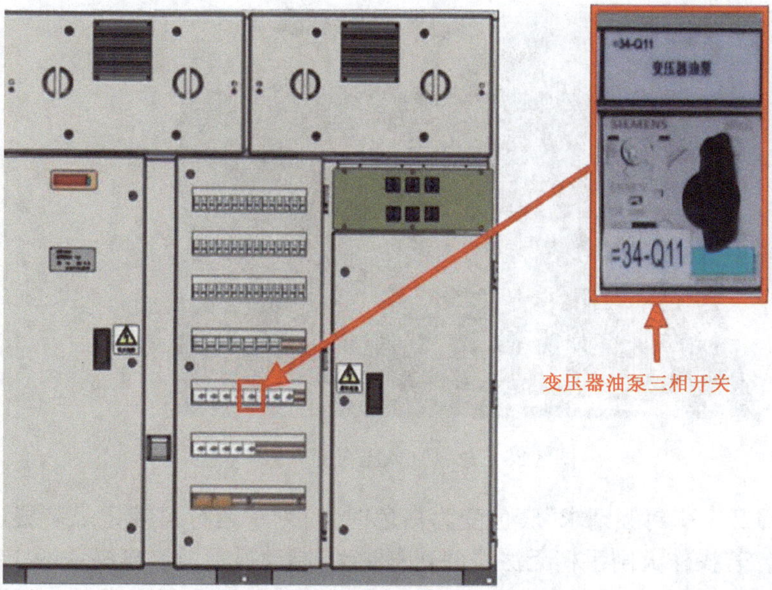

图 8-25　变压器油泵三相开关在闭合位

(9)若"停放制动施加"底色变为白色时,可参照本章第 41 条"运行途中遇停放制动自动施加时的处理方法"进行处理,待该条目底色变为黑色后重新进行牵引操作。

(10)若"紧急制动施加"底色变为白色时,说明机车现处于紧急制动状态,在消除紧急制动原因,进行紧急制动解锁操作、待该条目底色变为黑色后重新进行牵引操作。

(11)若"惩罚制动"底色变为白色时,检查消除惩罚制动源,进行惩罚制动解锁操作,待该条目底色变为黑色后重新进行牵引操作。

(12)若"列车初始化未完成(仅在重联模式下)"底色变为白色时,稍等,待机车完成初始化,该条目底色变黑后重新进行牵引操作;若机车初始化长时间完不成,则需检查重联连接,并对所有机车进行断/合蓄电池自动开关复位操作,待该条目底色变为黑色后重新进行牵引操作。

(13)若"无设定牵引/制动力,存在实际牵引/制动力超过 10 s"底色变为白色时,说明机车实施了"无设定牵引/制动力,存在实际牵引/制动力超过 10 s"的保护功能,此时,应将调速手柄回"0"位,待该条目底色变为黑色后重新进行牵引操作。

(14)若"机车实际速度大于 122 km/h"底色变为白色时,说明机车实施了超速牵引封锁,应立即采取措施降低机车速度,待机车速度低于 118 km/h,该条目底色变为黑色后重新进行牵引操作。

(15)若"BCU 牵引封锁请求"底色变为白色时,立即检查确认总风缸风压在 650 kPa 以上(图 8-26),消除制动机其他故障,缓解、解锁紧急制动,待该条目底色变为黑色后重新进行牵引操作。

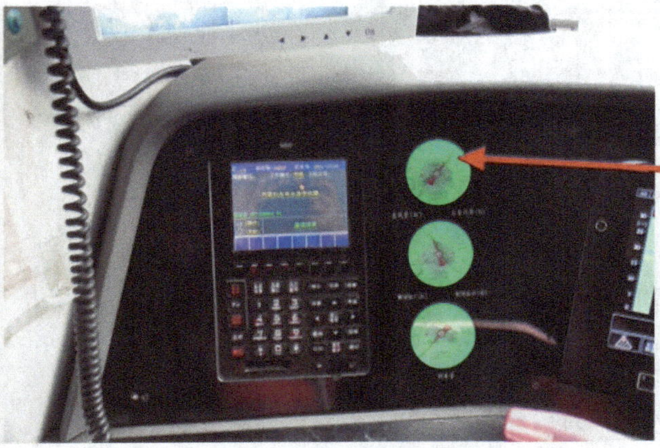

图 8-26　总风缸风压在 650 kPa 以上

(16)若"ATP 牵引封锁请求"底色变为白色时，对列车运行监控记录装置进行操作，使其解除牵引封锁。若操作大闸手柄无法缓解列车制动，制动显示屏一直提示惩罚制动源存在时，则在进行断/合蓄电池自动开关复位操作后，再将大闸手柄置"重联"位 2 s 再回"运转"位，待该条目底色变为黑色后重新进行牵引操作。

(17)若"DK2 故障"底色变白时，检查、消除 DK2 制动机系统故障，待该条目底色变为黑色后重新进行牵引操作。

(18)若"制动系统 MCB 断开"底色变为白色时，则到机车低压电器柜前，检查、活动"DK2BCU"自动开关＝28-F01、"DK2 检测信号"自动开关＝28-F02，使其均处于闭合位(图 8-27)，待该条目底色变为黑色后重新进行牵引操作。

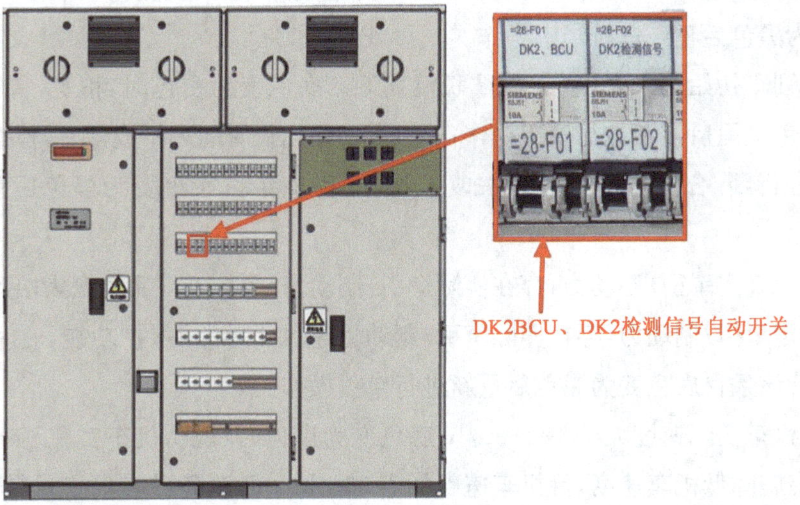

图 8-27　DK2BCU、DK2 检测信号自动开关闭合位

(19)若"总风压力偏低封锁请求"底色变为白色时，检查机车风源系统，设法使总风缸风压高于 650 kPa，待该条目底色变黑后重新进行牵引操作。

(20)若"制动缸压力大于 40 或 90 kPa、小闸在制动位或制动机多余一个本机投入"底色变为白色时，检查确认小闸手柄"运转"位及机车制动缸缓解、重联阀 93 本补转换阀位置正确、该条目底色变为黑色后重新进行牵引操作。

(21)若“制动缸压力大于 40 kPa，静止时投牵引超过 120 s”底色变为白色时，调速手柄回“0”位后，该条目底色变黑后重新进行牵引操作(注意：机车进入牵引状态，速度未超过 5 km/h，必须在 120 s 内缓解机车空气制动；机车速度超过 5 km/h，机车空气制动必须缓解。否则，即会引起牵引封锁)。

(22)若“列尾装置牵引封锁”底色变为白色时，检查、消除列尾装置故障，待该条目底色变为黑色后重新进行牵引操作。

(23)若“定速模式有制动，牵引不封锁”底色变为白色时，取消定速模式，待该条目底色变为黑色后重新进行牵引操作。

(24)若“双弓受流速度大于 8 km/h 或非主控车后备投入或多余一个后备投入”底色变为白色时，检查、确认机车升单弓并检查确认全列仅主车后备制动投入，待该条目底色变为黑色后重新进行牵引操作。

若微机显示屏“牵引条件”界面无底色变为白色条目或经以上处理机车牵引力无法正常发挥时，则依次进行复位及隔离解锁操作后，重新进行牵引操作。

19. 万吨列车运行在非长大上坡道区段，微机显示屏故障信息区“主变流器 1(2)”闪红或“辅逆”闪红，某节机车主断路器断开时的处理方法

万吨列车运行在非长大上坡道区段，微机显示屏故障信息区“主变流器 1(2)”闪红(图 8-28)或“辅逆”闪红(图 8-29)，某节机车主断路器断开时，司机应退回调速手柄，重新闭合主断路器，若故障节主断路器能够闭合，即可维持运行，回段报修；若主断路器不能闭合，则进入微机显示屏“当前故障”界面，根据提示对应进行处理：

(1)提示主变流器故障，则断开故障节低压电器柜“TCU1(2)电源”自动开关，切除主变流器 1(2)维持运行。

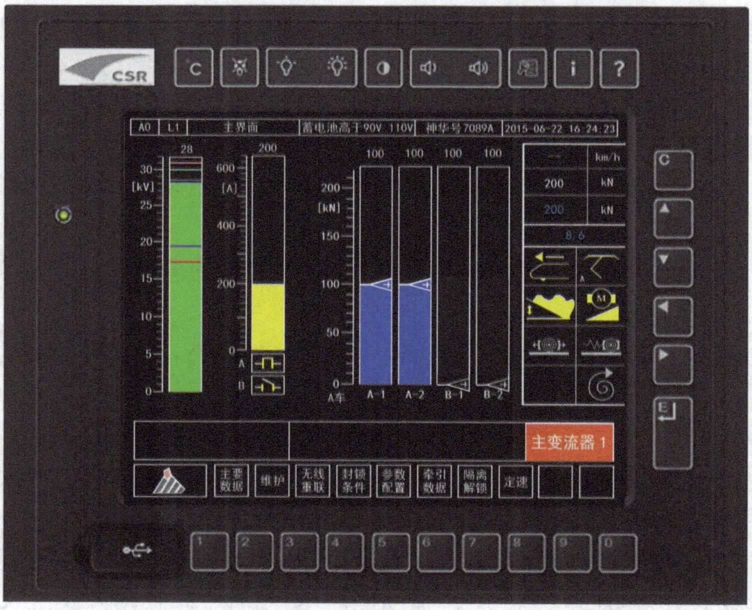

图 8-28　微机显示屏故障信息区主变流器 1(2)闪红

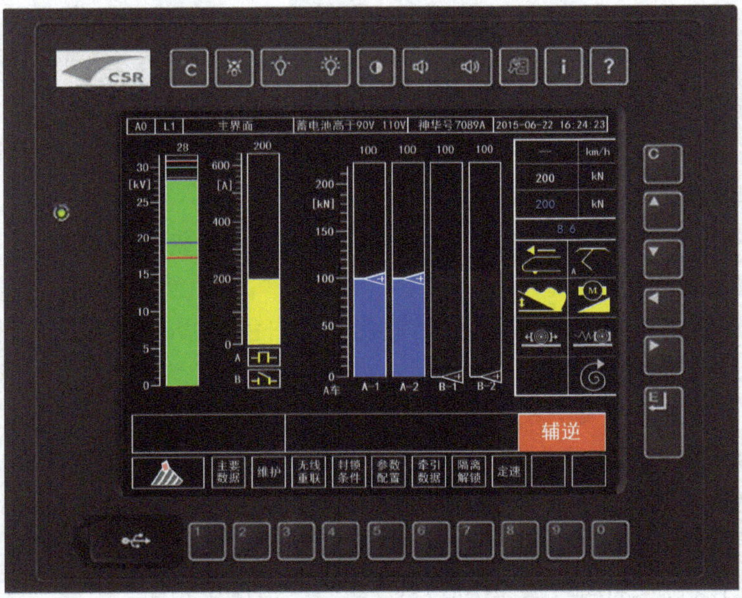

图 8-29　微机显示屏故障信息区辅逆闪红

(2)提示辅变流器故障时,则断开故障节低压电器柜“辅助电路电压检测 1(2)”自动开关,切除辅变流器 1(2)维持运行。

注意:

神朔机务段神华八轴交流机车低压电器柜“辅助电路电压检测 1”自动开关上文字标识还有“主变流器 1”及“电压传感器 1”;“辅助电路电压检测 2”自动开关上文字标识还有“主变流器 2”及“电压传感器 2”,但其设置位置及作用未变。

20. 万吨列车运行在长大上坡道区段,微机显示屏故障信息区“主变流器 1(2)”闪红或“辅逆”闪红,某节机车主断路器断开时的处理方法

万吨列车运行在长大上坡道区段,微机显示屏故障信息区“主变流器 1(2)”闪红(图 8-28)或“辅逆”闪红(图 8-29),某节机车主断路器断开时,可暂不处理,维持运行到列车能可靠进入前方站时,司机退回调速手柄,重新闭合主断路器,若故障节主断路器能够闭合,即可维持运行,回段报修;若主断路器不能闭合,则进入微机显示屏“当前故障”界面,根据提示对应进行处理:

(1)提示主变流器故障,则断开故障节低压电器柜“TCU1(2)电源”自动开关,切除主变流器 1(2)维持运行。

(2)提示辅变流器故障时,则断开故障节低压电器柜“辅助电路电压检测 1(2)”自动开关,切除辅变流器 1(2)维持运行。

若经以上处理,某节机车主断路器仍无法闭合时,应在站内停车,向行管人员汇报,按其指示办理。

注意:

(1)万吨列车在进入长大上坡道区间车站前或运行在长大上坡道区间,若机车两台以下牵引电机牵引力无法正常发挥,可继续维持运行;若三台以上牵引电机牵引力无法正常发挥,应设法维持运行到前方站停车,向行管人员汇报,按其指示办理。

(2)神朔机务段神华八轴交流机车低压电器柜“辅助电路电压检测 1”自动开关上文字标识还有“主变流器 1”及“电压传感器 1”;“辅助电路电压检测 2”自动开关上文字标识还有“主变流器 2”及“电压传感器 2”,但其设置位置及作用未变。

21. 运行途中遇机车牵引力频繁波动时的处理方法

运行途中，在满负荷抢速及轮轨间黏着状态变差的情况下，机车发生牵引力波动（可感到机车轻微抖动，进入微机显示屏“牵引数据”界面，可见各轴实际牵引力输出柱状图上下波动，图 8-30）时，司机不要随意降低调速手柄级位，而应采取脚踩撒砂脚踏开关，进行人工补砂的措施，以改善轮轨间的黏着状态，及时制止牵引力频繁波动。当机车再次进入曲线、钢轨表面有水、霜等影响黏着地段前，司机应提前进行人工撒砂，以改善轮轨间的黏着状态，进而减少、防止牵引力波动现象的发生。

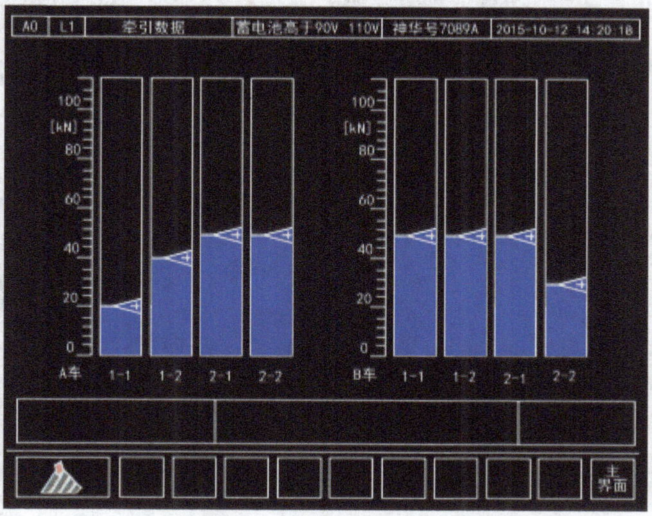

图 8-30　牵引数据界面牵引力波动显示

22. 运行途中遇主变流器冷却水压力不正常时的处理方法

运行途中乘务员应随时进入微机显示屏“冷却系统”界面，确认主变流器冷却水压力（图 8-31）。主变流器冷却水压力的正常值为在 2.3～3.3 bar 之间（1 bar＝100 kPa）；始发前与终到后主变流器冷却水压力差不得超过 0.2 bar。运行途中，若主变流器冷却水压力不符合上述任一项时，应立即向行管人员进行汇报，尽量维持运行回段报修。

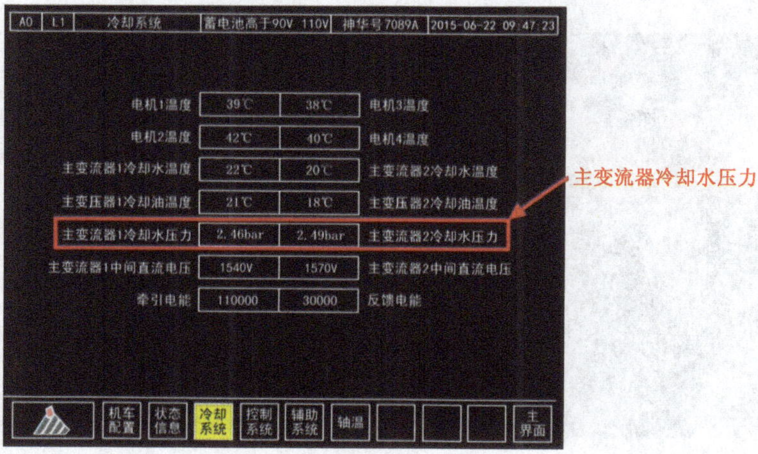

图 8-31　冷却系统界面主变流器冷却水压力显示

23. 运行途中遇布赫继电器动作时的处理方法

运行途中遇某节机车布赫继电器动作，该节机车主断路器断开后，应按以下方法进行处理：

(1)逆时针旋转取下布赫继电器检查口防护帽，如图 8-32 所示。

图 8-32　取下布赫继电器检查口防护帽

(2)逆时针旋转检查塞门，开放检查口(图 8-33)进行确认：

①从检查口排出的是液体的主变压器油，说明是布赫继电器误动作，此时，应逆时针旋转取下布赫继电器复位按钮防护帽(图 8-34)，逆时针旋转复位按钮(图 8-35)，进行布赫继电器复位后，再进行按压微机复位按钮复位操作。

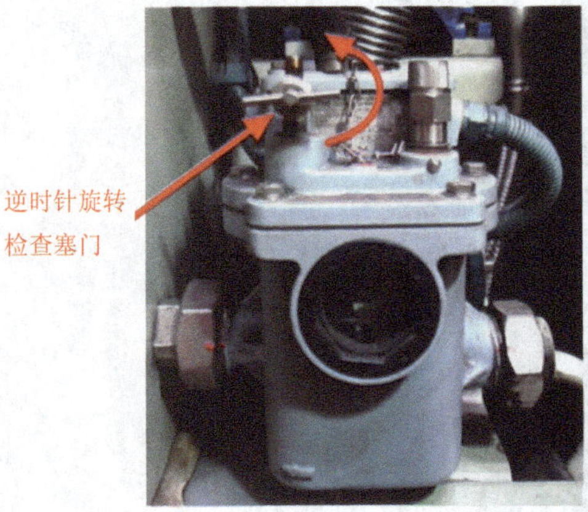

图 8-33　开放布赫继电器检查口

图 8-34　取下布赫继电器复位按钮防护帽

图 8-35　逆时针旋转布赫继电器复位按钮

②从检查口排出物含有大量气体，说明确属主变压器出现故障而使布赫继电器动作，应切除该节机车维持运行。

(3)顺时针旋转布赫继电器检查口、复位按钮防护帽，使其恢复到正常状态。

(4)列车在长大上坡道运行时，可暂不进行处理，待列车可以进入前方站或停车时，再进行处理。

24. 运行途中遇某节机车主变压器压力释放阀动作时的处理方法

运行途中遇某节机车主变压器压力释放阀动作时，按以下方法进行处理：

(1)切除该节机车能够维持运行时，立即切除该节机车维持运行。

(2)切除该节机车不能维持运行时，可暂不处理，待维持运行到前方站后停车或被迫停车后，下车检查主变压器压力释放阀，若主变压器压力释放阀确已动作(压力释放阀有喷油痕迹)，立即向行管人员汇报，按其指示办理；若主变压器压力释放阀仍处于正常状态(图 8-36)，在进行复位操作后，即可恢复正常运行。

图 8-36　主变压器压力释放阀正常状态

25. 运行途中遇主压缩机三相自动开关断开时的处理方法

运行途中遇微机显示屏故障信息区显示“三相开关”，进入微机显示屏“当前故障”界面，提示主压缩机三相自动开关断开时，按以下方法及进行处理：

(1)机车运行时可暂不处理，利用其他主压缩机泵风维持运行。

(2)机车在站停车后，在主断路器断开的情况下，恢复断开的主压缩机三相自动开关至闭合位后(图 8-37)，再闭合主断路器，进行主压缩机工作试验，若主压缩机工作正常，则继续运行；若主压缩机自动开关随即断开，则不再进行处理，利用其他机车主压缩机维持运行，回段报修。

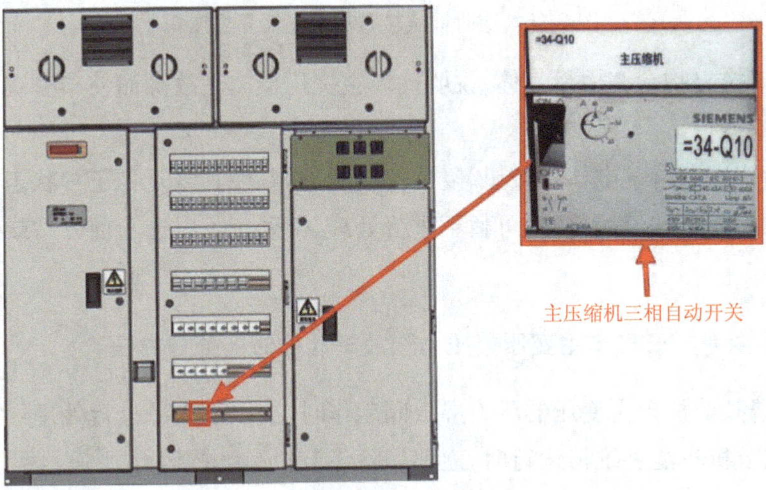

图 8-37 主压缩机三相自动开关闭合位

(3)切除主压缩机后，机车的泵风速度将减慢，故运行中应随时注意观察总风缸风压，尽量使其保持在 800 kPa 以上。缓解列车制动前，应将空压机扳键开关置“强泵”位提前泵风，以保证缓解用风的需要。

26. 运行途中遇冷却塔风机三相自动开关断开时的处理方法

运行途中微机显示屏故障信息区显示 “三相开关”，进入微机显示屏“当前故障”界面，提示冷却塔风机三相自动开关断开时，应立即将断开的冷却塔风机三相自动开关置闭合位(图 8-38)，若冷却塔风机工作正常，则恢复正常运行；若冷却塔风机三相自动开关随即断开，则断开该节机车低压电器柜“主逆水泵”自动开关，闭合该台机车两节控制电源柜“电源重联”自动开关节，切除该节机车(若切除非操纵节还应在列车能够进入前方站后，将受电弓模式转换开关置“前弓”位)维持运行。若遇长大上坡道停车后起车困难时，可闭合故障节机车低压电器柜“主逆水泵”自动开关，恢复该节机车牵引，待列车正常启动后，再断开该节机车低压电器柜“主逆水泵”自动开关维持运行。

注意：

(1)运行途中，若冷却塔风机停止工作，主变流器的冷却水温度就会逐渐升高，当其温度大于 55 ℃时，该节主变流器降功率运行；当其温度超过 60 ℃时，该节机车牵引封锁。

(2)运行途中，若冷却塔风机停止工作，主变压器的冷却油温度就会逐渐升高，当其温度大于 85 ℃时，该节机车主变流器降功率运行；当其温度超过 90 ℃时，该节机车牵引封锁。

(3)冷却塔风机停止工作，主变流器冷却水温度、主变压器冷却油温度逐渐增高，引起机车保护动作后，只要冷却塔风机重新投入工作，主变流器的冷却水温度及主变压器的冷却油温度就会迅速降低，当主变流器冷却水温度低于 52 ℃及主变压器冷却油温度低于 85 ℃时，主变流器即可恢复正常工作。

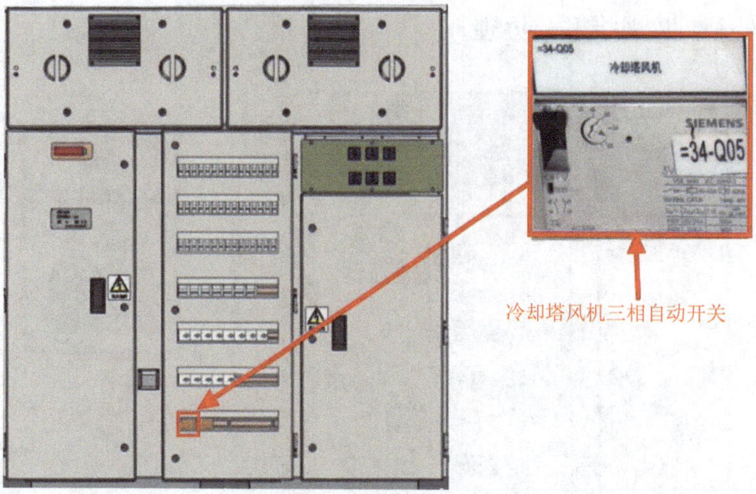

图 8-38　冷却塔风机三相自动开关闭合位

27. 运行途中遇变压器油泵三相自动开关断开时的处理方法

运行途中微机显示屏故障信息区显示“三相开关”，某节机车无牵引力输出，进入微机显示屏“当前故障”界面，提示变压器油泵三相自动开关断开时，立即将其恢复到闭合位(图 8-39)，若恢复后油泵工作正常，则继续运行；若恢复后变压器油泵三相自动开关又断开，则切除该节机车，尽量维持运行回段报修。

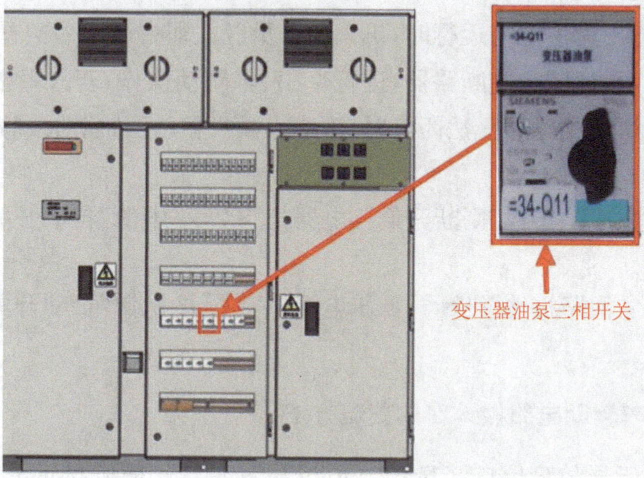

图 8-39　变压器油泵三相自动开关闭合位

28. 运行途中遇主逆水泵三相自动开关断开时的处理方法

运行途中微机显示屏故障信息区显示"三相开关",某节机车主断路器断开,进入微机显示屏"当前故障"界面,提示主逆水泵三相自动开关断开时,若一节机车无牵引力输出能够维持运行时,可暂不进行处理,待维持运行到前方停车站再进行处理;若无法维持运行时,立即闭合断开的主逆水泵三相自动开关(图 8-40)继续运行;若闭合后,主逆水泵三相自动开关又断开,则立即向行管人员汇报,按其指示办理。

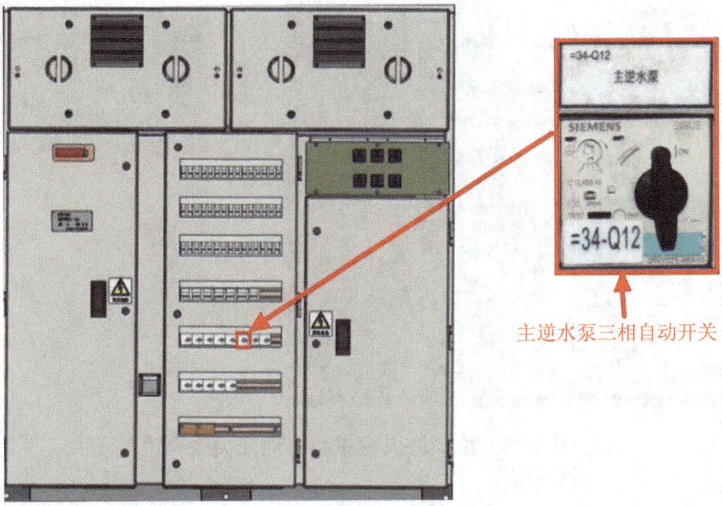

图 8-40　主逆水泵三相自动开关闭合位

29. 运行途中遇机车 TCU 主回路发生接地时的处理方法

运行途中主断路器断开,微机显示屏提示"TCU1 主回路接地"、"TCU2 主回路接地",一节机车无牵引力输出能够维持运行时,可暂不进行处理,待维持运行到前方停车站再进行处理;一节机车无牵引力输出无法维持运行时,机车乘务员应立即将调速手柄置"0"位,进行按压微机复位按钮复位操作,重新闭合主断路器,进行牵引、电制动操作;若故障消除,即可恢复正常运行,若故障无法消除,主断路器无法闭合时,则进入微机显示屏"当前故障"界面,根据提示对应进行处理:

(1)其提示"TCU1 主回路接地"则断开低压电器柜"TCU1 电源"自动开关,切除主变流器 1 维持运行,回段报修。

(2)其提示"TCU2 主回路接地"则断开低压电器柜"TCU2 电源"自动开关,切除主变流器 2 维持运行,回段报修。

30. 运行途中遇机车辅助电路接地时的处理方法

运行途中遇微机显示屏故障信息区显示"440 V"(图 8-41),微机显示屏"当前故障"界面提示某节机车"440 V 变频(恒频)支路接地"时,立即进行走廊巡视,若发现三相自动开关断开或发现有烧损、短路、焦煳味等其他异状时，应利用自动开关设法切除接地处所维持运行；若未发现三相自动开关断开及也未发现有烧损、短路、焦煳味等其他异状时，可暂不进行处理，继续运行到前方停车站再进行处理。

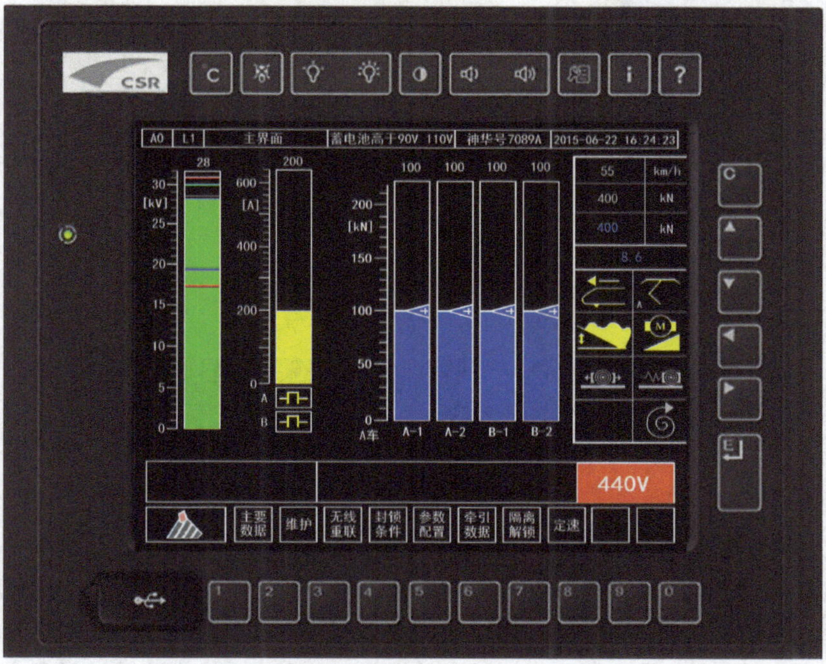

图 8-41　微机显示屏故障信息区显示 440 V

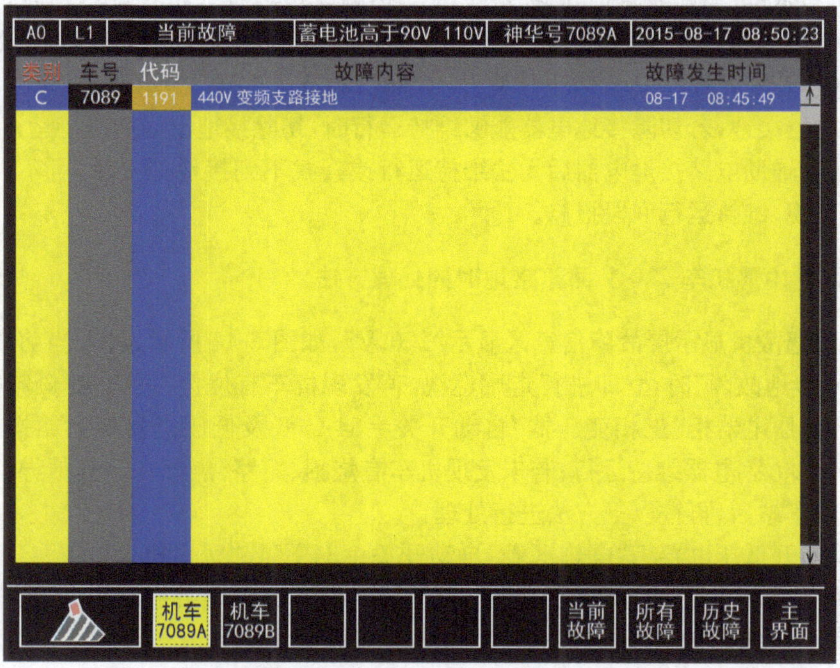

图 8-42　微机显示屏当前故障界面提示 440 V 变频支路接地

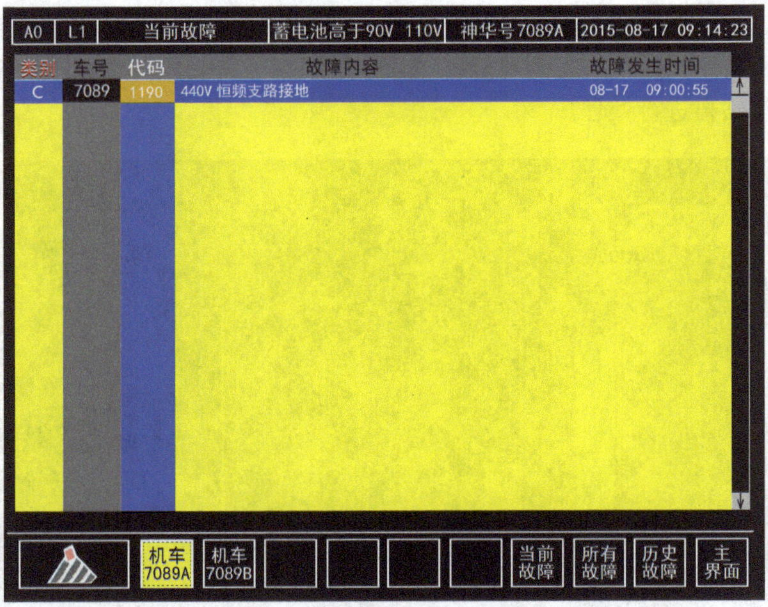

图 8-43　微机显示屏当前故障界面提示 440 V 恒频支路接地

到达前方停车站后，根据微机显示屏提示对应进行处理：

(1)微机显示屏“当前故障界面”提示“440 V 变频支路接地”，如图 8-42 所示，可分别断开该节机车的牵引风机及冷却塔风机三相自动开关，断开那一自动开关当前故障界面“440 V变频支路接地”提示消失，说明该自动开关对应的风机电机接地，若切除接地风机能够维持运行时，切除接地风机维持运行。

(2)微机显示屏“当前故障”界面提示“440 V 恒频支路接地”，如图 8-43 所示，可分别断开该节机车的变压器油泵、主逆水泵、辅变柜风机、主逆柜风机、空调、三相变压器及蓄电池、充电三相自动开关，若断开那一三相自动开关“440 V 恒频支路接地”提示消失，说明该三相自动开关对应的电器接地，若切除接地电器能够维持运行时，切除接地电器后维持运行。

(3)若切除辅助电路接地电器后无法维持运行或查找不到接地处所时，可不再进行处理，应加强走廊巡视，维持运行回段报修。

31. 运行途中遇机车 220 V 回路接地时的处理方法

运行途中遇微机显示屏故障信息区显示“220 V”，如图 8-44 所示，进入当前故障界面，提示“AC230 V 接地故障”时，立即进行走廊巡视，若发现机车有烧损、短路、焦煳味等其他异状时，立即断开低压电器柜“三相变压器”自动开关＝34-Q06 及低压电器柜第四排所有自动开关，切除所有 220 V 电器维持运行；若未发现机车有烧损、短路、焦煳味等其他异状时，可继续运行到前方停车站后，再按以下方法进行处理：

(1)立即断开低压电器柜“电热水壶”自动开关＝34-F54、“暖风机 220 V”自动开关＝62-F07、“司机室脚部加热器”自动开关＝62-F08、“前窗加热”自动开关＝63-F01、“屏柜加热”自动开关＝63-F02、“微波炉”自动开关＝77-F03，如图 8-45 所示。

(2)断开上述自动开关接地消失时，可逐个恢复断开的自动开关，若恢复某个自动开关后，接地随后出现，即说明此自动开关回路接地，则重新断开该自动开关维持运行。

(3)经以上试验，仍未发现接地处所，可加强走廊巡视，维持运行回段报修。

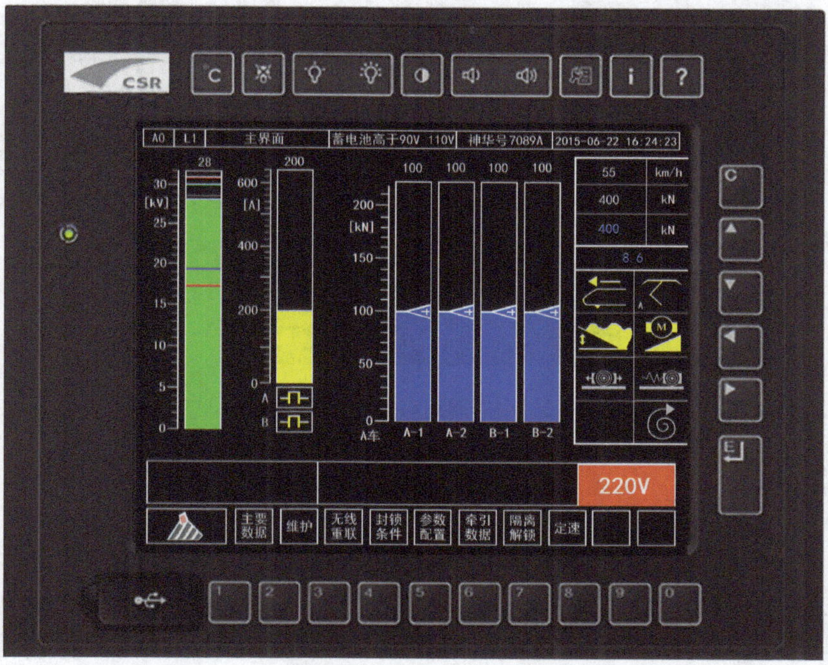

图 8-44　微机显示屏显示 220 V

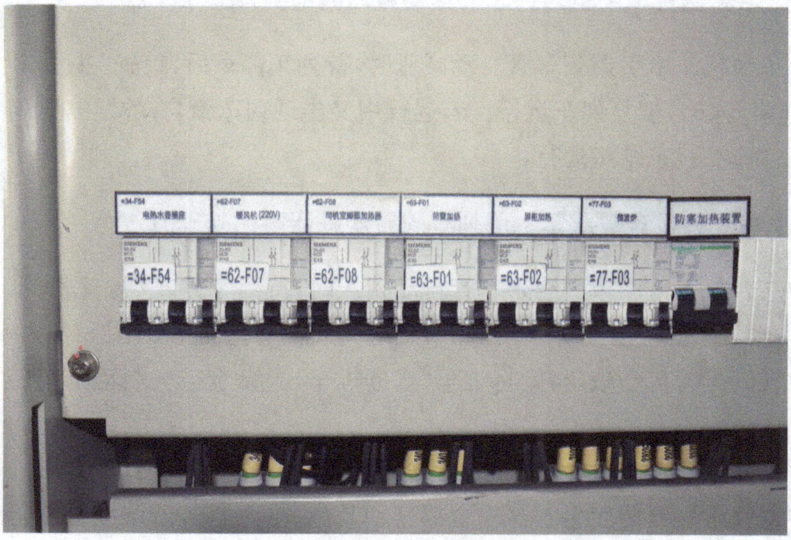

图 8-45　低压电器柜 220 V 自动开关断开位

32. 运行途中采用 2+1 编组的万吨无线重联机车遇列车管自动减压时的处理方法

运行途中 2+1 万吨无线重联机车遇列车管自动减压时，待列车停车后，首先关闭从 1 机车两节，主车、从 2 机车非操纵节中继阀列车管塞门 115(图 8-46)，恢复列车运行。若运行中又出现列车管自动减压，则分解为小列，原主车、从 2 机车操纵节空气制动系统转“后备制动”

状态维持运行。

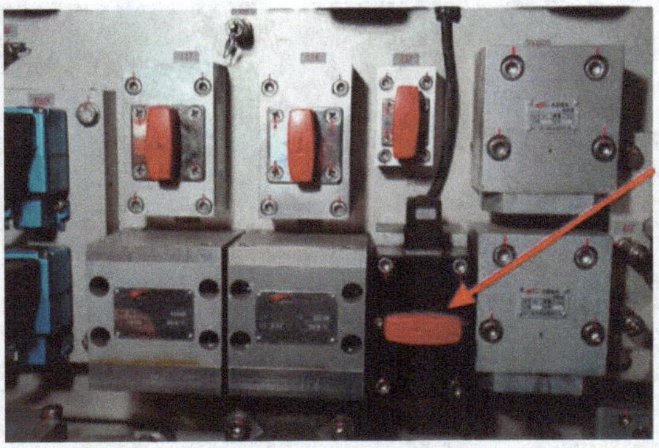

图 8-46 中继阀列车管塞门 115 关闭位

33. 运行途中两台机车重联牵引遇列车管自动减压时的处理方法

运行途中两台机车重联牵引遇列车管自动减压时，待列车停车后，首先关闭从 1（重联）机车两节 、主车（本务机车）非操纵节中继阀列车管塞门 115（图 8-46），恢复列车运行。若运行中又出现列车管自动减压，则将主车操纵节空气制动系统转“后备制动”状态维持运行。

34. 运行途中单台机车牵引遇列车管自动减压时的处理方法

运行途中单台机车牵引遇列车管自动减压时，待列车停车后，首先关闭非操纵节中继阀列车管塞门 115（图 8-46），恢复列车运行。若运行中又出现列车管自动减压，则将操纵节空气制动系统转“后备制动”状态维持运行。

35. 运行途中三台机车重联牵引遇列车管自动减压时的处理方法

运行途中三台机车重联牵引遇列车管自动减压时，待列车停车后，首先关闭两台从车（两台重联）机车两节，主车（本务机车）非操纵节中继阀列车管塞门 115（图 8-46），恢复列车运行。若运行中又出现列车管自动减压，则将主车（本务机车）操纵节空气制动系统转“后备制动”状态维持运行。

36. 运行途中发现空气干燥器湿度显示器显示非全部蓝色时的处理方法

运行途中空气干燥器湿度显示器应全部显示蓝色（图 8-47），若湿度显示器任意一区域显示粉红色时，表明空气干燥器运行已处于边界状况，空气湿度接近饱和；若湿度显示器任意一区域显示白色时，表明空气干燥器长时间大负荷运行或干燥器已达到使用寿命；若湿度显示器任意一区域显示黄色或棕色时，表明空气干燥器已被油污污染。

运行途中发现空气干燥器湿度显示器显示非全部蓝色时，应立即向行管人员汇报，维持运行回段后报修。

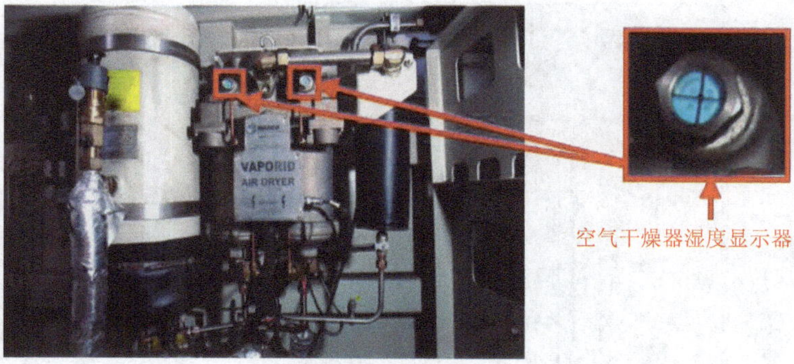

图 8-47 空气干燥器湿度显示器全部显示蓝色

37. 运行途中发现主压缩机空气过滤器指示器显示红色时的处理方法

运行途中发现主压缩机空气过滤器指示器显示红色(图 8-48)时,应立即按下空气滤清器指示器恢复按钮(图 8-49),使其恢复,消除指示(红色消失),当主压缩机再次工作时,空气过滤器指示器不再显示红色,说明其误动作,可恢复正常运行;若空气过滤器指示器又显示红色,说明空气过滤器滤芯已脏,需要更换滤芯,则切除对应的主压缩机维持运行回段报修。

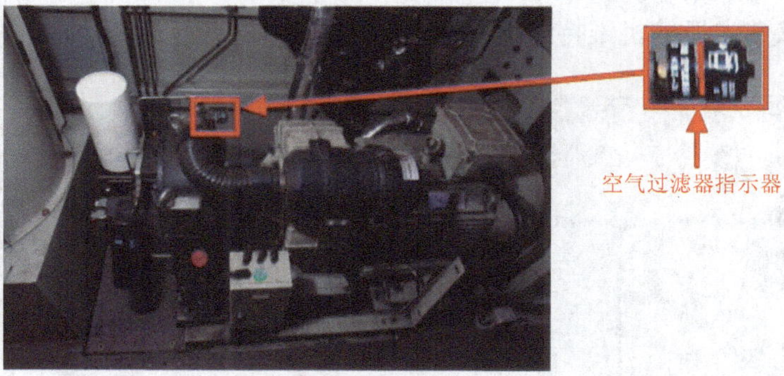

图 8-48 空气过滤器指示器显示红色

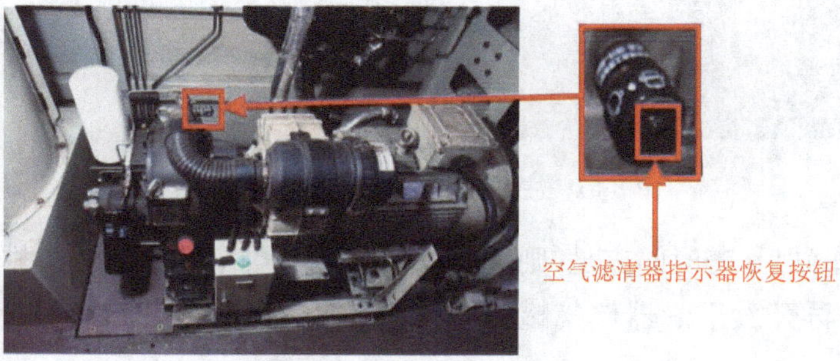

图 8-49 空气滤清器指示器恢复按钮

38. 运行途中遇制动显示屏故障时的处理方法

运行途中遇制动显示屏故障时,可断开低压电器柜“DK2 LCDM”自动开关(图 8-50)10 s 再闭合。若故障消失,则恢复正常运行;若故障仍不消失,则加强走廊巡视,司机通过观察风压表,谨慎操纵,维持运行回段报修。

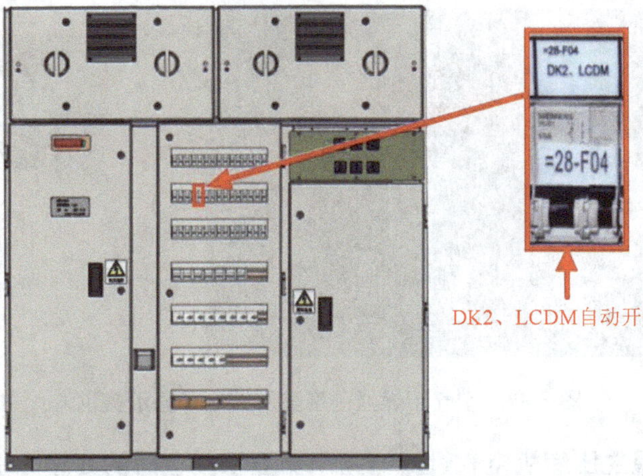

图 8-50 DK2 LCDM 自动开关设置位置

39. 运行途中遇总风安全阀喷水时的处理方法

运行途中总风安全阀喷水时，应立即断开该节低压电器柜“主压缩机”三相自动开关（图 8-51），切除该节主压缩机维持运行，到达前方停车站再进行检查处理。

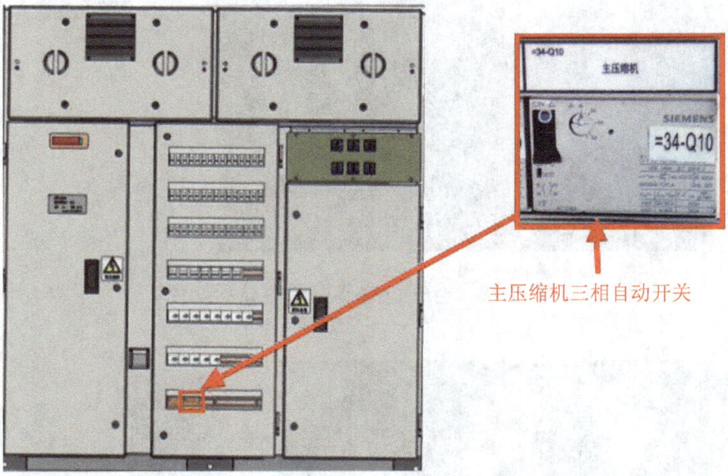

图 8-51 主压缩机三相自动开关断开位

到达前方停车站后，若时间充足，则关闭故障节干燥器储气罐（风缸）排水塞门，拆下针孔过滤器底部螺栓，再开放干燥器储气罐（风缸）排水塞门（图 8-52），根据不同情况分别进行处理：

（1）污水能够正常排出，确认电动排水阀工作是否正常，若电动排水阀工作正常，待污水排完后，装上针孔过滤器底部螺丝，闭合低压电器柜“主压缩机”三相自动开关，恢复正常运行；若电动排水阀不能正常工作，则切除该节机车主压缩机维持运行回段报修。

（2）污水不能正常排出，说明针孔过滤器已经堵塞，则切除该节机车主压缩机，维持运行回段报修。

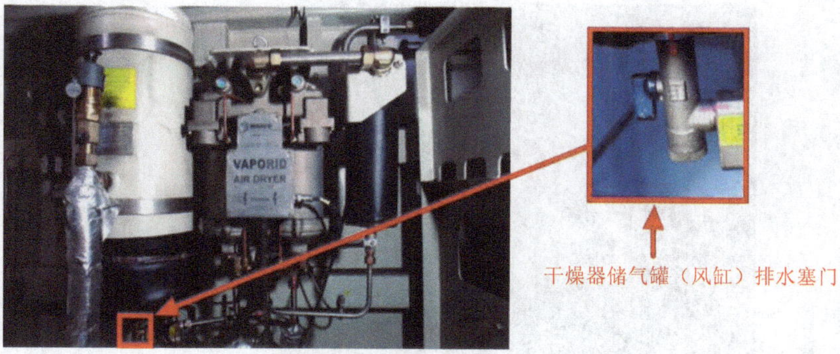

图 8-52　干燥器储气罐(风缸)排水塞门位

40. 运行途中遇主压缩机泵风时,总风安全阀或压缩机安全阀喷气时的处理方法

运行途中遇主压缩机泵风时,总风安全阀或压缩机安全阀喷气时,应立即断开该节低压电器柜“主压缩机”三相自动开关(图 8-51),切除该节机车主压缩机维持运行。

41. 运行途中遇停放制动自动施加时的处理方法

运行途中遇停放制动自动施加,机车速度低于 5 km/h 时,牵引封锁;机车速度高于 5 km/h时,牵引封锁并产生惩罚制动。停放制动自动施加主要由停放制动缸管破裂、停放制动缸漏风及乘务员误操作、停放制动系统故障造成。

运行途中停放制动自动施加,按以下方法进行处理:

(1)乘务员误操作、停放制动系统故障时,选择停放制动缓解的方法(按压司机台“停放缓解”按钮、按压制动柜停放缓解手动按钮、手拉司机侧一、三轮、学习司机侧二、四轮停放缓解手动拉环)缓解停放制动。

(2)停放制动缸管破裂、停放制动缸漏风

①关闭停放制动塞门 177(图 8-53),确认停放制动施加。

②手拉司机侧一、三轮、学习司机侧二、四轮停放缓解手动拉环(图 8-54)缓解停放制动。

③按压微机显示屏“E”键(图 8-55),解除牵引封锁。

④开车前,大闸手柄置“重联”位 2 s 再回“运转”位,解除惩罚制动。

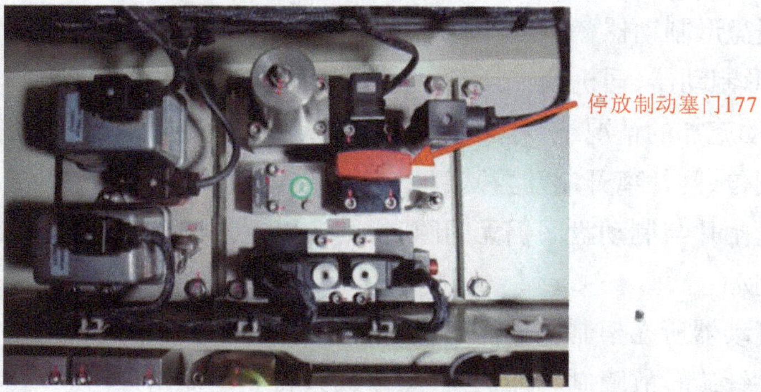

图 8-53　停放制动塞门 177 关闭位

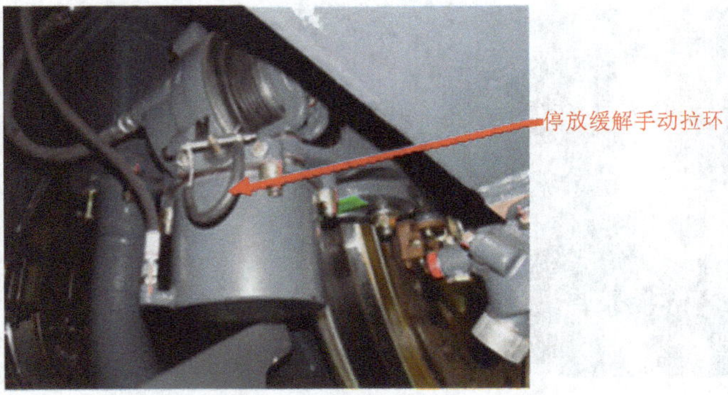

图 8-54　停放缓解手动拉环

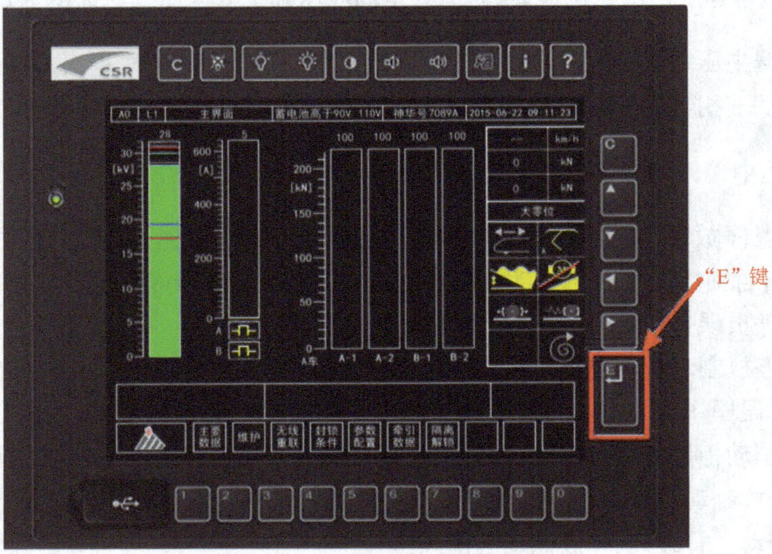

图 8-55　微机显示屏“E”键

42. 运行途中遇某一闸片与制动盘间无间隙时的处理方法

运行途中遇某一闸片与制动盘间无间隙时，根据制动器不同采取不同的处理方法：

(1)JPXZ-1 型盘形制动器

JPXZ-1 型盘形制动器(司机侧 2、4 轮，学习司机侧 1、3 轮)某一闸片与制动盘间无间隙时，首先在停放制动施加的情况下，利用小闸手柄反复对机车进行制动、缓解操作，以使机车空气制动完全缓解到位(闸片离开制动盘)。

若经以上处理闸片与制动盘间仍无间隙时，则按以下方法进行处理：

①施加停放制动。

②关闭故障制动器所在架制动缸塞门。

③用扳手顺时针旋转故障制动器螺盖(图 8-56)，将制动器闸片与制动盘间间隙调大。

④缓解停放制动，维持运行回段报修。

图 8-56　顺时针旋转制动器螺盖

(2)JPXZ-2 型盘形制动器

JPXZ-2 型盘形制动器(司机侧 1、3 轮,学习司机侧 2、4 轮,带停放制动缸)某一闸片与制动盘间无间隙时,在采取防溜措施后 ,首先在停放制动缓解的情况下,利用小闸手柄反复对机车进行制动、缓解操作,以使机车空气制动完全缓解到位;再在机车空气制动缓解的情况下,利用停放制动、停放缓解按钮反复进行停放制动、停放缓解操作,以使停放制动完全缓解到位。

若经以上处理闸片与制动盘间仍无间隙时,则按以下方法进行处理:

①采取防溜措施。

②休眠故障节停放制动。

③关闭故障制动器所在架制动缸塞门。

④用扳手顺时针旋转故障制动器螺盖(图 8-56),将制动器闸片与制动盘间间隙调大。

⑤撤除防溜措施,维持运行回段报修。

43. 运行途中遇列车实施紧急制动后再缓解时,列车管充不起风时的处理方法

运行途中遇列车实施紧急制动后再缓解时,列车管充不起风,按以下方法进行处理:

(1)将大闸手柄置“紧急”位 60 s 后,再移至“重联”位 2s 以上,解锁紧急制动。

(2)若因按压“紧急制动”按钮而实施的紧急制动,则检查、确认“紧急制动”按钮已恢复至“运行”位。

(3)若因开放列车管手动放风塞门而实施的紧急制动,则检查,确认列车管手动放风塞门已关闭。

(4)大闸置“紧急”位实施紧急制动后,若缓解时,列车管充不起风,司机室下部排风,可能为大闸紧急制动阀卡在紧急制动位。此时,在轻敲紧急制动阀后,将大闸手柄“紧急”～“运转”位来回移动几次,使紧急制动阀复位。

(5)若因列车管风压迅速下降引起紧急阀动作后,缓解时紧急阀排风,则轻敲紧急阀,大闸手柄“紧急”～“运转”位来回移动几次,使紧急阀复位。

(6)非操纵节司机室有人乘坐时,注意检查非操纵节紧急停车按钮位置。

(7)在列车制动状态下,关闭机后列车管折角塞门进行试验。若关闭后机车列车管充风正常,即可确定为车辆故障,则按车辆制动机故障时的处理方法进行处理;若关闭后机车列车管仍充不起风时,则断开主断路器、降下受电弓,进行断/合蓄电池自动开关复位操作,使机车控制系统失电、重启来消除故障。

44. 运行途中遇实施常用制动列车管不减压时的处理方法

运行途中遇实施常用制动列车管不减压时，根据不同情况按以下方法进行处理：

(1)区间调速遇实施常用制动列车管不减压时，再生制动作用良好时，立即开启再生制动控制列车速度；若再生制动故障或再生制动力不足时，应立即采取紧急制动措施。

(2)列车停车时遇实施常用制动列车管不减压，应果断采取紧急制动措施，以确保列车安全。

(3)采取应急措施使列车停车后，可同时断开低压电器柜“DK2 BCU”、“DK2 检测信号”、“DK2 LCDM 电源”自动开关 60s 再闭合，若故障仍无法消除，则进行断/合蓄电池自动开关复位操作，以使控制系统失电，重启来消除故障。

(4)若实施常用制动，因均衡风缸不减压引起列车管不减压时，则将空气制动系统转为后备制动状态维持运行。

(5)若经以上处理，故障仍不能消除时，立即向行管人员汇报，按其指示办理。

45. 运行途中遇机车前部列车管、总风联管、平均管塞门被撞坏或关闭不严时的处理方法

运行途中遇机车前部列车管、总风联管、平均管塞门被撞坏或关闭不严时，应关闭其对应的防撞塞门维持运行。

46. 运行途中遇高压互感器自动开关断开时的处理方法

(1)高压互感器自动开关设置位置

高压互感器自动开关设置在机械间压缩机上方，如图 8-57 所示，每节机车设两个。

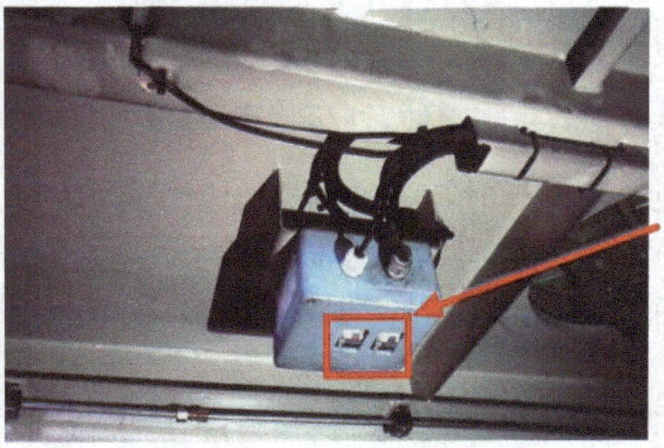

图 8-57　高压互感器自动开关设置位置

(2)高压互感器自动开关断开后的现象

①任一高压互感器自动开关断开，均会在微机显示屏上提示“高压互感器次边断开”。

②非升弓节高压互感器自动开关断开，仅在微机显示屏显提示“高压互感器次边断开”，对行车无影响。

③升弓节高压互感器自动开关断开

微机显示屏显示“高压互感器自动开关断开”，微机网压检测高压互感器自动开关断开，引起微机显示屏无网压显示，主断路器断开；网压表高压互感器自动开关断开，引起司机台网压表无网压显示，但不影响列车运行。

(3)高压互感器自动开关断开后的处理

升弓节高压互感器自动开关断开，若造成微机显示屏无网压显示，主断路器断开时，需立

即闭合网压检测高压互感器自动开关，若闭合其又断开，则换弓维持运行；其他高压互感器自动开关断开，可暂不处理，待到前方停车站再进行处理。

47. 运行途中遇机车喇叭长鸣不止时的处理方法

运行途中遇机车喇叭长鸣不止时，首先确认司机台高音风笛按钮或司机风笛脚踏开关是否卡住，若发现异状，立即对症处理；无法处理或未发现异状时，立即关闭机械间喇叭与前撒砂模块高音喇叭塞门 136 或低音喇叭总风塞门 135(图 8-58)维持运行回段报修。

图 8-58 高、低音喇叭塞门 136、135 关闭位

注意：

运行途中处理故障需要关闭喇叭塞门时，只能关闭高音喇叭或低音喇叭其中之一风路塞门，以保证仍能进行正常鸣笛操作。

48. 运行途中发现主变压器副油箱吸湿器超过一半硅胶的颜色变为浅墨绿色时的处理方法

正常情况下，主变压器副油箱吸湿器硅胶的颜色为橘黄色(图 8-59)，运行途中若发现主变压器副油箱吸湿器超过一半硅胶的颜色变为浅墨绿色时，应立即向行管人员汇报，维持运行回段报修。

图 8-59 吸湿器硅胶正常颜色(橘黄色)

49. 运行途中遇机械间有异音时的处理方法

运行途中遇机械间有异音时，立即进行走廊巡视，确认发出异音处所，根据异音的不同程度分别进行处理：

(1)若异音严重且明确异音处所及部件后，利用低压电器柜风机三相自动开关，切除对应风机维持运行。

(2)若异音严重但无法确认异音部件时，可分别断开低压电器柜辅机三相自动开关，若断开某一辅机三相自动开关后异音消失，则保持该辅机三相自动开关在断开位，切除该辅机维持运行。

(3)若异音轻微，可根据当时具体情况，可采用断开异音辅机三相自动开关，切除该辅机或暂不进行处理，维持运行回段后报修。

(4)若异音严重且切除异音部件无法维持运行时，立即向行管人员汇报，按其指示办理。

50. 运行途中遇某节机车辅助压缩机长时间泵不起风时的处理方法

运行途中遇某节机车辅助压缩机长时间泵不起风时，首先关闭该节控制风路总风塞门140(图 8-60)，若仍泵不起风时，断开该节控制电源柜“微机电源”自动开关，升起另一节机车受电弓、闭合主断路器、启动主压缩机泵风，待总风缸风压达到 800 kPa 以上时，断开主断路器、降下受电弓，再闭合故障节控制电源柜“微机电源”自动开关、开放控制风路总风塞门 140，升起受电弓，维持运行回段报修。

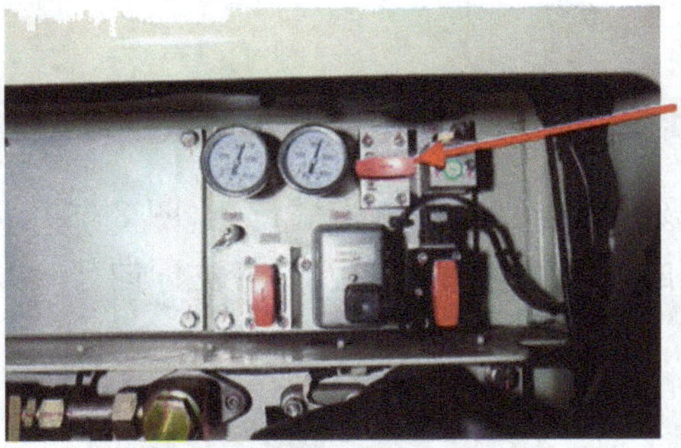

图 8-60 控制风路总风塞门 140 关闭位

51. 运行途中遇防火监视系统发出火灾报警时的处理方法

运行途中遇防火监视系统发出火灾报警时，按以下方法进行处理：

(1)立即进行走廊巡视，确认报警位置是否真的存在火情(设备间 1 感温、感烟监测机械间靠司机室侧设备；设备间 2 感温监测机械间中间的位置设备；设备间 3 感温、感烟监测机械间内重联车门侧设备；低压电器柜感烟监测低压电器柜里面设备；中央线槽感温监测中央线槽里面；司机室感温监测司机室内设备)。

(2)若发现火情，立即断开主断路器，降下受电弓，按规定进行灭火；若仅嗅到焦煳味或发现少量烟雾，则断开该节低压电器柜“主逆水泵”三相自动开关，暂时切除该节机车暂时维持运行，待查清故障处所后再对症进行处理。

(3)未发现火情,则同时按压视频显示屏“上移”键和“下移”键进行防火监视系统复位操作,若消除报警(在隧道里面或者会车的时候可能会存在报警情况),即可恢复正常运行;若复位操作后仍然报警,那就说明是探测器已达到污染故障程度,则断开低压电器柜上“防火监视系统”自动开关=78-F01(图 8-61),切除防火监视系统,维持运行回段报修。

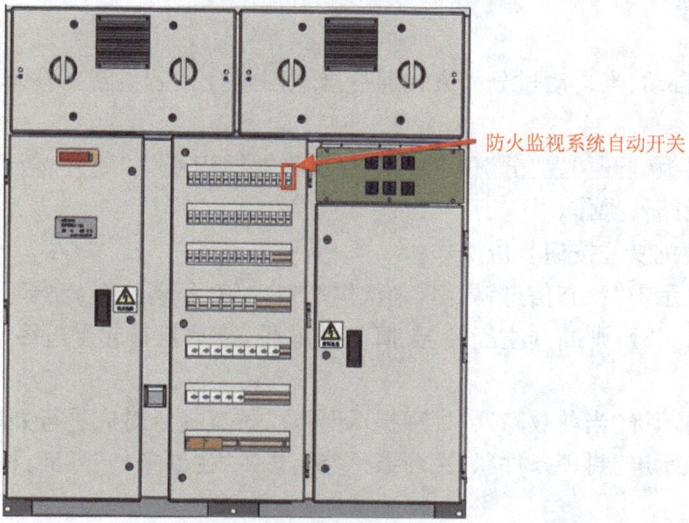

图 8-61　防火监视系统自动开关断开位

52. 运行途中遇视频系统故障时的处理方法

运行途中遇视频主机故障时、视频主机会自动进行复位(当遇到冲突或者死机的情况会进行自动重启复位),当视频主机出现故障且其没有自动复位时,可以通过断开再闭合低压电器柜上“视频系统”自动开关=45-F02(图 8-62)进行人为复位操作。若复位后故障仍不消除,则不再进行处理,维持运行回段报修。

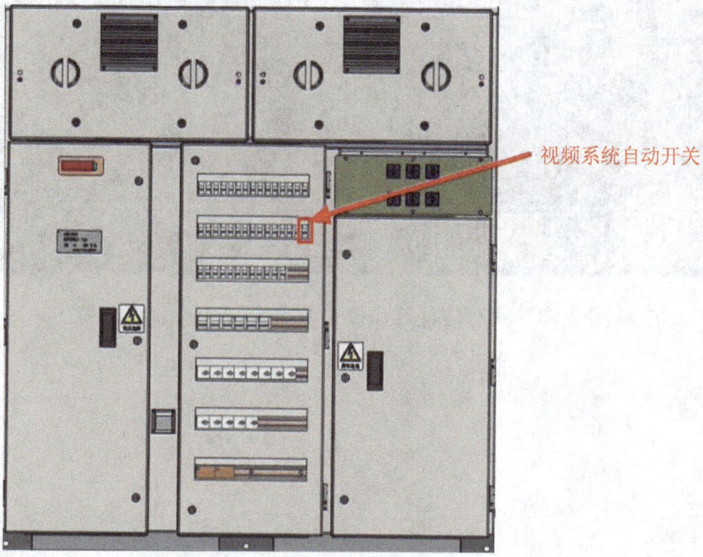

图 8-62　视频系统自动开关设置位置

运行途中遇视频显示屏故障时，则通过断开再闭合低压电器柜上“视频系统”自动开关＝45-F02(图 8-62)进行人为复位操作。若复位后故障仍不消除，则不再进行处理，维持运行回段报修。

53. 运行途中遇按自动、半自动过分相方式通过接触网电分相后主断路器不闭合时的处理方法

运行途中遇按自动、半自动过分相方式通过接触网电分相后主断路器不闭合时按以下方法进行处理：

(1)将主断路器扳键开关置“分”位 2 s，待主断路器标识变为“断开、但已具备闭合条件”后，再进行闭合主断路器操作。

(2)进行按压微机复位按钮复位操作。

(3)进入微机显示屏“状态信息”界面，确认机车节点编号，若主断路器不闭合节机车节点编号显示 2300(图 8-63)，则断开主断路器、降下受电弓，待重新升起受电弓，再进行闭合主断路器操作。

(4)进入微机显示屏“当前故障”、“处理提示”界面，按其提示对应进行处理。

(5)点击微机显示屏“封锁条件”、“主断条件”键，进入“主断条件”界面，根据底色变白条目对症进行处理。

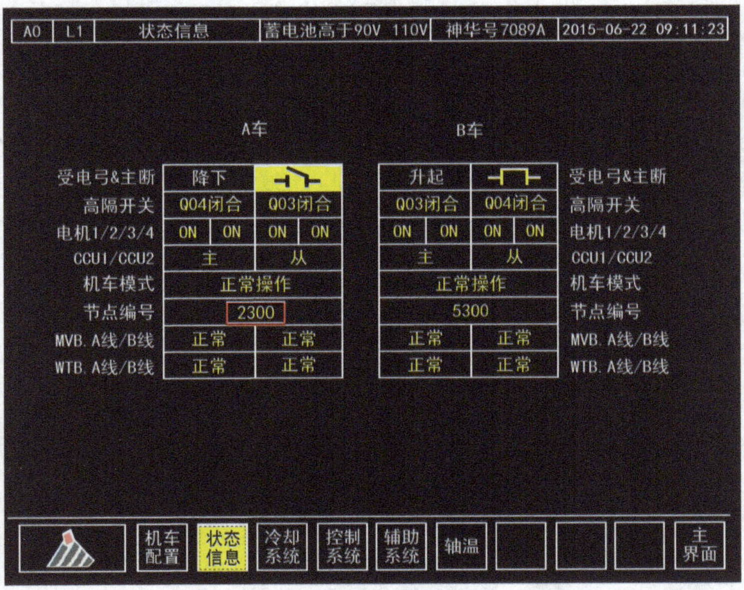

图 8-63 状态信息界面机车节点编号显示 2300